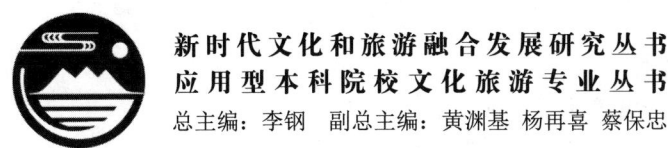

新时代文化和旅游融合发展研究丛书
应用型本科院校文化旅游专业丛书
总主编：李钢　副总主编：黄渊基　杨再喜　蔡保忠

创意策划　献智行业
——文旅学科竞赛成果汇编（一）

李晓红　黄渊基　姚先林◎编

北京·旅游教育出版社

图书在版编目（CIP）数据

创意策划　献智行业：文旅学科竞赛成果汇编. 一 ／ 李晓红，黄渊基，姚先林编. -- 北京：旅游教育出版社，2023.12

（新时代文化和旅游融合发展研究丛书. 应用型本科院校文化旅游专业丛书）

ISBN 978-7-5637-4622-4

Ⅰ. ①创… Ⅱ. ①李… ②黄… ③姚… Ⅲ. ①高等学校－旅游经济－经济管理－竞赛－成果－汇编 Ⅳ. ①F590-4

中国国家版本馆CIP数据核字(2023)第235264号

新时代文化和旅游融合发展研究丛书
应用型本科院校文化旅游专业丛书

创意策划　献智行业
——文旅学科竞赛成果汇编（一）

李晓红　黄渊基　姚先林　编

责任编辑	郭珍宏
出版单位	旅游教育出版社
地　　址	北京市朝阳区定福庄南里1号
邮　　编	100024
发行电话	（010）65778403　65728372　65767462（传真）
本社网址	www.tepcb.com
E - mail	tepfx@163.com
排版单位	北京旅教文化传播有限公司
印刷单位	唐山玺诚印务有限公司
经销单位	新华书店
开　　本	787毫米×1092毫米　1/16
印　　张	14.75
字　　数	229千字
版　　次	2023年12月第1版
印　　次	2023年12月第1次印刷
定　　价	78.00元

（图书如有装订差错请与发行部联系）

新时代文化和旅游融合发展研究丛书
应用型本科院校文化旅游专业丛书

编委会

编委会主任：李　钢　黄创霞

编委会副主任：李常健　何福林　陈灿军

编委会委员：黄渊基　杨再喜　谢韶光　潘清远　姚先林　蔡保忠

　　　　　　李晓红　刘　进　黄　萌　吴翠燕

编委会成员（以姓氏笔画为序）：

　　　　王　丹　王　跃　刘幼平　刘旸沛筠　刘　辉　李爱军

　　　　李　满　肖　可　肖辉军　吴宇辉　何　真　张宝辉

　　　　张施冲　张　程　欧阳平彪　郑　毅　钟杨宇　郭莉芝

　　　　黄华勇　梁茂林　傅宏星　曾　荣　曾　旎

代序
FOREWORD

建设什么样的旅游理论体系，培养什么样的旅游人才

戴 斌*

坚持以文塑旅、以旅彰文，推进文化和旅游深度融合发展，是党的二十大作出的战略部署，也是学术共同体必须回答而且必须要回答好的时代之问。习近平总书记对旅游工作作出重要指示强调：新时代新征程，旅游发展面临新机遇新挑战。要以习近平新时代中国特色社会主义思想为指导，完整准确全面贯彻新发展理念，坚持守正创新、提质增效、融合发展，统筹政府与市场、供给与需求、保护与开发、国内与国际、发展与安全，着力完善现代旅游业体系，加快建设旅游强国，让旅游业更好服务美好生活、促进经济发展、构筑精神家园、展示中国形象、增进文明互鉴。新时代新征程，我们应建设什么样的旅游理论体系？培养什么样的旅游人才？

新时代新征程，应着力构建以人民为中心的当代旅游发展理论体系

一、大众旅游全面发展，新时代需要重构学术研究的价值取向和理论意义

20世纪80年代发展旅游是为了创汇，90年代中后期聚焦于拉动消费、投资和就业，现在更加强调为了人民群众"诗与远方"的美好生活，强调文化和旅游深度融合，推进旅游业高质量发展。随着全面小康社会的建成，大众旅游进入全面发展新阶段，"吃不

---

* 戴斌，中国旅游研究院（文化和旅游部数据中心）院长，博士、教授、博士生导师。

愁、穿不愁，还有余钱去旅游"成为城乡居民对美好生活的共同向往和刚性需求，也是每年"两会"热词和社会各界共同关注的焦点。当代旅游是人口规模巨大的发展中国家的旅游，也是地区之间、城市之间、不同年龄段之间发展不平衡不充分的旅游，更是中国式现代化进程中精神享受和文化休闲需求持续增长的旅游。我们既要看到有人拥有丰富的旅游经验，随时都可以来一场说走就走的旅行，每到节假日就飞到世界各地度假，也要看到有人还没有去过一次旅游景区，也没有享受过一次真正意义的观光旅游。高线城市的95后开始追求个性化和多样性的旅游体验，60后则在开启康养旅居新生活，而低线城市的"小镇青年"才刚刚成为旅游初体验者，更有数以亿计的农村居民、低收入群体和行动障碍者的休闲方式仍然是几千年不变的走亲访友、晒太阳和打纸牌。直面现实可能是沉重的，更可能是灼热的，无论如何，作为一名理论工作者都不能对国家战略和人民期盼视而不见，而是应在与实践同行的过程中，系统回答"新时代旅游发展为什么"这一根本问题。

科学技术的进步，特别是数字化和人工智能，ChatGPT、Sora等大数据模型，正在深刻改变旅行方式、文化空间、旅游场景和体验内容。 多年以来，我们习惯于将山山水水的自然环境和丰富多彩的历史文化当作旅游资源的全部，习惯于将旅游业视为传统的劳动密集型、经验驱动型的传统服务业，习惯于认为政府具有信息、数据、人才的垄断优势和行政动员能力，将开大会、发文件、做规划、定标准、创牌子视为政府主导型旅游发展战略的全部。受基金项目、论著发表和考核体系的影响，理论界在范式精致化和定量研究方面配置了太多的学术资源，应用研究则更多聚焦于旅游资源开发、目的地营销和行业管理。随着社会主义市场经济体制的完善和"大众创业、万众创新"的进展，金融资本、产业资本和社会资本广泛进入旅游消费的各个环节，不同所有制、不同规模的旅游景区和度假区、旅游住宿商、旅游零售商、餐饮和休闲项目运营商、旅行服务商共同构成了生生不息的产业生态，一个投资机构和市场主体推动旅游业高质量发展的时代已经到来。大数据、人工智能和高端装备领域的科技进步让知识和技能很容易在更广泛的人群中横向传播，而不完全是自上而下的纵向传播，旅游领域正在孕育新一轮的现象级创业创新热潮。不得不承认，在投资、研发、创业、创新，包括文化、艺术、体育、科技、时尚与旅游融合发展方面，市场主体已经走在了理论工作者和专家学者的前面，行政与市场、系统与行业、官员与企业家之间的关系也在消解与重构。我们需要深刻认识并且系统回答"新时代旅游发展依靠谁"这一现实问题，并努力让更多人认识到这一点：没有充分竞争的市场，没有与新质生产力相匹配的投资机构和市场主体，就没有旅游业的高质量发展。

文化和旅游深度融合的国家战略和创新实践，是新时代建设国家旅游发展理论的现实背景。2018年国家机构改革以来，文旅融合成为理论界和学术研究重点关注的现实课题，也是业界和媒体讨论的热点话题。受全国哲学社会科学规划办公室、文化和旅游部的委托，中国旅游研究院和全国旅游学术共同体承担了一批重大和重点课题，发表成千上万的专著和论文，提报若干资政建言成果，初步回答了为什么融、融什么、谁来融等理论问题。现在的问题是，绝大多数的学术成果还没有转化为社会影响力和产业推动力，相当多的理论问题和现实课题还缺乏基金支持，也少有理论和科研工作者"揭榜挂帅"的勇气。直面文旅融合重大需求和现实问题，用深厚的学理和社会科学研究方法推动旅游业高质量发展的高水平成果还相对不足。如果任由学术界只在期刊发表的小圈子里，为了高影响因子而加速内卷，终将面临与行政主体、市场主体和消费主体渐行渐远的危险，就算发表再多的论文，拥有再多的"帽子"和"牌子"，也摆脱不了道统不存的无力感和意义悬置的虚无感。是重回"风声雨声读书声，声声入耳；家事国事天下事，事事关心"知识分子传统的时候了，是重做"我是江南第一燕，为衔春色上云梢"知行合一启蒙者的时候了。旅游学术共同体要系统把握并务实推进"新时代旅游发展做什么"的战略选择，从理论、学术和教育诸方面推进文化和旅游在更深程度、更广范围和更高层次的融合发展。

二、国家旅游发展理论需要价值引领的勇气、学科建构的能力和持续创新的体系

坚持以人民为中心的发展理念，重构大众旅游价值取向。改革开放以来，旅游业的经济属性日益彰显，市场化和专业性程度越来越高。作为管理学科门类工商管理一级学科下的旅游管理，很容易将创汇、消费、投资、就业、资源开发、政策设计等内容作为学科建设的方向和学术研究的重点。需要反思的是，发展旅游的目标固然有赚取外汇、扩大消费、带动就业等经济功能，也有稳定预期、提振信心、国泰民安的情绪价值，还有促进人的全面发展、城市更新和乡村振兴、对外对港澳台文化交流和文明互鉴的社会功能。学习习近平文化思想，研究中国式现代化对旅游业提出了哪些新要求，旅游发展在中华民族伟大复兴中扮演什么新角色，在全球文明倡议中发挥什么新作用，以及为何和如何提升人民群众包括旅游在内的精神享受和文化消费水平，是新时代旅游理论建设和学术研究的首要任务。如果只是从消费拉动和经济增长的视角研究旅游，完全以效率为导向，就会得出旅游资源和生产要素配置给高收入者并努力提升其旅游频次的结论。马克思主义经济学会告诉我们这样做的结果只能是总需求不足和总供给过剩，中国特色

社会主义理论更是证明这条路行不通。只有让最大多数的城乡居民参与旅游，让"读万卷书，行万里路"的梦想照进小康社会的现实，让"书生意气的研学、家国天下的旅游"伴随中小学生的成长，让每一位小镇青年都能有"说走就走的旅行"，才会有温暖向前的旅游中国。

培育新质生产力，推动旅游业高质量发展。 新质生产力代表先进生产力的演进方向，是由技术革命性突破、生产要素创新性配置、产业深度转型升级而催生的先进生产力质态。新质生产力以劳动者、劳动资料、劳动对象及其优化组合的跃升为基本内涵，具有强大发展动能，能够引领创造新的社会生产时代。新质生产力是新时代对包括旅游在内所有产业发展方式的重构，用新质生产力对劳动者、劳动资料和劳动对象的优化组合提升旅游产业的全要素生产率。导入和培育新质生产力，推动旅游业从传统服务业转向现代服务业，非得从劳动者、劳动工具和劳动对象三个方面入手不可。在新时代旅游消费需求变迁的情境下，需要新型旅游投资机构、市场主体和新型旅游从业者来推动产业高质量发展。我们不能继续将星级饭店、旅行社和旅游景区当成旅游业的全部，也不能只是把导游、领队、讲解员、酒店和餐饮服务员、景区管理者和专家学者当成旅游从业人员的全部。随着市场边界的变化，越来越多的跨界者成为旅游业的新生力量。没有新质生产者就不会有新质生产力，我们需要具有现代思维、国际视野和专业能力的新质旅游人，特别是具有原始创新能力的企业家、职业经理人和高技能劳动者。如果不能提高2825万直接从业人员的综合素质和专业能力，再先进的科学技术也不能实现旅游产业的转型升级。我们需要导入和培育人工智能等新质生产要素，加持和赋能旅行社、酒店、民宿、旅游景区、度假区、旅游零售等传统业态。没有人工智能、高端装备和现代商业模式的赋能，我们就走不出大众旅游初级阶段陷阱。我们需要秉持"近悦远来，主客共享"的新理念，以全新的开放视野，创造出更多"旅游+""+旅游"的新业态。新质生产力与科学技术和高端装备制造密切相关，同时也要看到，没有文化的引领，没有艺术和时尚生活的加持，我们就无法将当代生活和现代文明转化成为新质旅游资源，而只会在山山水水和文化遗产等传统资源里打转转。

坚持绿色发展理念，推动绿色旅游理论创新与经验总结。 我们要看到旅游业对经济社会发展和文明演化的积极影响和促进作用，也要看到诸如旅游"飞地"、过度旅游、文化冲突、道德弱化、环境破坏等需要正视的负面问题。就是从经济影响的角度看，旅游业对不同国家和地区的影响也不尽相同，欠发达国家和地区在全球旅游经济体系获得的份额相对较低。只有让世界各国各地区都能够从旅游发展中获得经济增长、就业岗位增加、削减贫困、推进社区振兴、保护传统和文化遗产等方面的收益，这个世界才能变得更好，旅游业才可能持续发展下去。党的十八大以来，以习近平同志为核心的党中央从中华民族永续发展的高度出发，深刻把握生态文明建设在新时代中国特色社会主义事业中的重要地位和战略意义，形成了习近平生态文明思想，奠定了绿色旅游和可持续发展的理论基础和实践方向。"绿水青山就是金山银山""冰天雪地也是金山银山"，指引了青海打造国际生态旅游目的地、桂林建设世界级旅游城市、阿尔山实现"旅游业一定会火起来"，以及全国范围内的避暑旅游、冰雪旅游、森林旅游、温泉康养旅游创新发展的新方向。研究绿色旅游和可持续发展，不能只有基础理论和政策设计，也要密切关注旅游投资机构和市场主体，特别是中旅旅行、广之旅、飞猪、携程、去哪儿、马蜂窝等旅行商推出的绿色线路和生态产品。通过主流媒体、行业媒体和抖音、小红书、B 站等新媒体提示游客在行程中爱护生态环境、尊重当地文化遗产和风俗民情，培育起广大游客的绿色消费观念。在理论建构的过程中，重点关注旅游活动与自然环境、游客权利与居民权益、经济增长与社会发展之间的协同促进。为此，旅游学者和科研机构在绿色旅游、生态旅游、可持续旅游、负责任旅游的研发创新和宣传推广过程中，稳步建立可独立发挥作用、也可以连线成片的监测点、案例库和数据库。

践行全球文明倡议和大国外交思想，发展文明旅游，讲好新时代的中国旅游故事。2018 年以来，中国旅游业进入了一个文化和旅游深度融合的新时代。旅游能够为文化培育市场，也需要当代文化和现代文明引领旅游业发展新方向。没有文化的产业是走不远的，没有思想建构和价值引领的产业也是走不远的。旅游学者要打破学科层级和学术范式的固有藩篱，以更加开放的心态，重构知识生产和传播的学科体系、学术体系和话语体系。团结旅游学术共同体、旅游投资机构和市场主体，为加快建设世界旅游共同体而贡献自己的才情与智慧。除了图书馆、工作室和学术论坛，旅游学者也应在生活场域中寻求文化建设和文明对话的可能性。我去天津参加海棠花节和五大道旅游论坛，晚上去安里甘艺术中心欣赏了以"春天和花"为主题的室内交响乐。120 多年历史的教堂、青春感拉满的乐园，还有蓝色多瑙河上飘浮的茉莉花香，彼时的我，分不清什么是诗，什么是远方，也不会去想什么是文化、什么是旅游，只是觉得一切都那么古老又那么年轻的样子，真的很好。

三、国家旅游发展理论需要有信仰的建设者遵循科研实践的规律，将理论与实践相结合的道路进行到底

理论的力量首先来自建设者发自内心的信仰，没有真正的信仰，就不会产生有效的传播、接受和行动。在理论建设、传播和接受的过程中，经由调查研究、数据分析和理

论抽象而来的概念、观点和命题，包括语言、文字、平台和渠道在内的传播体系固然重要，但是知识分子和专家学者发自内心的认同更为关键。《共产党宣言》《资本论》《国家与革命》等马克思主义经典著作，无论语言文字，还是概念及其展开的逻辑，在一百年前的中国，即使留过洋的教授也有很大的阅读障碍，传播和接受更有坐牢杀头的危险，为什么还有那么多人去翻译、去传播、去实践？因为这些文字闪耀着理性的光辉和实践的热情，指明了救国救民的方向，给先知者以信仰，予先行者以力量。才有了瞿秋白的首次将《国际歌》翻译成中文，才有了李大钊、李汉俊、郭沫若、陈启修、潘冬舟、侯外庐、王思华、郭大力、王亚南等知识分子接力传播、翻译《资本论》，倾尽毕生的才华和心血，有人甚至献出了宝贵的生命。作为一名知识分子和专家学者，如果徒有个人名利而无国家视野，只有个人恩怨而无铁肩道义，则道统何在？价值何在？我们今天的努力和成就，能经得起后人的审视吗？今天的中国，经历了20世纪80年代入境旅游的"黄金十年"和21世纪前二十年市场化取向的大众旅游初级阶段，迫切需要回答旅游发展"为了谁""依靠谁""做什么"等时代之问。唯有从人民立场出发，努力让人人都能在这块美丽的国土上、在这颗蓝色的星球上尽享属于自己的"诗与远方"，方能建设既有时代价值，也有历史意义的国家旅游发展理论。

旅游演化进程中有理论问题，也有实践课题，还有人文主题，旅游学者和理论工作者既要研究问题，也要关心主义。 20世纪80年代，旅游、酒店、接待等学科建设与实践水乳交融，你中有我，我中有你。学院派的期刊是政府官员、业界经理人的案头书，政府的机关报和协会的内刊也是大学图书馆借阅率很高的参考文献，学者可以到基层和一线对话，官员和经理人可以到院校讲课。那时的旅游教育和学术研究可能没有成熟的理论体系，可是一切都是生机盎然和无限可能的样子啊！当时只道是寻常罢了。90年代中后期开始，基金立项、学术期刊、同行评议、专业评奖机构在学科体系拥有越来越多的话语权，在现有的学科分层和专业分类的框架中，旅游理论成为旅游理论家的事情，旅游学术成为旅游学者的专属。我们应当，也可以吸纳一切可以吸纳的自然科学、工程科学、社会科学乃至医学、军事学研究方法和工具，但是这并不意味着旅游领域的一切问题都可以纳入科学范式，更不可以用"自然科学原理"去分析所有的旅游活动，并试图重构一个"旅游理想国"。必须直面的事实是，这一观念普遍影响了旅游学科的主流平台、权威机构和一线学者，并波及研究生培养和本科生教育。几乎所有从事旅游研究的学者，包括具有人文学科背景和接受过社会科学训练的学者，也在基本治学方法上严守逻辑实证论的门庭，认为凡是在经验上不能验证、实验上不能重复、期刊中不能发表的问题，都是没有意义的，也是无法讨论的。按照这一思路，与文化和旅游融合发展密切相关的若干思想性话题就无法深入讨论，打通行政、市场和学术各界的共识就无法得到真正的构建，学术共同体的理论成果也无法转换为推动旅游业高质量发展的精神力量。须知，没有实践的思想，就没有思想的实践；没有理论指导的实践是盲目的实践，而没有经过实践检验的理论则是空洞的、悬置的理论。在建设国家旅游发展理论的过程中，我们需要再别康桥，寻一支思想的长篙，向知行合一的历史最深处漫溯，满载一船知识的星辉，在星辉斑斓的旅游产业里放歌。

高校应当，也可以成为国家旅游发展理论建设、创新和传播的主阵地，着力引导学生对旅游产业的认同感和责任心。实践性很强的旅游管理学科，应循国际惯例而构建新型产教合作关系，为现代旅游业培养用得上、留得下的产业后备军，也为旅游发展理论构建理论与实践的互动界面。如果任由学术研究、人才培养与产业需求渐行渐远，理论建设就会成为小圈子里的自说自话，就算有些影响，也不过是"茶杯里的风暴"而已。一千余所旅游院校，每年培养的旅游管理、酒店管理、会展管理的毕业生数以十万计，为什么很少在旅游领域就业？甚至每次有关旅游管理招生就业的讨论，除了吐槽，还是吐槽？高质量专业教育的缺失是主要原因。从幼儿园卷到高三，对社会基本无感的十八岁娃娃，刚进了大学校园，就加上"未来产业领袖"的光环，好吗？学完教学计划规定的课程，文献阅读、概念推演和论文写作的确得到了很好的训练，但是对产业的实感几乎为零。再一番放羊式的实习下来，就是被现实摁在地上摩擦的感觉，除了考公、考编、考研，心甘情愿地进入旅游业而倾尽才情与努力者，能有几人？无论是专业思政，还是课程思政，都应该告诉学生一个真实的旅游业，培养学生快乐工作和幸福生活的阳光心态。正是从这个意义上讲，先培养今天的快乐学生，再谈明天的产业领袖。

新时代新征程，应努力培养国家需要、行业认可的旅游人才

一、新时代的旅游人才必须是国家需要、时代呼唤的，也应当为行业所认可

旅游人才必须是国家需要的和时代呼唤的。从历史上看，任何一个时代的进步，都离不开善于思考并勇于作为的国士，比如提出"仓廪实而知礼节，衣食足而知荣辱"的管仲、变法强国的商鞅和王安石、"鞠躬尽瘁，死而后已"的诸葛亮，以及1840年以来科学救国、实业救国、教育救国的仁人志士。任何一个产业的成长和进步，都需要变革创新的企业家，比如张瑞敏、任正非、曹德旺等。任何一个学科的繁荣和进步，都需要一批富有创新精神、历史意识和专业能力的思想者和理论家，如孙冶方、陈准等经济学

家和"两弹一星"功勋。他们都是国家的栋梁之材,也是时代发展的推动者。

旅游人才固然有其专业性,但是不能因此而过于强调学科背景和工作岗位的特殊性。所有愿意为了人民的旅游权利、为了旅游业的高质量发展而奋斗者,都是时代呼唤、国家需要的旅游人才。《中国旅游人才发展报告(1949—2021)》有个"两个多数"的研究结论:近年来高校培养的旅游管理和酒店管理毕业生大多数都去了旅游以外的领域就业,旅游企业的高级管理人员特别是创业创新人才则大多数来自其他专业,比如携程、去哪儿、马蜂窝、七天、途家的创始人多有计算机学科或者商科的背景。仔细想想,也没有什么值得惊异的。在市场经济条件下,人才流动是由价格决定的,价格的背后是供求关系。从国际酒店集团前100名的高管团队的专业背景来看,也是商科居多,其中酒店管理名校毕业生占了三成,与国内相比,已经很高了。从旅游行政部门的管理者或者公务员的专业背景来看,所谓科班出身者就更少了。随着就业观念的变化,自由职业和灵活就业越来越成为包括旅游管理在内的高校毕业生的新选择,包括网络主播、自媒体人员、文案写手、快递员、外卖员、群众演员,灵活就业者已经达到2亿人。

旅游人才必须是服务行业,也为行业所认可的。旅游人才的内涵是不断丰富的,外延是动态演化的。能够戴个帽子当然好,那是体制或者同行的认可,假如戴不了帽子,但是行业认可了,也一样是人才,将来历史会记住的。盛世王朝需要开拓雄图大业的君王,需要开疆拓土的将帅和保境安民的官员,也需要伟大的科学家、思想家和文学家。① 无论是理念,还是实践,都不能简单地把旅游人才与学历和职称挂钩,更不能只将博士、教授当作人才,那些从市场中拼杀出来的企业家,为旅游业创造价值的管理人员、服务人员和技术人员就不是人才?没有这个道理嘛!旅游强国、中国服务业和旅游业高质量发展,都离不开企业家、经理人、专业技术人员和基层一线的大国工匠。现在的问题是,教育、科技、文化和旅游部门搭建了很多平台,培养了大批学术名家,可是除了圈子里的热闹,又回应了多少旅游产业实践重点、难点和热点问题,并获得了行业的真正认可呢?如果高端人才一直在"基金申请和论文发表"中打转转,出了再多影响因子高的论文又如何?也许是时候对奉若神明的"影响因子"认真审视了:我们每年发表的论文和文章可谓是汗牛充栋,可是到底影响了谁?这是一个问题。

旅游人才还应当是自我驱动的,坐言起行并切实引领产业创新发展的。创造性人才的成长看上去具有相当大的偶然性,但无不是理想牵引和价值驱动的天选之才。正如爱因斯坦所观察到的那样:几乎所有与人的本性有关的基础工作都是由非专业的物理学家

---

① 电影《妖猫传》有句台词,是杨贵妃看完"云想衣裳花想容"应制诗后说的,"李白,大唐有你,才真的了不起"。

做的，他们仅仅把物理学看成自己的一大爱好而不是生活的全部，比如多才多艺的苏格兰人布莱克、德国医生迈耶、美国冒险家伦福德，还有英国酿酒师焦耳，他在工作之余做了有关能量守恒的几个最重要的实验。① 但是放在一个更大的时空看，似乎又是必然，全社会对科学的尊重、对异己的包容，天才学者的自我驱动，都是不可或缺的要素。戴帽子的大师、名师或许可以培养，但是那些开山立派的宗师又哪里是培养出来的啊！多数人是因为看见而相信，但是对于战略领军人才和历史托命之人而言，他们是因为相信而看见。他们如同盗火的普罗米修斯，如同填海的精卫，如同逐日的夸父，倒下也是一片泽被后人的森林。

二、新时代的旅游人才需要专业培养，更需要实践锻炼，以及竞争与淘汰

高等教育和职业教育是旅游人才培育的主渠道，需要规模化的制式教育，也需要年轻人的自我修养。古代中国并没有近代意义上的科学，特别是基于实验室的科学体系，为什么也能出那么多的数学家、天文学家和工程师，创造璀璨的科技文明？虽然有这么多人才，工业革命为什么却没有发源于中国？在众多的"李约瑟之谜"的解答中，我认同林毅夫教授的观点：在以经验为基础的技术发明过程中，人口规模是技术发明率的主要决定因素。中国在现代时期落后于西方世界，是因为中国没有及时从以经验为基础的发明方式，转换到基于科学和实验的创新上来。同时期的欧洲，至少经由18世纪的科学革命已经成功地实现了这种转变。② 现代科学的进步，进而生产力的进步和市场主体的商业创新，越来越依赖科学家严谨的科学方法、理论验证和生产实践。严谨科学方法的显著特征就是把有关自然的假说和积累的经验"数学化"，并与严谨的实验检验相结合。③ 旅游人才的培养更离不开以高等教育、职业教育为代表的国民教育体系和相应的科技支撑平台，包括初等、中等和高等职业教育，也包括学士、硕士和博士学位教育，以及实体化的理论和科学研究机构、博士后科研流动站和工作站、国家重点实验室等支撑平台。

如果将人才看作是人口基数的函数，那么拥有2850万直接就业人员的旅游业，不用高等教育、科学研究和系统性的职业发展计划，也会有百分之一的人成为各方面的领军人物和行业骨干，哪怕是千分之一，也是很可观的数字。这么想对不对呢？当然是不对的。我们可以举出无数的例证说"刘项原来不读书"，或者历史上的不少状元终其一生也是寂寂无闻，也可以列举更多的栋梁之材饱读圣贤之书，或者接受了系统的专业训

---

① 爱因斯坦，英费尔德.物理学的进化[M].张卜天，译.北京：商务印书馆，2019：41.
② 林毅夫.制度、技术与中国农业发展[M].上海：上海三联书店、上海人民出版社，1994：257.
③ Needham，1969，转引自林毅夫.制度、技术与中国农业发展[M].上海：上海三联书店、上海人民出版社，1994.

练。同志们多是从事教育、科研和管理工作，或者将来要从事教育、科研和管理工作的，在看到问题并努力改进的同时，更要有教育自信和科学自信。那些以小概率案例得出"博士有啥了不起，不读书也照样成才"的结论，要么是柠檬精附体，要么是无知无畏，或者说是一种轻佻的姿态。

在我的心目中，理想的人才培养空间是一座空气中氤氲着咖啡香的图书馆、一个绿茵茵的大操场，加一群白发先生和白衣少年。不论是本科生还是博士生，都要尽可能多地在图书馆停留些时光。不能只读教科书和期刊论文，要多读些经济学、管理学、文学、历史学、哲学、自然科学方面的经典著作。不能只在手机上刷短视频，要多看《人民日报》《光明日报》《经济日报》《经济研究》，才能了解天下事。基础厚实了，眼界开阔了，知道自己将来要成为什么样的人，要为谁服务，浑身就有使不完的力气，用不尽的才华。唯有响应国家需要、时代呼唤和行业需求，才能够经得起旅游者的评价和从业者的审视，并为历史所记忆。

只有经过产业实践和市场竞争而胜出的旅游人才，方能不负时代不负旅游，名至而实归。人才培养的主阵地在综合性大学和职业院校，但景区、度假区、国家公园、酒店、民宿、旅行社和在线旅游平台更是值得关注的社会大学和实践课堂。为落实"三定"规定的高层次新型人才培养任务，中国旅游研究院（文化和旅游部数据中心）持续推进产学研结合的学术共同体建设，通过博士后工作站、重点实验室、专题研修班、会议论坛、行业咨询和专题授课，培养出将教员作为自己终身职业的人才。我们将结合亚太经济合作组织（APEC）的专题资助项目，在峨眉山风景名胜区设立"数字化旅游人才培养基地"，通过实践教学培养行业所需的专门人才。对于真正的人才来说，不能总幻想着戴着学位帽子走出校园，等别人把舞台搭好，观众组织好，自己再范儿十足地出场。没那么回事！绝大多数人，绝大多数时间，在绝大多数地方，都是配角或者群众演员，而不是角儿。要想成角儿，就要在实践中摔打，就要与同龄人竞争，与自己较劲。这么多年来，每当自己被问及"为什么几十年如一日地熬夜，身体还这么好？"，都不知道怎么回答是好，因为真实的答案有些残酷吧——身体不好的人早就被淘汰了。就像热带雨林，地球上最适合植物生长的地方，也是空间竞争最激烈的地方，"高耸入云的巨树高达40米，粗大的树枝四处伸展着抢夺阳光"①。自然界的生物和社会中的人一样，

---

① 爱登堡.我们星球的生命［M］.林华，译.北京：中信出版集团，2021：78.之所以阅读这本看上去与旅游研究很远的非学术著作，是因为自己对科普著作和传记作品的偏好，也是因为文化自信不能走向自我封闭，而是要以更加开放的心胸欣赏和接纳人类文明的一切先进成果。本书第6页的一段话也让我印象深刻："只有当无数有机个体最充分地利用每一种资源、每个机会的时候，只有当千百万物种的生命相互关联、彼此维持的时候，我们的星球才能有效运行。"

不经过脱胎换骨的蜕变，就不可能有枝繁叶茂的华盖。

旅游业真正需要的人才得有理想，更得有化理想为现实的行动力。人才培养的方式应当是多种多样的，学校教育、家庭教育、社会教育和实践培养，总之需要全身心投入的学习，而不仅仅是大脑的训练。为什么说穷人的孩子早当家？从小就得开始学着煮饭、烧菜、洗衣、照看弟弟妹妹，抓紧一切可能的时光看书学习，没有那么多的工夫去想那么多为什么。反观我们培养出的旅游人才，多是立志读万卷书，做大学问，奔着立功、立言、立德去的。事实上，真正能够成名成家者又有几人，绝大多数还不是活成了柴米油盐和家长里短？这没什么，只要我们尽力了，以所学所思所行助力旅游业品质提升和现代化转型，都是当代中国所需要的旅游人才。人尽其才，则天下皆才。

旅游领军人才需要宽松的环境和包容的心态。中国科学院院士、北京大学副校长张平文说，"北大数学科学学院的天才不是培养出来的，而是保护出来的"。清华大学强调"要为杰出人才营造一个好的环境，让他们在这个环境中自主学习和研究"。[①] 如果把杂草、杂树和杂质都去除了，只剩下横平竖直的人工林，哪怕我们再努力，收获的也可能只是平庸。一种想把什么都安排得妥妥帖帖的父系思维，只能导致什么都要等待安排的婴儿思维。在一个演化的自然科学体系中，提出一个问题往往要比解决一个问题更重要。解决问题也许只是数学演算或者反复实验的事情。而提出新的问题，新的可能性，从新的角度看旧的问题，却需要创造性的想象力，标志着科学的真进步。[②] 从这个意义上说，自然科学、工程技术领域的开创者，社会科学和人文学科的"历史托命之人"，经济学和工商管理等领域的"颠覆性创新"或者"破坏性创造"，都需要自由思想和思想自由的包容，才可能让每个人在任何可能的方向自由地探索，进而提升整个社会人才与人力资源的比率。

说到包容与宽容，我想起在挪威国立美术馆看名画《呐喊》的感受来。伟大的作品是由伟大的艺术家创作的，问题是峡湾城市奥斯陆可以容纳一个抑郁症患者或者精神病人蒙克，就像荷兰和法国可以包容凡·高和高更那样。从这个意义上讲，艺术创作的高度取决于观众的数量和质量，或者更直接地说是市场的厚度。现实呢？我们可能很难容下那些各方面都比自己优秀的人。忌妒是人的天性，也许大家中间的最优秀者可以没有忌妒心，但是平凡如我辈者倒是常有的。问题是如何把忌妒心化作前行和超越的动力，

---

① 赵婀娜，吴月.强基础研究育拔尖人才[N].人民日报，2022-03-18（11）.
② 爱因斯坦，英费尔德.物理学的进化[M].张卜天，译.北京：商务印书馆，2019：72.在广泛的阅读和求学经历中，自然科学、工程技术和社会科学之间的互通互鉴是常有的事，多数情况下，其有效性仅限于哲学或者原理层面。一旦走向仿生学意义的操作，则需要经过科学和伦理的双重考验，比如达尔文的进化论已成为人类知识图谱的重要组成，但是社会达尔文主义则很难通过"人是目的而不是手段"的拷问。

而不是拉高踩低、远交近攻的破坏力。这需要每个人加强自我修养，也需要大环境的制度保障和小环境的机制保护。

三、新时代的旅游人才要到地方基层，到产业一线，到祖国最需要的地方去

旅游管理是实践性很强的学科，旅游人才应当是行动研究的倡导者和践行者。生活丰富多彩，经济有那么多产业，社会有那么多事业，旅游只是其中小小的组成部分。不是为了发论文和评职称，而是为了让这个世界一天天变得更美好，这才是人才该有的样子。19岁就参与"曼哈顿工程"的核物理学家，和丈夫阳早一起将自己的一生献给中国奶牛养殖事业的农业科学家寒春，写下这样的句子：世界上的事，只要下定决心并用心去做，一定会变得有意思，并成为你的专业，我觉得我不属于任何一个专业，我做的任何事情都是我的专业。我的老家蚌埠位于淮河岸边，是一座中等发达城市，而不是典型的旅游城市。在研究蚌埠"十四五"旅游业高质量发展规划时，我反复强调要着眼于300多万城乡居民的文化需求和休闲消费，建设公共文化项目和休闲基础设施，培育当地的旅游市场主体和创业创新者。当地的禾泉山庄和卫食园两个项目之所以给人留下了深刻印象，是因为其带头人和入选"旅游思想者"[①]的企业家一样，都是知行合一的专业人才。

到旅游产业第一线去，广阔天地，大有作为。历史已经证明并将继续证明，只有经过基层的历练和实践的磨炼，才会有专业的尊严和学者的独立性。每年数以万计的旅游管理毕业生，不能总沿着"本科—硕士—博士—发表—基金—教授—博导—大师"这条路子无休止地走下去，也不能总想着从官员那里分些权力，从老板那里打些秋风，以便在同行面前做出高人一等的模样来。不能再内卷了，走出书斋和实验室，外面的天地很是广阔，除了写论文、评职称、做课题，我们还有很多工作可以做。2022年，浙江在全省范围内开展艺术家驻村制度，对于乡村振兴和人才成长都是十分有益的。这么多高校和科研机构，能不能推出专业志愿者制度？我看是必要的，也是可行的。

到旅游教育第一线去，言高为师，身正为范。1985—1995十年间，一大批优秀的初中毕业生报考了中等师范学校，学成后充实到县乡中小学的教学第一线。现在看来，他们中的大多数并不比升入高中再上大学的同龄人生活得更好，但他们是一个时代的师

[①] "旅游思想者"由中国旅游研究院创设于2015年4月，在中国旅游科学年会或旅游管理博士后论坛定期发布。该奖项旨在致敬旅游领域知行合一的创业创新者，感谢他们以前瞻思想、卓越才情和不懈努力，持续提升游客、员工和居民的获得感，提升中国在世界旅游业的影响力。首位"旅游思想者"颁于梁建章博士和携程旅行网联合创始团队。

资典范，是今天各行各业骨干人才的托举者。[①] 现在越来越多的旅游院校之所以有名，是因为教员有名而不是毕业生有名，而教员之所以有名，是因为论文发得多而不是教书教得好。这不正常啊！

我们发布过旅游业急需人才的调研报告，其中就有"双师型人才"。不仅旅游教育，旅游科研和产业实践领域都需要类似的复合型人才。复合型人才不是要艺术家、科学家变成企业家或者反之，而是不同领域、不同层级的人才，在旅游需求的牵引下聚集到同一个时空，面向旅游市场，面向基层一线，形成人才复合体。中国旅游研究院出站的一名博士后，"双一流"高校的旅游管理博士，放弃去几所院校和旅游集团的机会，而决定要去南方的某职业院校任教，让我感到由衷的高兴：你们知道了什么是自己真正想要的，你们走向旅游教学第一线的身影，传道授业解惑的样子，真的很美啊！

到旅游科研的第一线去，建设以人民为中心的当代旅游发展理论。在学位论文开题或者基金申请时，青年学者经常被要求回答理论价值或者说科学问题是什么。结论往往是从文献特别是本领域的知名期刊和知名学者的论著中获得的。我从不反对研究生和青年学者在文献综述上下功夫，相反，这是科班训练的基本功，也是理论著述而非观点表达的分水岭。问题是我们现在只停留在理论对话这个层面，进一步地，只与知名学者发表在期刊上的论文对话。事实上，好的理论是看它对世界的解释力，更好的理论是看对实践的指导性，知行合一的行动研究才能出大成果。现在有些社会科学的文献从现行的评价指标上看很厉害的样子，其实不过是茶杯里的风暴，贡献其实很有限。希望当代旅游学者，也是未来中国旅游发展理论和生产实践、管理实践的领军人才，既要与理论对话，也要与实践对话，通过与本土的实践对话更能够产出原创理论和伟大思想。不要把"学"与"术"分得那么开，尤其不能有"君子不器"的自我精英化。马克思主义理论及其中国化的代表，都是如此，既与现有的理论（广义，不只是学术意义上的理论）对话，更与丰富多彩的生产和生活实践对话。

很多高校将公开发表C刊论文作为博士论文答辩或者是博士后出站的前置条件，虽然我对此一直就不认同，这相当于把学位授予权变相让渡给了期刊审稿人或者责任编辑，但是也不得不承认这是现阶段必须接受的规则。既然是发表导向，青年学者就必须

[①] 我还想致敬乡村教师之外的另一个群体——赤脚医生，他们是活跃于20世纪六七十年代农村的半农半医的基层卫生人员。1965年，毛泽东同志在同身边医务人员谈话时提出："把医疗卫生工作的重点放到农村去。"作为一种制度安排，以王桂珍为代表的成千上万的赤脚医生真正使我国的卫生防疫体系深入到农村，用最经济、最实用的方式解决了农村缺医少药的燃眉之急，使科学的医疗方法开始进入数亿农民和千万自然村落。世界银行和联合国称"赤脚医生的出现是中国第一次卫生革命"。这样的群体还有很多很多，比如乌兰牧骑、大庆油田、铁道兵部队的工程技术人员等，都是旅游人才应当致敬和看齐的。

也只能按学校要求的八股文来写，但是心里要清楚：思想高于理论，理论高于学术。要谨防年纪轻轻的，正是理论创造力最为活跃的时候，即锁进了《肖申克的救赎》揭示的"体制化"：这些围墙很奇怪，刚来的时候，你会恨它，慢慢你就会习惯它，日子久了，你会发现你离不开它，那就是被体制化了。哪怕多年以后自由了，却因为无法适应高墙外的自由而郁郁离世，因为没有人告诉他不可以做什么，也不会有人指引他应该做什么。尽管这是我一刷再刷的经典，每次看到这一段时我还是不由自主地落泪而忧郁起来：这么年轻的面孔，连真正的自由都没有尝试过，就老去了。更令人不安的是，这么多的院长校长和导师，不管看到了还是没有看到这一点，都不得不像电影《狗十三》里的父亲那样，一边流着痛苦的泪水，一边将女儿强行纳入到自己也不认同的规范之中。

到国际交流的第一线去，讲好新时代的中国故事，分享当代中国的旅游经验。告诉世界一个小康社会的旅游梦想照进现实、人民旅游权利日渐彰显的中国，"旧时王谢堂前燕，飞入寻常百姓家"的中国。告诉世界一个旅游企业数字化转型、旅游产业高质量发展的中国，"无边落木萧萧下，不尽长江滚滚来"的中国。告诉世界一个政府统筹疫情防控和企业纾困扶持的中国，"周公吐哺，天下归心"的中国。告诉世界一个习近平生态文明思想指导旅游业和旅游可持续发展的中国，"绿水青山就是金山银山，冰天雪地也是金山银山"的中国。还要告诉世界一个旅游教育繁荣、旅游学术创新和旅游思想进步的中国，"有些鸟儿是注定不会被关在牢笼里的，它们的每一片羽毛都闪耀着自由的光辉"的中国。

前言
PREFACE

党的二十大报告指出:"坚持以文塑旅、以旅彰文,推进文化和旅游深度融合发展。"文化和旅游融合,既有历史根源,也是现实所需,更是未来趋向。文化和旅游融合,既是一个理论问题,也是一个实践课题。位于国家历史文化名城湖南省永州市的湖南科技学院,植根地方悠久厚重的历史文化土壤,观照地方蓬勃发展的文旅产业实践,深入开展文旅融合理论研究,不断创新文旅融合人才培养机制,努力服务文旅融合产业发展,着力打造旅游管理、文化产业管理、航空服务艺术与管理等文化和旅游类专业群,取得了显著成效。

习近平总书记在全国教育大会上强调,要提升教育服务经济社会发展能力,着重培养创新型、复合型、应用型人才。作为地方应用型本科院校,如何通过学科、课程、教材建设,完善人才培养体系、创新人才培养模式、提高人才培养质量,如何贯彻落实立德树人根本任务,紧密结合党和国家大政方针,培养一代又一代德智体美劳全面发展的社会主义建设者和接班人,培养一代又一代在社会主义现代化建设中可堪大用、能担重任的栋梁之材,如何通过人才培养、学科建设、专业发展、科学研究、社会服务、文化传承创新积极服务党和国家战略,加快构建中国特色哲学社会科学体系,努力推动经济社会高质量发展,这些仍是需要努力破解的重要理论和现实问题。

在文旅融合的大背景下,文化和旅游类学科成为典型的交叉学科。文化和旅游的理论创新和实践发展为学科专业注入了新的动力。为进一步推进新形势下文旅融合理论创新和实践发展,加强新文科背景下文化和旅游类专业建设和学科建设,助力培养堪当重任的社会主义时代新人,我们组织编写了"新时代文化和旅游融合发展研究丛书·应用型本科院校文化旅游专业丛书",涉及文旅融合、旅游文化、乡村振兴、乡村旅游、美丽乡村、农旅融合、文化创意、资源普查、研学旅游、会展旅游、航空服务、学科前沿、专业英语、地方文化以及学科竞赛、调研论文和实践报告等方面。丛书除支撑国家和省级一流本科专业建设、一流本科课程建设，助力相关专业教学、教研教改、实训操练、专业认证、新文科建设和人才培养外，还支撑相关应用特色学科和科研平台建设。丛书既突出理论性、学术性和战略性，又紧扣时代主题、实践前沿和产业动态。在贯彻党的路线、方针、政策和国家有关法律、法规的基础上，丛书融入课程思政元素，符合学科发展理论前沿和时代特征。丛书内容新颖生动、案例多样、可读性强，具备较强的理论性、学术性、时代性、实用性、可读性和可操作性。

本丛书得到湖南省普通高等学校"十三五"专业综合改革试点项目"旅游管理"、湖南省一流本科专业建设点"旅游管理"、湖南省"十四五"双一流建设应用特色学科"马克思主义理论"和"中国语言文学"、湖南省一流本科课程"永州旅游文化"和"茶艺与茶道"、国家级一流本科专业建设点"英语"和"日语"、湖南省中国特色社会主义理论体系研究中心湖南科技学院基地、湖南省当代中国马克思主义研究中心湖南科技学院基地、湖南省普通高等学校哲学社会科学重点研究基地"乡村振兴与区域经济发展研究中心""南岭走廊与潇湘文化研究基地""永州地域文化与文化自信研究基地""湘粤优势特色产业协同发展研究基地""思想教育与道德文化研究基地"、湖南省社科研究基地"湖湘文化对外交流传播研究基地""湖南省舜文化研究基地""湖南省濂溪学研究基地""湖南省李达与马克思主义'三化'研究基地"、湘粤社科智库联盟等平台和项目资助。

编者

2023 年 12 月

目录
CONTENTS

湖南韶湖假日小镇·渔文化产品设计提升方案 ·· 1

旅房管家 ·· 6

交互式地接导游服务平台——"袋鼠旅游" ·· 13

德行天下　孝满九嶷 ··· 21

悠悠勾蓝情　牵手洗泥节 ·· 29

以今朝科技兴千年风骨 ·· 35

行"铜"一家之铜官灵陶记 ·· 40

铜官五彩，景观之上是生活 ·· 45

新华联铜官窑古镇夜市旅游营销策划案 ·· 53

"茶研悦旅"　常德市茶旅研学总体课程设计与实施策划 ··································· 59

职趣无穷课程设计与实施策划案 ··· 64

研水学水　筑梦华年 ··· 70

一朝桃源梦　千载研学行 ·· 76

薪火相传　逐梦复兴 ··· 83

"童"行平江 ·· 89

不负·莲心修食苑 ·· 93

"人在草木间"系列茶民宿商业计划书 ··· 99

茶文化主题餐厅商业计划书 ··· 105

"溪羽居"羽毛球运动网红民宿商业计划书 ·· 111

V-SHOW 非遗酒店商业计划书 ··· 117

地博万物生，球源四季轮 ··· 124

武汉金茂"里优"解压主题酒店 ··· 129

洞庭有我，春华由你 ··· 134

Outer & Our Space ··· 140

科技赋能兴文化潮流 ··· 149

九天揽月·遥岑远目 ··· 160

为爱而生　引领未来 ··· 165

向美而生，美美与共 ··· 171

茶旅融合助推精准扶贫与乡村振兴 ··· 178

基于故事营销的长沙铜官窑古镇节庆旅游调查报告 ·· 184

"遗"忘角落——非遗小影创意馆 ··· 191

2020永州首届民间祭舜暨花车巡游国际旅游文化节策划方案 ······································ 199

"湘"约阳明，"和"冶天下 ··· 205

后记 ··· 212

湖南韶湖假日小镇·渔文化产品设计提升方案

湖南韶湖假日小镇位于湖南水府旅游区东部休闲度假内，水府旅游区从 2000 年开始规划并着手开发，几年来已初具规模。自 2000 年以来，累计实际接待中外游客达 40 多万人次。目前旅游区内初步开发了一批以吃鱼为特色的餐馆和农家乐接待设施，但旅游区核心景区内上规模、上档次的餐饮、住宿、购物、娱乐设施尚未建成，严重制约了旅游区的正常发展。

基于韶湖假日小镇的发展现状，我们团队在经过实地考察后对其发展进行 SWOT 分析及客源市场重新定位。挖掘景区特色的文化，帮助景区塑造整体主题形象，定性"渔文化"产品开发的研究方向，围绕"渔文化"的主题，设置景区功能区分布及其产品开发，为韶湖假日小镇营造发展新契机。

1 方案亮点

1.1 全方位分析，确定开发方向

在营项目重新策划开发成功与否的关键是对其进行科学全面的分析，再确定其开发的方向。在对湖南韶湖假日小镇的发展现状进行深入分析的前提下，团队挖掘客源市场的需求，有针对性地开发旅游产品，最终确定以"渔文化"内涵挖掘与产品开发为本方案的设计方向。

1.2 多方面挖掘，策划需求产品

通过对韶湖假日小镇的物质文化、精神文化、制度文化方面的挖掘，借鉴国内优秀的渔文化景区发展的先进经验，结合度假式、家庭式的亲子散客客源市场的实际需求，团队为其重塑了渔文化的相关旅游项目及景区功能分区。经过挖掘与分析，确定景区吉祥物"白刁骑士"，并将景区分为印象渔村、"浴"望都市、渔文化展示体验区等三个功能分区。

1.3 策划主题鲜明，为景区提供多种方案

本方案通过市场分析及文化内涵挖掘，选择与景区现有发展较为贴切的"渔文化"

开发主题，整合景区现有资源，赋予"渔文化"的新内涵，策划了渔人服饰、渔村、画舫、鱼悦运动馆、"758"浴池、鱼美人 SPA 馆、渔文化长廊、鱼描瓷场（DIY 瓷器）、白鹭摄影节、鱼骨女神节、长龙鱼宴节等项目，同时对产品进行游玩线路规划，符合客源市场对亲子休闲度假类型旅游项目的需求。策划主题鲜明，为景区提供了多种可行性方案。

2 湖南韶湖假日小镇渔文化产品设计

2.1 吉祥物及渔文化产品区位分布

2.1.1 韶湖假日小镇吉祥物：白刁骑士

主题鲜明的旅游景区应具备独具特色的吉祥物。为策划以渔文化为主题的景区，团队确定用独具地方特性的韶湖淡水鱼白色刁子鱼做吉祥物。作为野生鱼，刁子鱼虽性情温和，但宁死不屈，刁子鱼的精神品质与湖南人"吃得苦、耐得烦、霸得蛮"的品质不谋而合。

2.1.2 渔文化产品区位分布

根据韶湖假日小镇现有的资源分布，新策划的景区项目大致分布如表 1 所示。

表 1 渔文化产品空间分布

功能分区	规划位置	规划项目	
印象渔村	小镇主营地	印象渔村游客服务中心	
		浅水垂钓区	
		观鱼平台	
		渔船码头	
		水上剧场（撒野湾）	
"浴"望都市	凤凰岛	六 YU 休闲中心	鱼悦运动馆
			"758"浴池
			鱼美人 SPA 馆
渔文化展示体验区	白鹭岛	渔文化长廊	
		鱼描瓷场	

2.2 渔文化产品设计理念及内容

2.2.1 印象渔村

印象渔村位于韶湖假日小镇的主营地上。主营地形状与海马十分相似，作为渔文化景区，这里也是渔文化的核心体现。

让景区工作人员和游客都扮演渔人，融入渔家生活，旨在让游客真切体会渔家生活，依赖自然，回归自然。在春暖花开的三月，穿皮袄，背鱼篓，抓木棍，蹚入长满茂密苇草的鳜鱼塘里，依照传统渔法，挥舞棍棒，奋力拍打水面，然后在"浑水摸鱼"中，感受"桃花流水鳜鱼肥"的意蕴。团队设计了唱渔戏、拍渔村人电影、画鱼图、吃鱼、住渔村和渔文化主题酒店等活动。

2.2.2 "浴"望都市

"浴"望都市规划位于凤凰岛，该岛由于形似凤凰而得名。凤凰岛原有资源是恐怖城、蛇岛、吊桥等，这些项目仍在建设和维护中，将凤凰岛的主题定位为渔文化展示体验区，一是该区域面积大，开发程度低；二是凤凰和鱼作为水族的崇拜原型，有着紧密的联系。

"浴"望都市中"浴"则指沐浴。沐浴十分讲究，从古至今都一直如此，不仅仅是为了洗干净身体，更是一种文化的体现。而"都市"则指该区域是作为现代康乐运动的体验区，形形色色的活动和器材都深受现代人的喜爱。"浴"望都市分别创建了鱼悦运动馆、"758"浴池、鱼（瑜）美人SPA馆等具体项目，旨在打造周末游市场的康养、休闲、娱乐中心。

2.2.3 渔文化展示体验区

渔文化展示体验区位于白鹭岛，其面积大，因白鹭岛南岛每年三四月将居住近万只白鹭，不宜进行吵闹的活动，所以作为渔文化展示体验区。规划设置展示区及体验区，展示区展览瓷器制品、渔船等；体验区设置陶瓷DIY及鱼拓项目，让游客观摩渔文化的同时，融入渔文化体验中，促进休闲度假市场的开拓。

3 湖南韶湖假日小镇旅游标识系统规划

旅游景区标识系统是利用文字、符号、图案等为游客提供旅游信息、警示和引导功能，同时在标识设计上融入项目的特色和文化底蕴。团队在考察中发现，韶湖假日小镇景区旅游标识系统并不完善，为契合本策划方案的主题，特重新升级该景区的Ⅵ系统。

3.1 旅游标识系统设计

3.1.1 指示牌

（1）指示牌都运用鱼图案、鱼形牌进行提示。

（2）材料为石头或者木材。

3.1.2 景区logo重塑

新logo内容：整体为S形，是一滴水，更是鱼钩；图案分为三部分，左边是鱼，中间是树叶（扁舟），右边是白鹭；三者形成一个有机的渔文化生态系统。诠释：一行白鹭上青天，两片绿叶载天然，三类鱼儿浅水底，一滴水源透纯净。

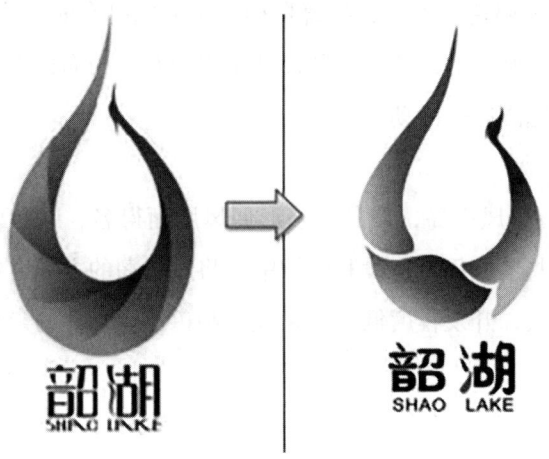

图 1 景区 logo

3.2 景区功能分区氛围营造

渔村入口立"白刁骑士"雕塑，配套鱼形雕塑吐泡泡，表示欢迎旅客；景区垃圾桶全部以鱼外形为主，配套渔夫雕像。

4 营销与推广

营销是指，企业发现或挖掘准消费者需求，从整体氛围的营造以及自身产品形态的营造去推广和销售产品，主要是深挖产品的内涵，切合准消费者的需求，从而让消费者深刻了解该产品进而购买该产品的过程。本团队将以传统营销手段与时下最火的"互联网＋旅游"模式进行营销推广。

4.1 传统营销推广

传统营销推广主要从广告宣传、节庆促销活动、旅游卡和会员卡推广、与其他品牌商品联合营销等四个方面进行。

4.2 "互联网＋旅游"营销推广

推广口号："YU 我同行，漫游韶湖"

4.2.1 线上推广

线上推广通过门户网站宣传和其他网站宣传来进行。

4.2.2 整合推广

整合营销推广可采用网站首页宣传、景区广告宣传、传统户外广告宣传、微信公众平台宣传等方式进行。

获奖等级：湖南省第二届大学生旅游专业综合技能大赛　省级三等奖

参赛团队：帅希　胡蒙师　周晓轮

指导教师：周慧玲

旅房管家

1 项目可行性分析

旅游房地产，是依托周边的丰富旅游资源而建立起来的融合了旅游、休闲、度假、居住为一体的综合项目，以为旅游服务为主要目的。与一般的住宅相比较，旅游房地产对于地理位置和周边环境有更高的要求，具有满足人们的度假旅游需求的特殊功能，由此可见，旅游房地产实现了旅游业和房地产行业之间的无缝连接。

如今，我国涉足旅游房地产的公司就超过两百家，旅游房地产的蓬勃发展，为我国旅游行业的发展奠定了坚实的基础，旅游业的转变使得旅游房地产租赁业务成为行业新宠。

国内大部分旅游房产业主主要是出于休闲度假的目的购置房屋，由于长期处于异地，不便随时对房屋进行监管，在非假期期间需要托管公司对房屋进行打理或是以投资目的来经营，但如今的房屋托管市场欠规范，双方信息不对称，许多托管公司压榨房主利益的事件发生，业主与托管公司双方存疑。在互联网+的时代背景下，互动、平等、透明、共享，成为时代的主旋律，旅房管家便是在这样的背景下产生的，具体分析如下。

1.1 国家宏观调控，房地产业转型的需要

房地产业是我国典型的支柱型产业，房地产"库存化"问题的解决刻不容缓。在此背景下，中央定调千方百计去库存，房企也在不断寻找机遇，突破楼市低迷的状态。

1.2 地方政府推进，消化空置房产的需要

中国家庭自有住房拥有率迅速上升、城镇家庭多套房拥有率上涨迅速、高收入家庭多套房拥有率高且正在迅速上升。城镇家庭自有住房空置现象严重，现有住房存量完全可以满足住房要求。房屋闲置问题对去库存构成了很大压力。

1.3 新兴需求产生，旅游方式变化的需要

近年来，泛旅游现象日趋显著，旅游消费行为自主化、多样化，旅游空间日趋泛

化，同时产业融合进一步增强，催生了多种旅游新业态。旅游者的旅游方式由原先走马观花式的观光旅游向休闲度假旅游发展。游客多为家庭型、团队型，还有朋友一起自助型、自驾型，这类游客要求所住的房子具有家庭型功能。

1.4 紧扣业主心理，实现房产价值的需要

许多旅游度假区、旅游景区周边存在大量的空置房。在非度假期间，这些房源大多都只能空置。出于房屋保值和提升收入途径的需求，很多空置房都有出租意向。如今在异地有旅游房产的房主主要有以下几点心理：①追求更好的管理；②追求更好的收益；③追求相关机构更好的服务。

1.5 规范市场秩序，管理房产中介的需要

综合消费者协会的投诉案件，目前房屋中介有五种较为严重的侵害消费者权益的现象：①乱收费；②违规操作；③中介隐瞒房屋的真实情况，房屋的资质有问题；④提供虚假房源；⑤哄抬市场价格。

1.6 嵌入物联网思维，发展共享经济的需要

2016年的政府工作报告强调，要大力推动包括共享经济等在内的"新经济"领域的快速发展。共享经济伴随着基础技术的成熟才能快速形成规模化，而物联网的普及让共享经济的范围得以进一步扩展。

2 项目概述

2.1 项目名称、口号及标志

2.1.1 项目名称：旅房管家

2.1.2 口号及说明：旅房管家，让您的房子活起来！

2.1.3 旅房管家的口号的含义

（1）运用智能家居系统，使您的房子具有人体感应等功能，可以实时向您发送房屋相关信息；

（2）旅房管家凝结多方力量，致力于解决旅游房地产闲时空置问题，推动旅游房地产市场发展；

（3）与让您的房子"火"起来谐音，寓意使您的房子为您带来更好的收益。

2.1.4 标志及说明

旅房管家房屋托管平台的logo由一个房子和一双托起房屋的手构成。整个logo的主色调为绿色，象征着互联网+旅游房地产的新模式；双手代表着旅房管家凝结各方力量为旅游房地产的进步发展做出贡献；logo点明了旅房管家提供的是旅游房地产相关服

务，象征着我们对旅房管家以及互联网+旅游房地产未来发展美好蓝图的展望。

2.2 项目定位

服务原则：以人为本

服务宗旨：关心您的房子，更关心您

服务核心：服务旅游房产房主、中介公司、托管公司及自由行短租游客，以用户尤其是房主为主体，完善机制深化服务，增加用户黏度，提升用户保有量和活跃量。

2.3 服务面向及内容

2.3.1 三个服务面向

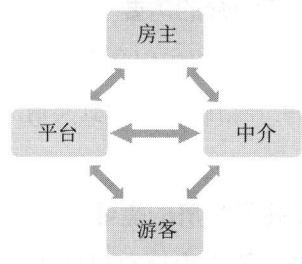

图 1　四方结构图

（1）房主—旅房管家—中介

房主依据房屋的具体状况将房屋信息上传到旅房管家平台，同时可以指定当地的中介、托管公司，为其房屋保管钥匙、提供清洁维护等服务，从而旅房管家可以通过网站的租住情况联系中介公司，使房主实时了解房屋的使用情况。旅房管家为第三方法定监督者，依托小米智能家居套装，房主可以实时监控到房屋租住情况。

（2）房主—旅房管家—游客

房主可以自主在旅房管家房屋托管平台上传发布房源信息，直接面向旅游者短租者，通过线上商议的方式，依据短租者的具体需求，向旅游者提供短租房预订，并提供相关服务，包括接送机、订票、行李服务等，进行自主管理。

（3）游客—旅房管家—中介

房客可以在旅房管家平台上对自己心仪的住房进行筛选和预订，房价设定分别有日租价和长租价，实行区间段方式收费。房客可以在平台内看到房屋相关信息、周边交通情况、旅游景点信息、周边基础设施情况、房屋注意事项等等，房主请中介代为清理房屋，房客在入住后可对房屋进行评价，其用户评价和打分将在房屋浏览界面内显示。

2.3.2 两种运行方式

"旅房管家"房屋托管平台是通过 PC 站+App 端的多渠道多入口的整合平台，是同时结合旅游房地产业与电子商务而搭建的 C2C、B2C 平台。

2.3.3 服务内容

服务内容分成以下功能区：房源搜索引擎、房源展示、比价系统、服务通道、交易系统、留言板、爱家课堂、投诉及建议，还有会员中心、诚信安全评价体系、客服中心等功能。

2.4 盈利方式

2.4.1 收取服务费

旅房管家在指导用户依据意向选择相应服务后，以短信、照片、用户反馈等形式，连通中介，向房主提供点对点服务。最终收取的房费将抽取 15% 上交平台。

2.4.2 受理短租业务

房东与线上支付的短租者达成消费协议并付款后，旅房管家根据房主每月的成交量收取费用。短租者另外的服务内容以相应比例收取，以达到营利目的。

2.4.3 广告收益

项目运行到后期时，以用户量为基础，在旅房管家占有一定市场份额后，旅游住宅商品房产业数据库也初步建成，形成旅游房地产智库，借此吸引房地产公司的广告加盟和同类 App 软件的友情链接。随着平台的发展，旅房管家的盈利收费主体将逐步转移到房地产公司的广告加盟这方面，并给予加盟一定年限的短租业主相应福利，以达到盈利目的。

3 市场分析

3.1 市场定位

本项目致力于为我国东南沿海地区在异地有闲置旅游房地产的房主服务。项目初期以惠州碧桂园十里银滩为试点，逐步向东南沿海地区各旅游景区、大型旅游房地产楼盘全面铺开。惠州碧桂园十里银滩南面临海，北面靠山，位于深圳东亚婆角海滨旅游区，是典型的旅游房地产酒店式休闲度假项目，以其作为旅房管家的初期试点楼盘十分合适。

3.2 目标市场

3.2.1 异地房产业主

除去节假日的居住，其余时间该类房产大多为空置状态，异地旅游房地产业主为本项目的主要目标客户对象。

3.2.2 房屋托管公司与房产中介

"旅房管家"是一个介于房产业主、房屋中介和游客之间的第三方房屋租赁管理平台，可以给房屋托管公司与房产中介引进房源，让其与业主达成合作意向，同时提高房屋托管公司与房产中介的经营声誉，以吸引更多的合作房源。

3.2.3 本地房产业主

"旅房管家"的业务发展到中期，会考虑拓宽业务，发展本地房产业主。

3.3 竞争分析

旅房管家与其他平台主要有三大区别：一是服务对象不同，本平台主要服务于异地房主；二是服务内容不同，旅房管家为房主、游客、房产中介提供多方合作对接的平台，对房源审核、住房服务、保洁服务等采用标准化管理；三是服务模式不同，旅房管家整合了房主、托管及房客三方用户，将中介、托管公司这一群体纳入平台的服务对象之中。

3.4 SWOT 分析

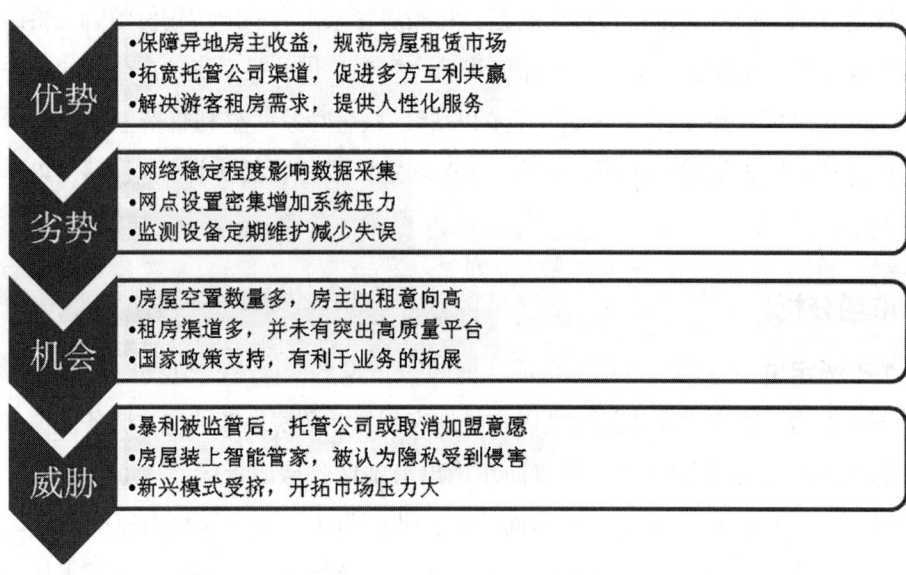

图 2　SWOT 分析

4 营销推广

4.1 营销渠道

旅房管家交流、公开式的平台服务软件相较于现在市场上已有的房屋短租业务覆盖面更广，有更大的发展空间。由于旅房管家在平台上整合了房主、托管及房客三方，作为这一市场的开拓者，其有着巨大的市场空白。旅房管家通过以下渠道进行推广：①广告营销；②多方合作，实现地推；③特价、有奖活动；④群发分享推广；⑤关键词营销；⑥电影、电视赞助营销；⑦网营顾客关系；⑧与在线旅游网合作；⑨捆绑营销。

4.2 广告策略和促销策略

旅房管家上线初期，将实施具体广告战略对市场进行全面铺开。

4.2.1 产品策略

在实体定位战略进行过程中，旅房管家将在广告宣传中突出五大特色，与其他产品进行明显区分；并以凝聚多方力量，保障多方权益的交流式服务平台为定位基准进行宣传。

4.2.2 市场策略

旅房管家前期主要以安全高性能高品质为创牌目标，对拥有闲置房源的异地房主、安全信任度高的托管中介公司及有短租需求的游客的主要心理诉求进行了解，依据不同市场的具体情况及特点，制定相应的市场营销策略。

4.2.3 媒介策略

旅房管家在营销渠道中主要采用线上、线下相结合的方式，利用多层次、多维度的复合生态体系，不断地多元化纵深发展，整合市场资源，采取共享型商务模式进行联合推广。

4.2.4 广告实施策略

在广告市场策略中期，旅房管家注重用户反馈交流体验，便于多方交流，突出本产品同其他品牌同类产品的差异性和优越性。

4.3 定价策略

旅房管家收到游客支付的房屋租金后，将会根据平台系统维护费、智能家居硬件、支付给中介的清洁维护费用、用户返利、公司长期经营目标的实现和可持续发展的需要等因素将租金进行比例分配。

5 成长计划

旅房管家搭建了国内房地产市场中托管公司、房主、租户的在线交流平台，同时发展旅房管家的托管公司业务和办理国内短租业务；科学地制订项目成长计划有助于快速占领市场，抢占市场份额；实行"初创期1~2年、成长期3年、成熟期4年"的成长计划。

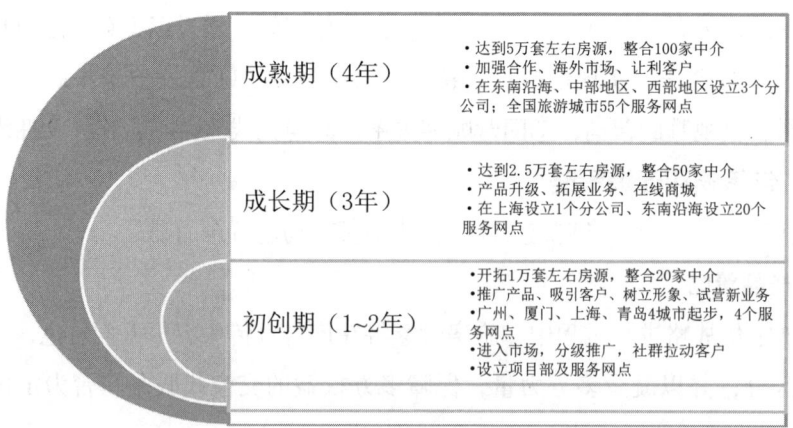

图 3　项目计划

获奖等级：湖南第三届大学生旅游专业综合技能大赛　省级二等奖

参赛团队：龙以洵　周晓轮　胡静平

指导教师：周慧玲

交互式地接导游服务平台——"袋鼠旅游"

1 执行概要

平台致力于打造基于 Android 的地接导游服务移动客户端，通过特色的地接服务给游客宾至如归的感觉，同时突破传统手机应用不足，实现 G2C 模式（guide to customer）下的交互式服务，让越来越多的游客更全面地获得深度地方旅游体验感，从而实现导游与游客的双向沟通和直接交互。动态评价机制使得导游自身主动学习，积分股份合伙人制度实现共享利益捆绑，人人都有可能成为创业者。

2 项目背景

面对未来庞大的旅游客源市场，永州境内却尚未真正建立完善的旅游服务体系，在旅游旺季往往会出现"游客没导游，导游没团带"的尴尬局面，地接导游服务与地方旅游融合性较弱，尤其是缺少甚至没有交互式服务平台的构建，使游客被动地浏览信息，不能获得目的地旅游信息的感性认识，而未来导游执业自由化更为平台的建立和发展提供了很好的机会。

3 平台战略及组织架构

3.1 共同愿景

平台使命和远景陈述：以游客交互式服务体验为目的，让导游为自身发展而努力，打造地陪导游服务创业新标杆。

平台宗旨：袋鼠旅游，当地导游带你玩儿转潇湘。

管理理念：以创新为源泉，以游客为导向，以市场为准则。

项目 App 标志：由平台吉祥物袋鼠"湘湘"与"带你游"的楷体汉字组合而来，蕴含着袋鼠"湘湘"带你游的深刻含义，也蕴含着项目名称"袋鼠旅游"的深刻含义。

3.2 发展战略

创办初期（1年内）——本土优势战略。初步建立平台服务和功能架构，在永州地区开展运营，立足地方和 G2C 模式下的交互式体验，开发一个既满足游客个性需求又能有效数据收集的 SNS 系统。

成长期（2~3年）——快速传播战略。在初期工作的基础上，对现有系统进行优化和技术更新，保持技术的先进性，确保市场竞争的技术优势。

成熟期（3~4年）——形成品牌战略。整合现有的数据资源，对现有数据进行深入挖掘，发现和开发新的旅游服务，使项目具有可持续的发展能力，打造基于云的数字旅游平台，对第三方开展数据服务工作，将旅游服务和数据服务相结合，将项目发展成为在领域内领先的、具有影响力的品牌。

3.3 人力资源战略

①建立吸引人才、激励人才、鼓励成才的软环境，鼓励全员参与创新研发。

②实施以人为本，以业绩为导向，以岗位为基础的管理模式。

3.4 组织结构（如图1所示）

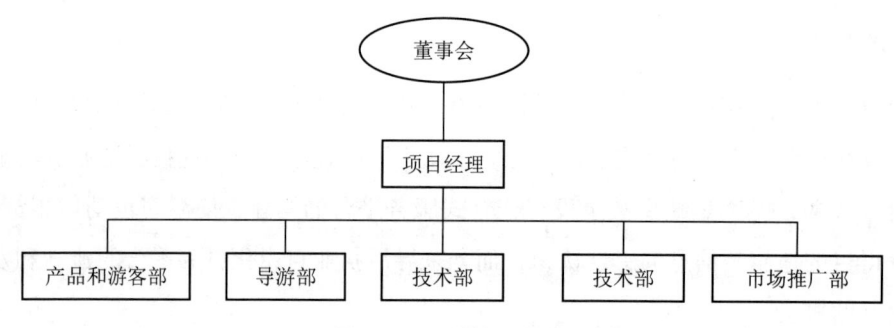

图1 组织结构示意图

3.5 产品研发

自主研发：引入地方高校的平台构建研发团队，进行新产品的开发和地方文化的整合，并结合旅游服务业的发展，确定研发方向。

战略伙伴合作研发：和各大地方旅行社、旅游景点进行合作，优势互补，强强联合进行系统研发和地方文化挖掘。

4 产品与服务

4.1 项目简介

如今目的地的极致体验、深入体验深度游已经成为旅游最大的痛点，目的地是旅行最重要的环节，通过对旅游目的地的调查，将感兴趣的游客找出，进行人和资源的对接。本项目打造的就是一个有利于改变传统的跟团旅游和自助旅游模式的 O2O 平台（如图 2 所示），该平台实行 G2C 模式下的双方直接交互，直接为游客与地接导游提供一个双向沟通和双向选择的渠道。

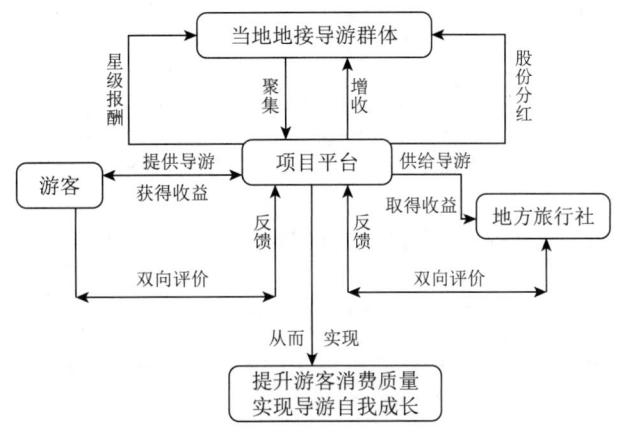

图 2 "袋鼠旅游"地接导游服务平台示意图

4.2 产品功能

向导服务功能——为游客和地接导游提供交流协商平台和渠道，并实现充分的双向选择，打造直接交互的 G2C（guide to customer）。

评价功能——游客和向导在完成服务后进行相互评价，提高美誉度和信誉度，同时也为地接导游增值。

社交通信功能——帮助其他用户或者同路线的旅行者进行无障碍的随时随地沟通，也可在线分享自己的旅游心得及照片。

定位功能——平台添加 GPS 定位系统，记录游客去过的每一个景点和住宿的地点，并可进行实时点评，同时帮助游客实时实地选择附近地接导游。

地方旅游功能——打造深度的地方体验，线上推送基于用户爱好筛选整合的地方旅游信息，线下建立地接导游资源库，定期进行专业培训，提升其讲解能力，实现地方文化的双向传播。

信息查询功能——可查询附近民宿、酒店、线路、天气、餐饮娱乐、旅游攻略、地方文化等信息。

平台 O2O 地接导游服务不同于已有的旅游电子商务服务，主要区别见表 1。

表 1　O2O 地接导游服务与传统模式对比

模式	传统旅游电子商务网站	O2O 地接导游服务平台
对待消费者的态度	以达成交易和获利为中心。	以"游客"为中心，关注个人需求，以提供个性化服务为重点。
效益诉求	以交易效率为中心，将通过预订流程自动化提高效率视为开展电子商务的重要效益。	利用互联网信息技术，针对个性化需求，设计个性产品，提高游客满意度和地接导游美誉度。
产品质量	提供的信息限于旅游产品基本内容，对旅游产品的描述过于简单，只注重旅游形式，忽视资源真正的内涵。一些"信息密集型"的、复杂的旅游产品，无法有效描述，影响了游客对它们的预感感知。	对旅游产品、服务的特征描述详尽周全；互联网技术得到应用，以更好的形式展示旅游信息；地接导游与客户的双向沟通更加方便。
差异化特征	组合性旅游产品是预先设计好的，一般不能变动。	低成本的前提下，游客通过网络自行任意组合旅游产品，旅游体验更细致。
市场细分	针对大众的一般需求设计，或粗略划分的细分市场。	在市场细分上做得更细致，更精确。

5 项目管理策略

5.1 客户交互式服务技术管理（如图 3 所示）

"袋鼠旅游"基于共享理念，整合了永州这一细分市场中的优秀导游资源，并将此人群与粉丝（用户）之间关注、沟通、互动、点评和分享的过程融入服务和产品交易全过程。

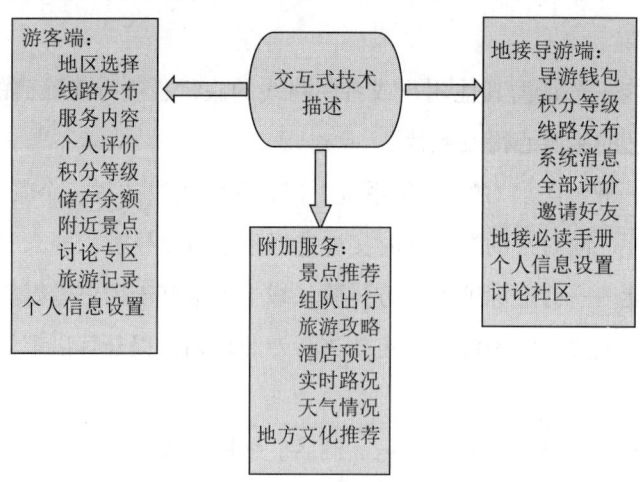

图 3　交互式技术描述示意图

5.2 导游动态管理

为了规范导游间良性竞争环境，实现导游自主学习、自我增值的激励作用，平台建立"星级报酬制度"和"积分股份合伙人制",从而实现收益与自身发展捆绑,达到平台"一人搭台,众人唱戏"的创业初衷,通过导游的出彩来实现旅游的精彩。

5.3 导游素质提升与培训管理

将线上定期考核成绩与导游星级评级、积分提升挂钩,使他们能够自主学习和自我增值,锐意进取、具有革新服务意识,获得建立自己品牌的机会(见图4)。

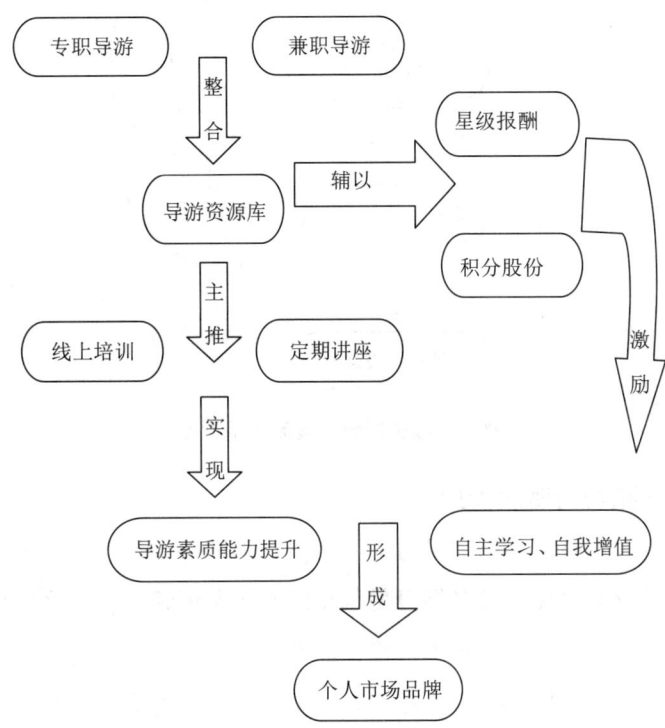

图 4　导游素质提升与培训管理流程图

5.4 服务纠纷处理流程管理

(1)开设服务热线,进行人工解答和处理,同时将相关服务纠纷信息对接政府旅游监管平台,进行备案处理,使得处理更加公开透明、有说服力。

（2）网络程序（如图 5 所示）

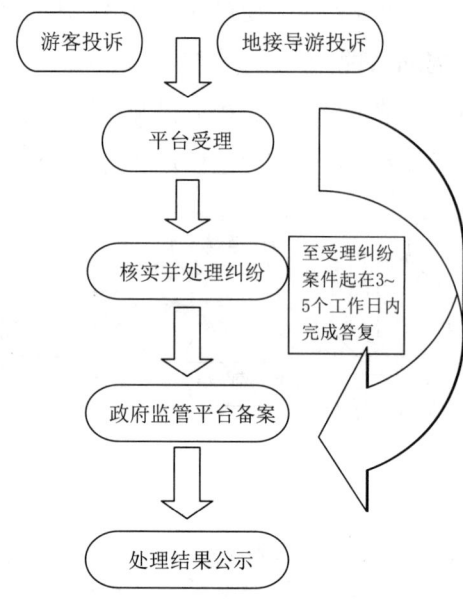

图 5　服务纠纷处理流程示意图

5.5 恶性竞争和导游资质管理

平台建立基于"导游证"与"身份证"两证合一的导游信息审核模式，游客在订购服务后会收到该导游的照片、姓名等身份信息以及导游证编号，游客根据平台与旅游局的"旅游诚信监管电子平台"的技术对接，能够自行进行确认，防止出现危害游客利益的情况（如图 6）。同时建立导游"黑名单"制度，对于违反规定的地接导游实行平台禁入处理。

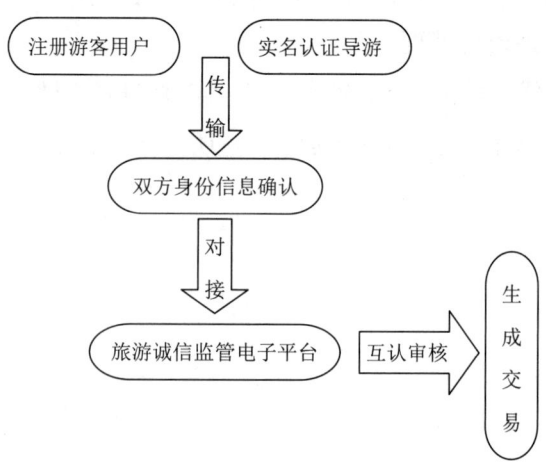

图 6　恶性竞争和导游资质管理流程示意图

5.6 用户交易方式及导游提现管理

平台具备存储、在线支付的功能，以支付宝、微信和银联支付等第三方支付平台进行支付，实行线上交易和线下服务模式，为游客和地接导游之间提供一个安全可靠的交易平台。

6 市场分析

目标客户群有：以自由行、自助组团游为主的散客旅游群体；因公出差或其他需求来某一地区作短暂停留的潜在客户；以个性化旅游为主，自主便捷出行的家庭游；借助微媒体广告宣传的旅游装备提供商或旅游景点；自由执业化的挂牌导游或者旅游达人，以及区域内的旅行社（如图7）。

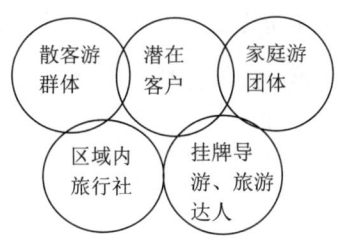

图7 目标客户群示意图

7 营销策略

第一阶段：种子用户推广期（基础期）

立足地方文化和 G2C 模式下的交互式体验，对于此时的推广期是种子用户期，推广的目标是一部分初期用户，这个初级用户的目标可以设定为 500 万以上。

第二阶段：增长式用户推广期（推广周期）

在对已有景点数据进行维护和更新的基础上增加新的景点和服务内容，使服务内容更加灵活全面，要全面发力推广，此时我们要的用户是对 App 有认知的用户，这个目标是 1800 万以上。

第三阶段：爆发式用户推广阶段

打造基于云的数字旅游平台，通过一定的营销方案，实现 4000 万以上的目标。

8 融资与财务分析

8.1 融资方式

采用资金入股的形式进行股份制运营。

（1）投资认证：投资人对于有意向的项目，可以通过约谈与项目方联系，或者直接预约认购提交投资意向。

（2）投资分红：融资成功后，项目方可以与所有投资人沟通，逐步提取融资款用于项目准备。项目成功运营后，投资人可以根据协议约定定期获得相对应的项目利润分红。

8.2 退出机制

按照市场评估对本平台进行形态转化。将所投入的资本由股权形态转化为资本形态，以实现资本增值或避免和降低财产损失的机制。本项目公司拟采用三种退出方式，包括股份上市、股份转让、股份回购，从而实现投资者的权益保障和资产升值。

获奖等级：湖南省第三届大学生旅游专业综合技能大赛　省级三等奖

参赛团队：刘喜庆　刘莎莎　郑毅

指导教师：姚先林

德行天下　孝满九嶷

《史记》曾记载"舜南巡狩，崩于苍梧之野，葬于江南九疑"，因此九嶷山成为后人祭舜的主要场所。在《永州市旅游总体规划2016—2030年》中，舜文化旅游圈是其打造的两个核心之一。

舜文化旅游节大学生市场微博营销方案是在弘扬爱国主义、传统文化教育及永州"旅游升温战役"的背景下，选择在整个永州旅游市场中起龙头作用的九嶷山景区的舜文化旅游节作为打造对象，依托宁远县旅游建设投资有限公司，挖掘当地高校大学生这一新的目标市场，从微博新媒体角度来设计旅游营销方案，以此扩大舜文化旅游节的传播影响力。

舜文化旅游节是永州市旅游重点打造的节庆活动之一。本方案从分析历届舜文化旅游节入手，发现舜文化旅游节营销存在一系列问题。舜文化博大精深，作为永州旅游发展的龙头，需要我们全力挖掘和打造。通过两轮次的市场调研，项目组最终确定了大学生市场为主要目标群体，前期主要以当地高校为推广对象，以点带面，后期逐步扩大市场范围到湖南省内其他市区甚至周边省区。在新媒体选择方面，根据目标市场的媒体接触习惯以及依托企业的实际情况，选择微博作为本项目的新媒体建设平台。在微博运营之前，团队对宁远县旅游建设投资有限公司的微博运营状况进行了评估，为后期的运营打下了良好的基础。

1 方案亮点

1.1 实际运营企业微博，取得初步成效

根据本次比赛必须依托真实企业的要求，本团队进行多次现场考察，最终选择舜文化旅游节作为打造对象，把宁远旅游建设投资有限公司作为合作企业，并最终签订官方微博托管协议。舜文化旅游节的相关活动都与相关企业和组织达成共识。

微博运营效果明显。粉丝数量由接管前仅有42人增长到1647人（数据截至2017年11月2日），着手为微博正式加"V"认证，并更名为"九嶷舜小君"，得到许多大

V评论转发，日常软文微博点赞、评论、转发量增多，形成微博矩阵传播，并建多个旅游类微博社群。

1.2 整合最优资源，打造高品质项目

舜文化博大精深，要打造舜文化旅游节需要各方面的共同努力。在舜文化旅游节大学生市场微博营销策划过程中，我们团队充分整合了优势资源，其中包括：①得到了湖南省舜文化研究基地的智力支持；②邀请到湖南省舜文化研究会会长及湖南省舜文化研究会常务理事两位专家学者参与；③借助全国高校校园文化建设优秀成果奖"舜德学子"评选活动的影响力；④与本市各所高校、地方旅行社、九嶷山风景区以及宁远旅建投公司等达成了初步合作意向；⑤取得了市县两级旅游局的支持。

1.3 采用微博矩阵推广，展开互动营销

项目团队为最大限度地提升微博营销效果，创新性地利用了矩阵式推广模式。以"九嶷舜小君"微博为主要营销推广工具，同时配合团队后期接管的"九嶷山风景区"官方微博，通过转发评论微博等方式形成互动营销，项目团队同时配合自身的数个私人微博账号，以大号带小号，形成纵向互动营销，打造微博矩阵推广的纵向传播优势。在后续的推广进程中计划在多平台创建关联微博，实现微博矩阵的横向推广。

1.4 市场调研充分，市场定位精准

在确定节事活动和合作企业后，我们前往宁远旅建投公司初步洽谈，获取往届舜文化旅游节资料及相关的团队游客数据；前往九嶷山景区及永州各县区进行了一轮预调研，发现使用微博年龄段主要分布在18~24岁，且多为学生。通过与企业的进一步沟通，了解到大学生市场正好是目前他们比较薄弱且准备重点打造的市场，于是又专门针对永州市内三所高校大学生市场进行了第二轮调研。调研数据显示，这一市场的微博接受度高，有81%的微博使用率，并有舜文化体验的强烈需求。于是，最终确定大学生市场为本项目的目标市场。

2 舜文化旅游节基本情况

九嶷山曾先后于2005年、2009年、2012年、2015年四次举办湖南省公祭舜帝大典，2000年、2006年、2014年三次举办永州市公祭舜帝大典，并举办两届舜文化研讨会和五届舜文化旅游节。自2000年九嶷山景区举办永州市政府祭舜大典暨第一届舜文化旅游节后，经五届不断完善，逐渐打造出以祭舜为核心的品牌节事活动（见表1）。

表 1　往届舜文化旅游节情况表

届数	持续时间（天）	主要活动	宣传媒体
第一届	4	①公祭舜帝大典 ②舜文化研讨会 ③九嶷山旅游小姐选拔 ④体验九嶷山乡村生活	宁远县电视台现场直播 《永州日报》
第二届	4	①宁远县公祭舜帝大典 ②大型文艺篝火晚会 ③宁远乡村民风民俗展示暨美食品尝	永州市电视台现场直播 宁远县电视台现场直播
第三届	4	①公祭舜帝陵典礼 ②千人麻将比赛 ③舜文化与中国道德文明理论研讨会	电视现场直播 新闻报纸报道
第四届	6	①永福寺高僧祈福法会 ②摄影大赛获奖作品展示 ③九嶷山艺术团文艺晚会 ④万名驴友去九嶷暨九嶷山登山节	永州市电视台现场直播 《永州日报》 搜狐新闻等网络新闻媒体报道
第五届	42	①宁远县委县政府公祭舜帝大典 ②万人游九嶷 ③宁远各界公祭孔子大典系列活动	永州电视台现场直播 《永州日报》 搜狐新闻等网络媒体报道 天涯论坛、百度贴吧

3 舜文化旅游节新媒体环境分析及新媒体平台选择

3.1 目标客户媒体接触习惯分析

旅游已经成为社会化媒体时代的强标签，据《2015年微博旅游白皮书》，在3.4亿微博活跃用户中旅游达人217万，带旅游标签用户2161万，对于高校大学生市场，将近75%的人会选择通过微博查看旅游计划、分享旅游热点话题，他们已成为旅游微博日常分享主力军，占据带旅游标签用户数量一半以上。同时根据团队的市场调查结果，大学生群体对于文化类节事活动感兴趣的内容主要有祭祀祈福、篝火晚会、互动游戏这些活动，有超过75%的游客希望延长景区停留时间，大学生群体每天刷微博的时间更多集中于每天的12~14点和20~24点这两个时间段。

3.2 舜文化旅游节新媒体平台的选择——微博营销

微博营销与大学生受众市场相匹配。

大学生市场运用微博营销是切实可行的。预调查阶段的调查结果显示，所有人群的微博使用率为51%，而大学生群体的微博使用率达到80%。在使用微博的人群中，大学生所占比例达到48%。

根据对大学生微博使用情况的调查也可以发现，大学生使用微博的比例达到80%，其中有57%关注了旅游类微博，有超过55%的大学生经常使用微博查看旅游攻略信息和了解旅游目的地文化。

4 舜文化旅游节大学生市场微博推广方案

4.1 舜文化旅游节初步设想

（1）节事活动组织架构

来九嶷山穿越舜志古今——九嶷山舜文化旅游节

活动主题：德行天下　孝满九嶷

活动名称：德行天下　孝满九嶷——中国（九嶷山）舜文化旅游节

活动地点：湖南—宁远—九嶷山

活动时间：农历八月十二开始，半个月左右

指导单位：湖南省旅游发展委员会、湖南省文化厅

主办单位：永州市人民政府、永州市旅游外事侨务局

承办单位：宁远县人民政府、宁远县旅游建设投资有限公司

协办单位：湖南科技学院

媒体报道：湖南电视台、《湖南日报》《永州日报》、永州电视台、永州广播电台、宁远电视台、宁远政府网、永州新闻网、新浪微博、腾讯新闻等

（2）主要节事活动策划

舜文化旅游节除开幕式、文艺汇演、媒体踩线、驴友登山等常规活动外，还将重点策划以下五大主题活动（见表2）。

表2　舜文化旅游节五大主题活动

	项目名称	现场活动	线上微博活动
1	祭祀祈福三方同步	永州市政府舜帝陵公祭 民间永福寺祈福	祭舜祈福屋minisite平台，线上许愿，祭舜祈福 祭舜微博H5互动，填福卡集福气
2	舜德学子游九嶷	"舜德学子"颁奖典礼 "舜文化"名家讲坛 祭舜大典体验 经典诵读 素质拓展	微博直播，舜德学子当主播，带领粉丝体验舜文化 留守儿童微公益

续表

	项目名称	现场活动	线上微博活动
3	瑶汉一家亲	瑶家长桌宴 篝火晚会	微博直播实时展示盛况 图文海报介绍活动特色
4	秀出我最美	"最美九嶷风光照"摄影展	#随手拍九嶷#微博晒图 @九嶷舜小君抽奖征集
5	乡村乡味 有滋有味	打糍粑、磨豆腐等民俗体验 乡野特色菜品尝 蔬菜瓜果采摘体验	#晒出我的家乡菜#微博 宁远特产图文海报推介

4.2 舜文化旅游节针对大学生市场的开拓措施

（1）以"舜德学子游九嶷"活动为切入点，宣传造势

舜德学子培育工程是我校思想政治教育及校园文化建设的品牌活动，先后荣获2015年湖南省高校校园文化建设优秀成果一等奖，全国第八届高校校园文化建设优秀成果奖。通过将"舜德学子"颁奖典礼移到九嶷山举办的方式，全校学生能够在实地体验舜文化与校园文化培育的关系，潜移默化地受到舜德文化教育，实现以舜之思想教育人、以舜之精神塑造人、以舜之美德发展人的知行合一的德育目标。

表3 "舜德学子游九嶷"活动安排表

序号	活动名称	活动内容	活动地点	活动时间
1	汉服祭舜大典	着汉服朝拜舜帝，体验国家级非遗	舜帝陵	9:30—10:30
2	联谊留守儿童经典诵读	舜德学子与留守儿童结对子，共同诵读	拜殿	10:45—11:00
3	"舜文化"专题讲座	湖南省舜文化研究会会长陈仲庚主讲	游客中心	11:15—12:00
4	"舜德学子"颁奖典礼	六类舜德学子及感动九嶷人物事迹报告	舜帝陵广场	14:00—15:00
5	素质拓展	分组团队比拼	娥皇峰景区	15:00—17:00

（2）推出与旅行社联合设计的专题旅游线路

为更好地将线上微博粉丝转化为线下的舜文化旅游节的现实游客，针对微博营销的目标群体——高校大学生，策划团队与永州地方旅行社联合策划了舜文化旅游节期间的大学生一日或两日游线路，并准备与相关高校签订合作协议，充分挖掘高校大学生市场，弥补九嶷山以往的节事活动对大学生游客的忽略。

策划主题："孝感天下"九嶷山舜文化旅游节高校学子二日游

①第一天行程与"舜德学子游九嶷"相同，第二天深入体验舜文化。

②免费聆听湖南省舜文化研究会常务理事、拥有两个与"孝文化"相关国家社科基

金课题的潘剑峰教授主题演讲，深入学习舜文化的核心——孝文化。

（3）计划开通高校—景区专线旅游车

与永州地方旅行社合作，开通永州三所高校到九嶷山景区的专线旅游车线路，实现舜文化旅游节期间乃至今后大学生市场一日或两日精品旅游线路的交通出行无障碍，方便大学生出游。

4.3 推广形式

（1）微博话题营销

贴合大学生喜好打造"九嶷山旅游"热点话题：项目团队自建了#舜文化旅游节#、#吃住行在九嶷#、#舜德学子#等多个话题，通过文字、图片、动图、秒拍视频、直播等形式发布微博，精准推送消息资讯到目标客户群体市场中。

蹭热点微博话题#玩转带微旅行#中的"舜文化旅游节"宣传视频的微博内容获得196个转发、109个点赞、120个评论，阅读量突破2万+，成为永州当地热搜微博。

自建话题#舜德学子#中采访湖南科技学院舜德学子的微博图文获得网友极大响应，并现场透露了舜德学子游九嶷的预热活动的开展。

（2）微博抽奖互动活动

【转发抽奖活动】"舜文化旅游节#人生长路漫漫，感谢遇见你，大声喊出你的爱，表达你对九嶷山的深情告白并@"九嶷舜小君"以及三位微博好友，就有机会赢取幸运奖，随机抽取幸运粉丝赠送：舜帝水晶像、福袋、小盆栽等精美小礼物。

【微博征集抽奖活动】带着微博去旅行，参照官方微博发布祭舜流程，结合祭祀宣传视频，秀出你的"祭舜"主题漫画设计，并用两个的关键词讲述漫画的设计理念@"九嶷舜小君"，就有机会赢得九嶷山景点门票以及终极现金大奖。

【微博投票抽奖活动】最美舜德学子，九嶷山舜文化旅游节，根据官方微博发布的依照舜帝学子原型制作的"舜德学子卡通人物"，邀请网友转发投票最美舜德学子，用一句话概括选择的理由并@"九嶷舜小君"，抽取投票最积极、理由最充分的粉丝赠送景点门票。

5 效果预估

5.1 大学生旅游市场开拓力度大

根据项目可行性分析，由于$\sum p>0$，该项目可行，会带来投资收益。通过图1至图4可知，九嶷山年客流量增长率由不做策划的4%增长到策划后的7%~9%，收入节节攀升，五年之内增长了73.7%。其中大学生的客流量由永州大学生总量的10%逐步上升到30%，未来几年辐射范围扩散到湖南省其他县市，带来的最高年直接收益达到721.6万元。微博营销等宣传费用仅占年收入的0.04%，且逐年递减，杠杆效应毋庸置疑。

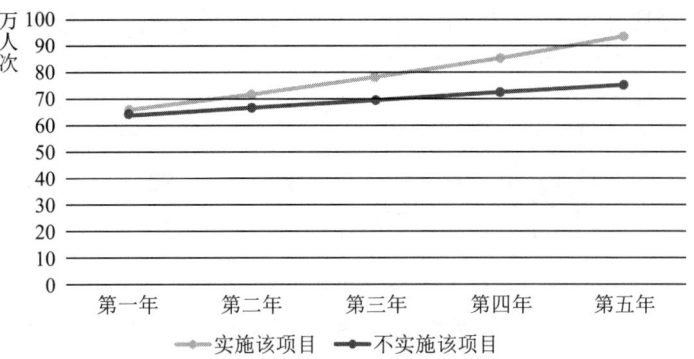

图1　未来五年项目实施与否年客流量预测对比图

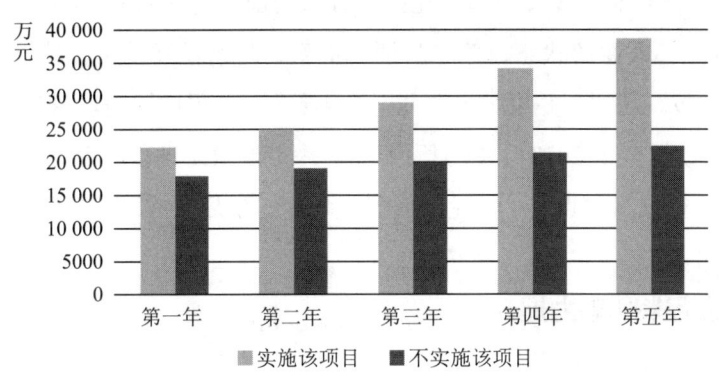

图2　未来五年项目实施与否年收入预测对比图

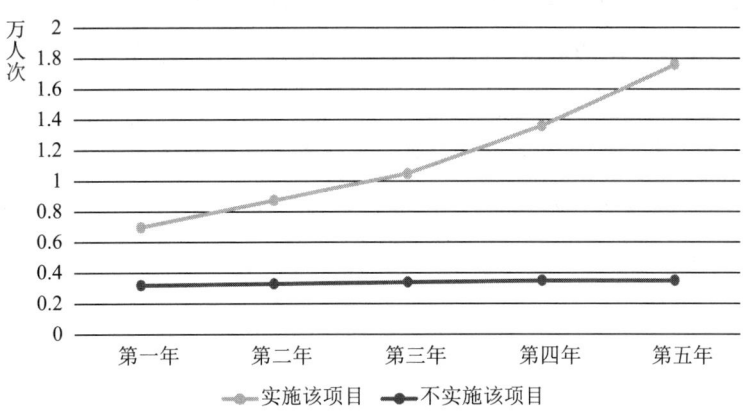

图3　未来五年项目实施与否大学生流量预测对比图

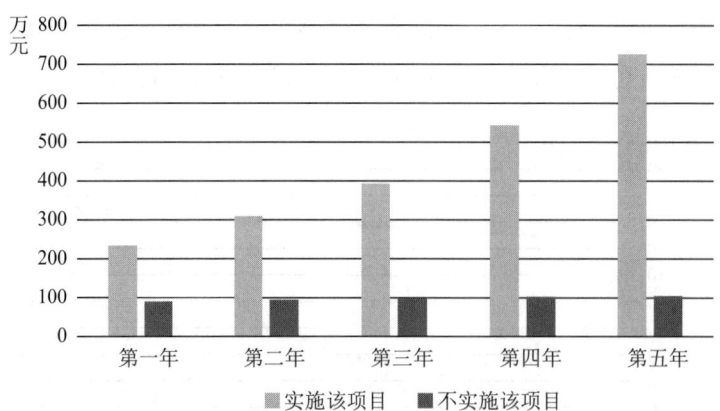

图 4 未来五年项目实施与否大学生消费收入预测对比图

5.2 微博运营效果明显

微博运营效果明显。接管宁远旅建投官方微博前，粉丝数量仅有 42 人，且未取得加 V 认证，处于私人微博状态，信息长期未更新，与粉丝互动少；接管后，首先着手为微博正式加 "V" 认证，并更名为"九嶷舜小君"，使得微博粉丝量从开始的 42 人增长到 1647 人（数据截至 2017 年 11 月 2 日），并实现微博日程更新，得到许多大 V 的评论转发，日常软文微博点赞、评论、转发量增多，最后形成微博矩阵传播，并建有多个旅游类微博社群。

5.3 舜文化品牌影响力提升

推广舜帝德孝文化故乡的旅游品牌，打造宁远"名片"。在舜文化旅游节产品设计中充分融入舜文化体验元素，提升其在大学生群体中的影响力，树立以德孝文化为核心竞争力的"九嶷圣地"品牌形象。在同期媒体推广的同时，大学生对舜文化的核心价值以及舜文化旅游节的知晓率明显提升，最终提高了九嶷山的舜文化品牌影响力以及知名度。

获奖等级：湖南省第四届大学生旅游专业综合技能大赛　省级二等奖

参赛团队：郑毅　刘喜庆　刘欢

指导教师：李晓红　刘幼平

悠悠勾蓝情　牵手洗泥节

1 项目概述

在潇湘西南、潇水之源，有一个令人神往的地方。这里，山勾联透、溪水伏流；这里，社坛土地、舞榭歌台；这里，青山、流水、小桥、古村构成一幅古朴自然的风景画；这里，人们男耕女织、合家欢乐、日出而作、日落而息，过着一种安静、宁和、与世无争的生活。这就是永州市江永县的勾蓝瑶寨。远古时期，先民们为求生计，合计将家人们置于这万山之中，村村相连，户户相望，背依青山，易守难攻，世代繁衍生息，如今已形成规模宏大、保存完好的勾蓝瑶寨。但瑶民赖以生存的农田远在瑶寨之外，每当农忙时节，寨里的青年男子们相约远离寨门，赴良田开展耕种，女人们留守寨内，操持家务，静静等候爱人的归期。春耕结束后，农历五月十三，男人们结伴而回，饱受相思之苦的女人们打开寨门，载歌载舞，为男人们洗净身上的泥土，庆祝他们的归来，这就是传承已久的洗泥节。洗泥节成为勾蓝瑶寨瑶民们寻觅爱情、表达情感的重要舞台，男女情歌对唱、"四个鸡蛋定终身"等传统习俗，让很多中外游客慕名前来，洗泥节也被称作"瑶族情人节"。

勾蓝瑶寨已经成为永州旅游产业中的一颗璀璨的明珠。目前，永州以全市之力打造"潇湘时代之源，品质活力永州"。在政府的"旅游＋精准扶贫"的政策的助推下，勾蓝瑶寨的基础条件得到全面改善。自2012年第一届洗泥节举办以来，勾蓝瑶寨开始被人们关注。

2 主题解析

2.1 语言呈现

"悠悠勾蓝情，牵手洗泥节"。

2.2 形式呈现

主题logo的设计结合勾蓝瑶寨特色建筑风格，将"瑶"字风格演绎化，"瑶"字右上角是瑶族建筑，体现了瑶族的建筑风格，也突出瑶寨悠久绵长的历史底蕴。在 logo 中的山，突出山勾联透，溪水伏流，是一个藏于万山之中的"世外桃源"。

3 市场分析

3.1 节事市场环境分析

（1）优势

2017 年 8 月，湖南卫视热门综艺节目《我们来了》在勾蓝瑶寨录制，体验当地特色民俗。汪涵、蒋欣等明星的到来，让勾蓝瑶寨吸引了广大游客朋友的眼球。节目播出后，到勾蓝瑶寨的游客数量不断增加。目前，国家大力推动文旅产业发展，推进中华优秀传统文化复兴，永州市政府积极响应国家号召，为了加快永州文化旅游产业的发展，将大量资金投入到基础设施的建设中。在政府资金政策的扶持下，勾蓝瑶寨的基础设施不断完善，可进入性和游客接待能力不断提高，直接推动洗泥节的对外宣传推广，促进瑶寨旅游业发展。

（2）竞争

随着旅游业的不断发展，爱情文化旅游市场吸引着大批青年人，同时也存在着激烈的竞争，然而永州勾蓝瑶寨的洗泥节却独树一帜。一是勾蓝瑶寨文化习俗的原生态。勾蓝瑶隐居兰溪，至今延续 40 多代，历经 1000 多年，但是村庄的位置、民族成分始终没有变。瑶民的文化习俗依附在这片神奇的土地上，很少受到现代文化的侵袭，洗泥节也在这原生态环境中孕育而生并延续至今，保留了原生态的风俗。二是勾蓝瑶寨文化习俗的完整性。勾蓝瑶寨是一个保存完好的瑶族祖居地，也是当地文化的集中体现地，洗泥节所展现的瑶族长鼓舞、瑶家武术、女子拳、对歌、瑶家美食等无不让人流连忘返。三是洗泥节的唯一性。勾蓝瑶寨是全国唯一一个举办洗泥节的地区，洗泥节融合勾蓝瑶特色民俗和瑶族爱情文化，在民俗节事旅游活动中，彰显独特魅力，具有天然优势。

3.2 客源市场分析

（1）客源市场特征分析

2017 年 8 月 14 日—8 月 20 日，项目组全体成员到勾蓝瑶寨展开为期一周的客源调研，共投放 600 份调查问卷，回收有效问卷 528 份。根据调查以及对往年客源资料的分析，在洗泥节的客源市场中，有 63.5% 以上的客源来自长株潭、广东、广西等地区，另外 23.5% 的客源来自永州各县区；其中女性游客占 59.8%，男性游客占 40.2%；在游客中，18~30 岁的青年所占的比例最大，达到了 68%；受过大学及以上高等教育的游客占了 75%；从游客的职业来说，大学生、公司职员、事业单位工作人员所占比例为 78%。

在客源中，约 90% 的游客听说过洗泥节，其中，46% 的游客通过一些新媒体平台听说和了解了洗泥节，21% 的游客是通过报纸、杂志等渠道了解到的，23% 的游客是从亲戚和朋友那里了解洗泥节的。

依据对客源市场特征的分析，洗泥节的主要目标市场的定位为长株潭、广东、广西地区的 18~30 岁的青年群体。

（2）客源市场需求分析

随着经济的快速发展，社会已步入快餐文化，人们的生活压力越来越大，特别是当代年轻人，他们渴望通过旅游来转变生活环境，放松心情，寻求新鲜感，丰富精神生活，增长知识，结交朋友，扩大自己的交际圈。勾蓝瑶寨传统的文化活动由对生产、生活的总结和沉淀而来，形式多样，人们喜闻乐见。洗泥节作为勾蓝瑶特色民俗文化之一，展现了勾蓝瑶独特的民俗文化。节事期间开展多种形式的活动，为广大青年提供了一个交友的平台，迎合了当代青年的喜好，满足了游客的精神需求，符合市场发展的趋势，对当代年轻人具有极大的吸引力。

4 洗泥节活动策划

活动主题："悠悠勾蓝情，牵手洗泥节"

活动主办：永州市人民政府

活动协办：江永县人民政府、永州市旅游外事侨务局、永州市广播电台、永州市文化局、永州市扶贫办

活动时间：2018 年 6 月 26 日 8：30—10：00

活动地点：勾蓝瑶寨

媒体报道：湖南经视、湖南卫视、永州电视台、《永州日报》

策划支持：湖南德胜广告有限公司

开幕式主持团队：湖南卫视明星主持：汪涵 + 梁田；本土优秀主持：黄畅（女）+ 钟伟（男）

开幕盛典节目流程：①开场秀：著名歌手刘惜君倾情献唱由湖南著名作曲家谭盾所作的《悠悠勾蓝情》；②主持人开场白；③领导致辞；④盛典第一章：缘起勾蓝；⑤盛典第二章：共浴爱河；⑥盛典第三章：为爱腾飞。

5 新媒体平台的分析及选择

5.1 新媒体环境分析

如今，新媒体已广泛应用于人们生活的方方面面，也逐渐成为企业营销产品的新平台。前瞻产业研究院发布的《中国互联网广告行业分析报告》显示，2016年中国网络广告产业规模达2295亿，新媒体部分占比超过1/4，预计2017年的网络广告产业规模将达2800亿元，新媒体部分将超800亿。现代企业运用新媒体营销，突破了传统的营销模式，向精准、协同方向发展，由单极向多极发展，选择更多，企业更有效收集客户资料，针对目标客户营销，降低成本，提高效率，促进企业品牌宣传。

5.2 微博用户特征分析

微博官方调查数据显示，在微博活跃用户中，女性占57%，男性占43%，女性用户多于男性用户，拥有高等学历的用户始终是微博的主力，占比高达78%，30岁以下的青年群体是微博的主要用户，占比达到79.8%以上。在微博用户中，二、三线城市的用户占据了微博整体用户的半壁江山，占比51%。随着旅游业的不断发展，"微博+旅游"成为大多数用户出行的必备套餐，用户通过微博搜索了解旅游目的地情况的行为大幅增长。2016年9月底，用户搜索旅游目的地的次数达到5.6亿，其中女性用户占59%，高等学历用户占80%，19~35岁的人群数量占比最高。

5.3 洗泥节微博营销的可行性分析

依据对洗泥节客源市场的调查分析，洗泥节客源年龄集中在18~30岁，而在微博用户中，有60%年龄在18~30岁的用户为旅游业的受众。根据《2016年微博旅游数据报告》，在微博旅游用户中，女性用户占58.8%，高等学历用户占79.6%，19~30岁的占65%。通过对洗泥节客源市场特征的分析，我们选用微博平台对洗泥节进行营销推广。微博用户整体呈高学历、低年龄的趋势，与洗泥节目标客户群体高度契合。同时，微博具有曝光度高、成本低廉、传播速度快和覆盖范围广等特点，选用微博营销推广将是最科学的选择。

6 推广方案

推广方案主要包括以下十个方面：海报推广、微博视频推广、热点事件宣传、洗泥节明星体验套餐、寻找"模范情侣"、全网寻找"爱心接力者"、"网红直播+全民直播"、"微爱，微分享"活动、洗泥节宣传视频征集、微博互动活动。

附录

"悠悠勾蓝情，携手洗泥节"营销方案调查问卷

尊敬的先生/女士：

您好！我们在参加旅游管理专业类学科竞赛，为更深刻了解勾蓝瑶寨和洗泥节，确保方案内容的准确性、科学性，我们开展此次调研活动。最后，感谢您的配合与支持。

1. 您的性别

    A. 男　　　　　　　　B. 女

2. 您的年龄

    A. 18 岁以下　　　B. 18~22 岁　　　C. 23~30 岁　　　D. 31~45 岁

    E. 45 岁以上

3. 您来自哪里

    A. 永州及各县区　　　　　　　B. 长株潭

    C. 广东、广西等地区　　　　　D. 其他地区

4. 您的职业

    A. 学生　　　　　　　　　　　B. 事业单位工作人员

    C. 行政单位工作人员　　　　　D. 企业人员

    E. 其他

5. 您的学历

    A. 高中及高中以下　　B. 本科　　　　C. 本科以上

6. 您是否听说过洗泥节

    A. 是　　　　　　　　B. 否

7. （多选）您是通过什么渠道了解勾蓝瑶寨或者洗泥节的

    A. 微博、微信等网络媒介　　　B. 电视、报纸、杂志

    C. 海报、广告宣传　　　　　　D. 亲人、朋友

    E. 其他

8. （多选）您到勾蓝瑶寨来是想要体验

    A. 瑶族民俗　　　　　　　　　B. 瑶族特色美食

    C. 瑶族婚恋风俗　　　　　　　D. 瑶族自然风景

10. 您最希望与谁一同游览勾蓝瑶寨

    A. 恋人　　　　B. 爱人　　　　C. 家人　　　　D. 朋友或同事　　　　E. 其他

11.（多选）在洗泥节以下活动中，您可能会感兴趣的是

A. 瑶族歌舞　　　　B. 洗泥摸鱼　　　　C. 篝火晚会　　　　D. 双人骑行

E. 互动游戏

12. 您打算在勾蓝瑶寨停留多久

A. 1 天　　　　　　B. 2 天　　　　　　C. 3 天　　　　　　D. 3 天以上

13. 如果您参加洗泥节，您想通过此次活动收获到什么

A. 加深与另一半的感情　　　　　　　　B. 找到另一半

C. 了解瑶族民俗

获奖等级：湖南省第四届大学生旅游专业综合技能大赛　省级三等奖

参赛团队：姚美玲　唐帅　肖骞

指导教师：姚先林　易慧玲

以今朝科技兴千年风骨

"不夜楚帆落，避风湘渚间。水耕先浸草，春火更烧山。"杜甫诗文生动记载了铜官火烧龙窑、创烧"釉下多彩"的宏大场景，这里也是古代"海上陶瓷之路"的重要支点。历经千年，如今的铜官窑正在被精心打造为"海上丝绸之路"的第一品牌——新华联铜官窑古镇。

2018年8月28日，铜官窑古镇盛大开园，但是部分游客对文化主题的打造反响不佳。厚重的文化元素如何才能为人民接受是文化类景观面临的一个共同难题。景区文化元素，如何才能与时下热门的新媒体融合迸发出火花呢？

我们的方案就是要借助现代化的科技手段，引入整合营销的理念，来为铜官窑助阵。

本策划案从新华联全局营销角度出发，基于整合营销的理念，借助统计大数据及问卷调研，依托新华联铜官窑古镇现有旅游资源，以异军突起的新媒体平台作为主要营销手段，将铜官窑古镇的亮点元素和文化与新媒体平台对接，实现多平台整合推广，通过低投入，高产出，实现极高的投入产出比，以期快速并持续扩大新华联铜官窑古镇的影响力。

1 方案亮点

1.1 优化新媒体平台，融入整合营销

本策划案基于新媒体整合营销理念，在深入研究移动互联网资源和用户接触习惯的基础上，从新华联铜官窑古镇的实际出发，整合多种移动新媒体平台，为其提供最佳的新媒体营销方案，将各种独立的营销手段整合为一个整体，产生协同效应。

1.2 融合铜官窑文化，实现精准营销

将铜官窑的相关亮点元素和文化融入宣传推广中进行合理优化选择。在充分的网上问卷调查基础上，以消费者为中心，契合消费者需求，迎合消费者利益，引发消费者兴趣和关注，研究如何抓住消费者，同时结合新媒体平台特点，选择最优化的营销方案与

铜官窑现有亮点资源和景区文化相匹配，以达到"量体裁衣"的效果，引发持续关注和旅游现实冲动。

1.3 营销推广成本低，宣传效果显著

新媒体充分利用了人们的碎片化时间，打破了传统的社交模式，拓宽了营销渠道，符合时代发展方向和趋势，让铜官窑景区曝光率得到很大程度的提高，实现了较大的受众覆盖面，且推广成本低廉，传播速度快，受众影响力巨大，具有极高的投入产出比。

2 新华联铜官窑新媒体整合营销的构建

根据大数据选择了时下最热门的三个移动新媒体平台——微信、抖音和微博，首先进行平台整合，将它们作为一个整体，同时发声并且用一个声音说话，产生协同效应，达到联动互通的效果，实现最佳推广效益。分析铜官窑文化元素，选择文化元素整合形成推广重点，最后为铜官窑宣传元素设计互动联通的各类产品。在功能上也有整合效果，微信主要宣传主题文化，并实现现实购买；抖音重在打造铜官形象，吸引眼球；微博则造势，与游客互动并且为微信和抖音等实现二次宣传（见图1）。

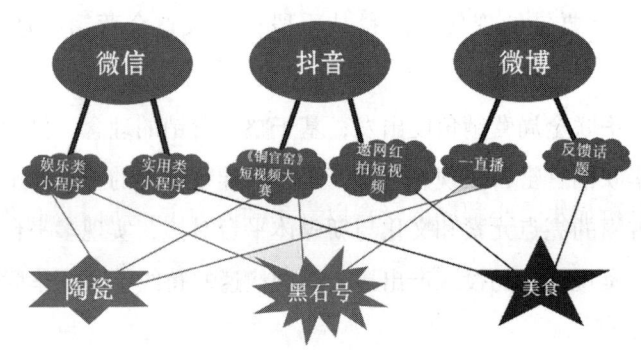

图1　新媒体整合营销架构图

3 新华联铜官窑古镇新媒体整合营销策划

3.1 微信小程序

3.1.1 设计思路

基于小程序特点和铜官窑亮点资源，我们深入挖掘铜官窑古镇的文化因素，设计了五款小程序。通过微信小程序的扩散性传播，曝光量大大增加，从而扩大铜官窑古镇知名度，促进潜在消费者的转化。

3.1.2 设计内容

根据小程序的功能属性，结合受众对铜官窑主题的喜爱程度，我们设计了如下内容（见表1）。

表1 小程序设计详情

小程序类型		具体设计	推广方向
娱乐型（小游戏）	休闲类	制瓷小工匠	陶瓷文化
		打捞黑石号	黑石号、陶瓷文化
	益智类	小侦探的寻宝之旅	湖湘古镇群、铜官窑古镇全景
实用型		全景电子导览	铜官窑古镇全景、便利实用性
		完善现有小程序（新华联铜官窑古镇旅游攻略）	

完善现有小程序（新华联铜官窑古镇旅游攻略）

（1）网上订购服务，通过小程序进行门票和住宿预订、餐饮预订，提升景区便利性，增强游客对景区的好感度。

（2）转发砍价功能带给游客门票优惠，通过转发分享扩大曝光度。

（3）在转发分享的用户中抽取"锦鲤"赠送门票，促进潜在消费者的转化。

3.1.3 推广方案

（1）资助高校活动。

根据大数据分析显示，小程序的受众以青年群体为主，所以我们初期选定了青年群体的代表——大学生进行推广。在长沙选定 5~10 所高校，赞助其大型活动的举办，并将小程序二维码放在活动海报上进行推广，之后以长沙为核心逐步向省内其他地区及省外扩散。

（2）节日期间借推手宣传。

节假日人们空闲时间较多，且小游戏本身的娱乐性深得用户喜爱。在节假日期间，通过网络推手在微信群转发等方式，更容易提高小程序曝光率，从而增加其用户流量。

（3）借助抖音、微博进行整合推广。

通过抖音和微博话题宣传微信小程序，以统一的目标和统一的传播形象传递一致的景区信息，使其产生协同效应，吸引更多用户关注，达到最优化的宣传效果。

3.2 抖音

3.2.1 设计思路

抖音之所以会出现视频达人能带火相关景区，原因之一就是能借视频背景音乐的传唱热度带火视频,从而提高相关景点公众曝光率。因此我们设计了短视频征集大赛,打开宣传面。

邀请网红来古镇拍摄视频并发布,借助大众发声,树立景区良好形象,打开宣传推广新思路。

3.2.2 设计内容

根据抖音的功能特性,我们设计出两种推广方式,具体情况如表 2 所示。

表 2 抖音具体利用方式

抖音功能	推广方式	拍摄方向
拍摄小视频	以古镇同名专属歌曲《铜官窑》为主题举办小视频拍摄大赛	古镇任意景观素材
	邀请网红来古镇拍摄视频并发布	

3.2.3 推广方案

歌曲《铜官窑》主题视频拍摄大赛前夕,在长沙公交车站站牌和铜官窑古镇入口张贴宣传海报;通过铜官窑古镇微信公众号进行宣传;在微博话题社区发布比赛消息。

抖音达人往往具有较高粉丝关注量,发布视频时容易得到较高关注,自带宣传效果,因此无须进行更多宣传。

3.3 微博

3.3.1 设计思路

基于问卷数据,我们选择了微博的直播和热门话题榜来进行宣传推广。

利用直播功能,设置三大直播板块,给予用户视觉冲击,从而激发用户游玩兴趣,增加游客数量。

利用微博热门话题榜,建立相关话题社区,以便及时了解游客对于古镇建设的意见和建议,从而根据游客需求有针对性地完善景区基础设施,提高服务质量。

整合微博功能,综合推广其他新媒体平台的相关设计。

3.3.2 设计内容

根据直播和热门话题榜的功能属性,结合铜官窑古镇的资源状况,我们对微博进行了设计,如表 3 所示。

表 3　微博具体设计

微博功能	具体设计	推广方向
直播	美食博主直播	湖湘特色美食
	演绎秀现场直播	演绎秀及街演
	手工艺品制作直播	陶瓷手工艺品的制作过程
热门话题榜	建立＃铜官窑建设意见＃话题	与古镇相关的内容皆可
	整合微博功能，将抖音视频、微信推文等通过微博账号推广	

3.3.3 推广方案

在直播功能板块，主攻美食直播，利用美食博主自身的粉丝量以及湖湘十四城美食的独特性，吸引微博用户观看，从而激发其游玩兴趣。

建立＃铜官窑建设意见＃话题，一方面可以在新华联铜官窑古镇的官方微博账号中推广，另一方面可以在微信公众号进行整合推广，并且在举办活动时将其放置海报页面，以此来得到游客的反馈意见，了解游客的需求。

利用微博热门话题榜，整合推广抖音与微信小程序，购买具有一定热度的微博，将其推上热门话题榜，进行二次宣传。

获奖等级：湖南省第五届大学生旅游专业综合技能大赛　省级一等奖

参赛团队：谭雅文　李美琪　陈琼

指导教师：李晓红　刘幼平

行"铜"一家之铜官灵陶记

1 方案提要

1.1 方案主题

新华联铜官窑古镇是一座穿越千年尘烟,又重新崛起于陶瓷文化沃土上的新城,因历史而厚重,因时代而赋新,这是这座古镇给人的第一印象。古镇名为铜官窑,因陶瓷而生,有着"焰红湘浦口,烟浊洞庭云"的恢宏过往和满载铜官陶的"黑石号"沉船的惊人发现,那么,"陶瓷"即是古镇的"魂",是古镇要处处、时时带给人的文化印记、文化感受。然而陶瓷是冰冷的器物,是沉寂的历史,是静止的符号,但古镇却应该是鲜活的、有温度的、充满人情的。那么,如何调和二者就是营销的关键。

因此,我们的策划便围绕着一个主题,即:

● 为铜官窑古镇量身打造脱胎于陶瓷、可活化陶瓷的人物

是人也非人,他们是可幻化成人形的火、瓷石、陶与瓷的精灵以及痴迷陶艺的匠心老人,几个人物为相亲相爱的一家人,名为灵陶樊家。

非人亦有人心,是至纯至善至美之心。同时在每个人物身上融入符合身份的诸多现代讨喜的性格,融入更多的情感价值、文化成分,编织他们的动人故事,设计与他们相关的文化产品。围绕着他们,通过策划系列营销活动、体验活动,来激发游客对新华联铜官窑的文化关注与情感共鸣,用文化故事提高旅游品牌的辨识度,赢得游客,深化品牌。

"灵陶樊家"成为铜官窑的代言,成为整个铜官窑的精神内核,成为统领铜官窑古镇旅游产品的主线。至此,铜官窑不再庞杂、松散,一切都是在这根主干之上的枝繁叶茂,一切都可以配合得相得益彰。

此外,策划案针对的目标市场为:家庭旅游者。基于此,设计了"行铜一家"的形象定位理念。

1.2 方案特色
- 主题视角独特，形象定位富创意
- 前期工作扎实，营销定位无偏差
- 贯穿情感原则，方案策划显温度
- 策划纵深推进，品牌延伸促收益

2 新华联铜官窑古镇营销形象初设

2.1 灵陶家庭人物组合设计思路

因陶瓷为火与瓷石的产物，便将陶瓷产生的过程演绎为：火之精（母）与瓷石之灵（父）的动人爱情的结晶，陶与瓷即为他们的子女，再加上陶瓷匠人的代表"爷爷"，便构成了一个完整的家庭，恰好符合家庭市场的形象特征（家庭市场以三代人家庭为主），也能对如情侣市场、休闲市场、亲子市场构成营销吸引。然后，让他们成为铜官窑的灵魂，成为景区的代言，成为景区的精神内核，成为与游客互动和拉近情感的载体。

2.2 灵陶家庭人物组合设计内容

（1）赋魂——灵陶家庭人物故事

梗概：火精灵因羡世间美丽，化成人形，名阿离。阿离十分善良，却发现自己会焚烧生灵，十分难过。恰好遇到瓷石云母，阿离获赠金石衣袍，不再炙热。于是与云母结伴游历人间并相爱。但湘江水怒，大水快要淹没铜官，为平息涛怒，云母不惜以身阻水，水熄了，可云母却不成形体。阿离伤心欲绝，投身石渚湖，顿时水汽蒸腾、火光冲天；火势消减后，水底仅剩两个娃娃，一陶一瓷，铜官樊氏百姓感念他们的父母，给他们取名陶铜和瓷官，并从中领悟到了制陶的方法。数年后，铜官樊家记陶瓷远销海外。

（2）塑形——灵陶家庭人物介绍

角色1：火之精，陶瓷之母

人物1：祝融离（阿离）

角色2：瓷石之灵，陶瓷之父

人物2：石云母（云母）

角色3：瓷之精灵，火石之女

人物3：樊瓷官（妹妹）

角色4：陶之精灵，火石之子

人物4：樊陶铜（哥哥），陪瓷官长大的人

角色5：樊家窑窑主，养育陶铜、瓷官

人物5：樊窑主（爷爷）

为契合人物身份与性格，保持人物的独特性与神秘性，景区内真人扮演的灵陶家庭只有1~2组。但作为景区形象代言，要展现与游客的亲密互动，搭建情感桥梁，所以还需要大量真人扮演的其他形象来实现该效果，所以，在五个灵陶家庭主角之外，又设计了他们的分身形象，分别为火宝（阿离的火分身）、萌石（云母的石分身）、陶淘（陶铜的陶分身）、瓷乐乐（瓷官的瓷分身）。

（3）赐名——灵陶樊家

灵陶：陶瓷的精灵，不仅指代该家庭包含两个陶瓷娃娃精灵，其父母火与石亦为精灵，乃至那凡体的陶匠樊窑主也是禀赋匠魂的非凡人物。寓意铜官陶瓷采天地之灵精心制作而成，是极富灵气的陶瓷。

樊家：因两个陶瓷娃娃精灵皆为樊窑主养大，随其姓，呼其为"爷爷"，亲如一家，而樊家记陶瓷在黑石号沉船中亦有相当地位。

3 新华联铜官窑古镇营销形象定位

根据家庭市场定位，新华联铜官窑作为一个文旅景区，在宣传时应以文化为背景，把握大众家庭情感，注重与家庭生活痛点相结合，以引发人们的情感共鸣。

所以，本方案确定"行铜一家"的形象定位，行"铜"，即"去铜官窑"，"一家"指一家人一同前往。"行铜一家"谐音"形同一家"。

寓意：铜官窑会成为您的第二个家。该形象定位既向游客表明铜官窑非常适合家庭游玩，让旅游过程充满家庭温馨，也是向游客传递一种信念，铜官窑不会让游客产生隔阂感，来到这里可以深度体验铜官窑当地的文化风情，如同游客本身就是铜官窑的一分子，让游客对铜官窑产生归属感，获得一种心灵依归、家庭港湾的情感体验。

而初设的灵陶家庭的形象代言既能活化陶瓷文化，同时，又恰好符合家庭市场特征。二者互相配合、互相烘托，构成本方案的形象定位。

4 新华联铜官窑古镇营销推广方案（拟订）

4.1 灵陶家庭主题推广与产品延伸

4.1.1 "引你关注""引你前来"系列参与式营销活动：

灵陶家庭人物形象"一家绘"活动；

灵陶家庭动漫短剧"传奇再续"活动；

灵陶家庭动漫短剧"别开声面"动画配音；

灵陶家庭人物"脸谱比对"，寻找转世代言。

4.1.2 "身临其境""引人入胜"灵陶家庭景区氛围营造

静态体验环境：灵陶家庭人物"随处见"

动态体验环境：灵陶家庭人物不定时情景表演与周期性巡游

（1）"不约而铜"不定时情景表演

包括阿离戏水、云母翻江，陶铜、瓷官瓷纹变装秀，樊窑主制陶及各分身沿街巷分布，与游客互动，如求拍照、求抱等。

（2）"大有可官"周期性主题巡游

灵陶家庭激情巡游可设计为定期更新主题、风格、形式的，时长较长，具有夸张表现力和感召力的周期性街演产品。

根据前述脸谱比对和综艺节目PK的结果，邀请获胜者及其家庭参加巡游活动。

4.1.3 "渐入佳境""终生难忘"系列景区内互动体验活动

（1）灵陶家庭实景参与性演艺活动

活动内容：摆脱传统舞台限制，利用全息投影技术，空中悬浮成像，将舞台移至整个石渚湖上空，将陶瓷人物家庭的故事以真人＋声光电虚拟幻象的形式演绎出来，恢宏壮阔、绚丽夺目、亦虚亦实，并可以让景区所有游客仰视即观。演艺情节中，插入光柱定位盗匪、逃跑路线、铜官宝藏遗落方向等，给参与的游客提供线索，引导游客参与寻找铜官遗宝活动。并且，在演艺过程中，游客通过手机VR技术观看演出，可获得寻宝特别提示。

活动亮点：全员可视性、视觉冲击力、广泛参与性

活动目的：通过秘密地图的不同线路设计，让游客家庭找到适合的游览线路，提升满意度，同时，分散景区客流。插入与灵陶人物互动环节，增加趣味性和情感性。门票抵价券和景区内消费抵扣券的奖励设计还可以达到吸引重游和刺激消费的效果。

（2）灵陶家庭"秘密地图"互动参与活动（略）

4.1.4 "陪你回家""永恒纪念"灵陶家庭主题衍生品创意设计

（1）设计目的

随着灵陶家庭人物逐渐被大众接受并喜爱，景区可以不断开发镶嵌他们形象的各种衍生品，触及更广泛的其他多个领域，延长产业链，既可进一步强化游客与灵陶人物的情感，又可以特色化景区纪念品，增加增值领域。

(2) 活动内容

①设计"秘密地图"微信小程序，内含多条游览线路，由二维码连接启动，二维码印制在风格不同的书签式"秘密地图"卡片上。此外，小程序还具有计步器、开启照相机功能。

②根据游客家庭结构、成员年龄段，以及不同景点的开放或上演时段，设计多种适合其口味的、安排合理的游览线路，如小学生家庭可将线路设计为含机器人馆、黑石号剧场、冰雪世界、童梦王国、飞行影院在内的科幻奇梦主题线路。

③线路内会根据家庭类型，插入与灵陶人物互动的环节，如"灵陶家庭照模仿秀"（魔性摄影屋内）、"与灵陶人物合照""灵陶人物抱抱抱"等，但只有扫码后，才会知晓，此为秘密所在。

④当游客家庭游览完线路内景点，完成秘密互动环节时，小程序都会进行记录（方式为扫码+照片上传），并自动生成踪迹图、互动照，只要游客分享至朋友圈，即可获得门票抵价券或商铺消费抵扣券。

(3) 设计思路

①灵陶家庭衍生品设计可首先从陶瓷制品入手，设计带有灵陶家庭人物图案、形状的或者是灵陶人物会使用到的（灵陶家庭故事动画或电视剧中出现的）各类陶瓷生活品、文具、饰品、玩具、艺术品。其次是创意灵陶人物的其他材质衍生品，如服饰、家居生活、文创、玩具等。

②强调私人定制性。衍生品既要尽量体现灵陶人物形象，又能融入游客本身的个性化内容，如名字，照片，喜爱的风格等。例如通过喷漆打印技术可以直接将家人温馨的照片喷漆打印在灵陶家庭陶瓷制品上，实现个性与专属。

③注重与现代科技相结合，汲取时代潮流元素，注入文创思想，不断创新形态、款式、用途。

获奖等级：湖南省第五届大学生旅游专业综合技能大赛　省级一等奖

参赛团队：陈畅　张欢　邓鹏

指导教师：吴翠燕　刘幼平

铜官五彩，景观之上是生活

1 项目亮点

1.1 紧密联系大众群体，引领瓷作生活方式

陶瓷作为一种文化标签，给人难以接近的距离感，似乎玩陶瓷只停留在上流社会阶层，不能普及到大众群体。而长沙铜官窑属于民间窑，例如彩陶源村"玩泥巴"的历史悠久，当地有许多懂得陶艺的村民，还有梦想将陶艺发扬光大的"大家"。在这里，处处可以看到陶瓷艺术，人人都是"玩泥巴高手"。追求历史文化内涵逐渐成为大众的心理需求，陶瓷文化就像一位慈祥的老人，瓷器上印刻的书法花鸟孕育着深厚的文化底蕴。随着现代技术的嫁接以及五彩文化产品的展示，诠释釉下多彩内涵成为大家喜闻乐见的文化消费方式。铜官五彩，打造全龄全景式文化体验，紧密联系大众群体。

在铜官老街上，遍布着大大小小的制瓷工作室，私人陶瓷馆会所，陶瓷展览馆，还有多家DIY陶瓷工作坊。来到铜官老街的游人都会不自觉地在铜官五彩DIY陶瓷工作坊驻足，参与到陶瓷的制作过程中，陶瓷大师会指导捏陶泥的手法和技巧，手把手传授陶瓷制作全过程，包括五彩图案的设计以及后阶段的烧制。DIY瓷作让游人不虚此行，人们带回铜官五彩纪念品的同时又有情感的参与。这是一种新型生活体验方式。

1.2 贯穿铜官五彩理念，串联景区所有产品

杜甫感言诗"不夜楚帆落，避风湘渚间。水耕先浸草，春火更烧山"生动记载了铜官火烧龙窑，创烧"釉下多彩"的宏大场景。长沙窑釉下彩阶段大约从唐宪宗元和年至晚唐。当时烧制出的釉色主要有青褐酱黑白红绿黄，这几种色彩的交替或重复利用，是彩色产生多变的效果。釉下五彩瓷是湖南省醴陵市首创于清末的传统名瓷，文本中提到的五彩是长沙釉下多彩的延伸。

五彩中红黄蓝青黑代表五种不同的人格，五种不同的生活状态。人格特征不同对景

区产品的选择也有所不同。五种颜色对应五型人格，每一种人格对应铜官窑景区的相应的旅游产品。五彩是主线，五型人格是脉络，景区产品是分支点，就像葡萄一样，五彩文化围绕五型人格，串联景区所有产品。

1.3 围绕大唐和五彩文化，打造独特 IP 主题

新华联集团开发铜官窑文旅项目，以唐代铜官窑陶瓷文化为核心，共同构筑了宜居宜游宜业的铜官窑古镇。本方案分解为两个层面，一是大唐文化；二是五彩文化。基于此，本方案围绕唐文化设计了大唐盛景的巡演，结合大唐文化，异域文化，海上丝绸之路文化，采用全民参与互动等喜闻乐见的方式，带领大家穿越回到大唐盛世的景象，打造独特的大唐 IP 主题。同时长沙铜官窑作为釉下多彩的首创地，其釉下多彩中红色的出土，引发了制瓷界不小的波动，社会各界纷纷把目光投向铜官窑。为此本方案深度挖掘釉下多彩文化的内涵，打造独特的五彩文化 IP 主题。

1.4 开通 e 铜官微信小程序和铜官管家，联动国内外游客

e 铜官微信小程序是一种不需要下载安装即可使用的应用，它实现了应用"触手可及"的梦想，用户扫一扫或搜一下即可打开。微信小程序的推出是给铜官窑一些优质服务提供一个开放的平台，小程序可以借助微信联合登录，铜官窑已有的公众号后台的用户数据进行打通。在小程序界面设计五彩文化与五型人格的配对，让游客更好地选择适合自己的景点出游。同时每一个用户手中都有 e 铜官的微信小程序，可通过朋友圈分享和裂变、公众号小程序二维码的链接，联动国内外游客。

铜官管家，灵动您的旅游房产。铜官管家是一个互联网加旅游房地产业的 O2O 平台，在线上为拥有铜官窑旅游房产的房主、类家政公司搭建桥梁，在线下为来铜官窑游玩的游客提供租房业务。并且铜官管家主打铜官五彩，营造不一样的五彩旅居体验。铜官管家满足游客个性化的需求，同时在一定程度上解决铜官窑闲置房地产的问题，利用互联网平台和物联网技术，联动国内外游客。

2 铜官窑市场及营销现状分析

2.1 铜官窑市场分析及预测

2.1.1 游客量统计分析

从半年搜索指数可以看出，同类陶瓷古镇的搜索热度集中在 3 月和 6 月，为此铜官窑古镇在 3 月和 6 月加大营销宣传力度，推出一系列吸引人眼球的节事活动。8 月 28 日为铜官窑开园日，铜官窑的搜索量急剧上升，某种程度上也带动了景德镇搜索量的上升，说明重大的节事活动会带动人流量。

从近年搜索数据可以看出，以陶瓷文化为主题的古镇搜索活跃度不断上升，并且保持相对稳定的搜索量，每年的3月和6月是搜索热度。为此要对铜官窑古镇的发展有信心，规划针对性的分季节和假期营销推广策略。

2.1.2 游客结构分析

设计问卷调查，在长沙五一广场、长沙周边景区、地铁站发放850份调查问卷，最终回收813份有效问卷。对问卷数据进行统计和分析，做出以下几点分析。

（1）年龄结构

游客年龄呈单峰状分布，青年游客（20~45岁）占到六成以上（60.98%），总体趋势呈年轻化，中老年性游客比重较大，游客来源主要为长沙居住人口。

（2）旅游活动行为层次

属于基本层次的游览观光者占69.25%，属于专业层次的休闲度假、会议、商务、考察交流等占26.87%，表明基本层次是铜官窑旅游度假区的旅游活动主体，也是铜官窑景区的陶瓷文化及景区其他文化主要的受众群体。

（3）出游方式

个人与家庭出游游客占60.36%。旅行社团和单位组织者占39.64%，表明铜官窑景区的旅游需求以家庭出游者居多。

（4）滞留时间

游客滞留时间的分布1天、2天、3天的游客比重分别占60.78%、32.22%、7%。游客滞留时间的不同很大一部分程度与铜官窑周边的古镇分布有关。

2.1.3 游客客源地分析

（1）携程网旅游攻略及游记

从已有的攻略来看，游客出游的目的地以铜官窑遗址公园为主，在攻略中交通规划以长沙为主，说明长沙周边游客对陶瓷文化感兴趣。根据圈层理论，新华联铜官窑目前客源市场以长沙周边游客为主，前期宣传要以周边游客为主，后期再慢慢辐射湖南省，乃至全国。

（2）铜官窑与景德镇旅游网站对比一览表

从表1看出长沙铜官窑的游记以及攻略帖子较少，并且从攻略中可以看出，铜官窑游客主要来自长沙周边，并且是陶瓷热爱者。后期游记攻略要多分享新华联铜官窑吃喝玩乐的体验，以吸引更多的外来游客进入。与发展模式成熟的景德镇作比较，可以预测铜官窑的市场前景还很宽广。

表 1　铜官窑与景德镇旅游网站对比一览表

长沙铜官窑					
网站名称	去哪儿网	携程旅游	马蜂窝	驴妈妈	同程旅游
攻略	12	17	1	无	无
游记		10	33		
江西景德镇					
网站名称	去哪儿网	携程旅游	马蜂窝	驴妈妈	同程旅游
攻略	143	676	15	38	191
游记			6623	7	

2.1.4 市场预测

（1）目标市场广阔

新华联铜官窑现处于景区发展的初级阶段，目标客户群体以长沙周边为主，辐射范围有限。目前数据中，省外游客来到长沙的目的地中没有涉及铜官窑，可以看出铜官窑目前只是旅游节点。参考同类的景德镇景区可以得出，游客对以陶瓷文化为主题的景区需求在逐渐增加。现阶段营销目标人群以长沙周边为主，下阶段辐射整个湖南省，后阶段推广至全国乃至全世界。

（2）文化归属感强

长沙窑作为釉下多彩的首创地，开创了陶彩的新时代。根据游客把长沙铜官窑遗址公园和铜官老街作为出游目的地，分析出一定量的游客对陶瓷文化感兴趣，来到此处研学考察。陶瓷属于具象文化，大众群体认为其不接地气。为了解决这个问题，本方案以铜官五彩为主题，对接五型人格，串联旅游景点，让每一个游客都能在铜官窑找到文化的归属感。

2.2 铜官窑营销现状及优化

2.2.1 百度媒体矩阵

官方网站内容更新速度过慢，攻略帖子、百度搜索首页缺乏时效性的新闻，新闻曝光不足。百度问答有负面消息存在，未对项目贴吧、项目论坛进行专人言论管理；未删除或盖压本项目的负面信息。

2.2.2 微信网络环境

（1）微信公众号

新华联铜官窑的公众号微信推文较为完善，图文并茂并且与时事热点紧密相连，紧跟社会发展的脉动。但推文更新速度过慢，阅读量不够，反映出前期宣传辐射面有限。

（2）微信小程序

新华联铜官窑小程序已经开通，但具体内容以及界面的设计还未完善，每一个界面没有链接登口，不能实现与下一个界面的跳转。可参考类似的婺源古镇，小程序设计界面设计完善，衣食住行游购娱面面俱到。

2.2.3 电视媒体和线下地推

（1）电视媒体

铜官窑已经在湖南卫视各大媒体投放广告。例如周五黄金档节目插播、金鹰剧场片头/片尾、青春进行时片头、天天向上、快乐大本营、偶像独播剧场、周四午间新闻、青春欢乐聚、快乐大本营重播——周六12点档周末14点档。同时新华联集团在中央电视台一套和新闻联播频道黄金时段强势推介铜官窑古镇，广告登录CCTV电视台。

（2）线下地推

第十七届全国院线国产影片推介会落户铜官窑古镇，这是铜官窑古镇首次引进落地的全国行业盛会。铜官窑借全国院线国产影片推介会这一契机，铜官窑古镇充分展示自己的"艺术范""国际范"。同时，铜官窑已在长沙的各大街头投放宣传海报，吸引大量行人驻足。

2.2.4 优化建议

（1）打造新媒体矩阵

目前品牌网络推广的趋势从2017年前的新媒体为主，门户、论坛、百度信息排名为辅；到2017年开始回归传统渠道和品牌为主，新媒体成为客户和潜在客户的归集口。

（2）节事活动造势

设计以铜官五彩为主题的节事活动，在各大门户、论坛、百度搜索页面推广；利用微信公众号推文，为活动开展埋下伏笔；开通以铜官五彩为主题的微信小程序，吃住行游购娱融入五彩，给游客不一样的五彩体验。同时节事活动视频上传至各大视频网站，湖南卫视各大娱乐节目插播推广。节事宣传活动同步铜官管家界面内容嫁接，电视媒体广告宣传以及线下海报地推，通过节事等活动为铜官五彩景区造势。

3 铜官五彩文化的挖掘

湖南长沙铜官窑是中国古代釉下多彩工艺的发源地。富于变幻的釉下多彩，开启了一个五颜六色的大千世界，并在中国陶瓷发展史上写下了辉煌的篇章。多彩的陶瓷恰如我们多彩的人生，红蓝青就像我们人生的三原色，不同颜色的碰撞，都会擦出不一样的火花。红黄蓝青黑代表不同的五种人格，五彩文化与五型人格的创新对接，串联旅游产品，符合当前和未来旅游市场游客的划分，可更好地满足不同游客对旅游产品的需求。

3.1 文化内涵

3.1.1 长沙窑釉下多彩文化的发展

釉下彩阶段，是指大约从唐宪宗元和年间（806—820年）至晚唐，并延伸到五代。釉下多彩开创了中国彩瓷时代，其后的釉下五彩、珐琅彩、斗彩等都是着力于釉彩艺术效果的追求，都可以看出长沙窑曾经独步一时的深远影响。

3.1.2 五彩颜色的选择

长沙窑是红釉的开创者，红色是全人类最喜爱的颜色之一，象征一切美好的事物。蓝色和青色是烧制陶瓷的原色，象征着希望和活力。黄色是通过不同釉彩混合烧制出的颜色，象征明亮和轻快。黑色是所有颜色中不可或缺的，象征神秘和稳重。

3.2 五彩文化与五型人格对接

3.2.1 老虎型——红色

红色——活力、健康、热情、希望。喜欢红色之人具有高度乐观的积极心态，喜欢自己，也容易接纳别人。

老虎型——具有老虎族群特质者，约占人口15%，他们的共同性格为充满自信、竞争心强、主动且企图心强烈，是个有决断力的领导者。一般而言，老虎型的人胸怀大志，勇于冒险。

产品设计：《美丽湖南》特技秀、《魔法釉传奇》、十八处人文历史景观、七十二行街。

3.2.2 孔雀型——蓝色

蓝色——秀白、清新、宁静、平静、永恒、理智。蓝色性格的人绝大多数动力来源于对完美主义的追求。

孔雀型——人际关系能力极强，擅长以口语表达感受而引起共鸣，很会激励并带动气氛。他们喜欢跟别人互动，重视群体的归属感，基本上是人际导向。

产品设计：铜官风情街、楚街、滨湖休闲街、《铜官窑传奇秀》。

3.2.3 熊猫型——青色

青色——坚强、希望、古朴、庄重。喜爱青色人群多半性情温和，富有服务精神，不爱争执。

熊猫型——此类人群占人口20%，平易近人、敦厚可靠、避免冲突与不具批判性。在行为上，表现出不慌不忙、冷静自持的态度。此类人群属于实际派人物，他们注重稳定与中长程规划，常会反思、自省并以和谐为中心，即使面对困境，亦能泰然自若，从容应对。

产品设计：迷你街、湘江慢街、铜官水秀。

3.2.4 变色龙型——黄色

黄色——温和、光明、快活。喜爱黄色的人群性格外向，精力充沛，做事潇洒自如，相当自信，而且学问渊博。

变色龙型——此类人群占人口 30%，应力及弹性都相当强，擅于整合内外资源，兼容并蓄，以合理化及中庸之道来待人处事。此类人群会依组织目标及所处环境的任务需求，随时调整自己，他们没有明确的预设立场，不走极端，柔软性高。

产品设计：大唐与瓷文化主题巡演、湖湘美食街、芙蓉街。

3.2.5 猫头鹰型——黑色

黑色——神秘、静寂、悲哀、严肃、刚健。黑色给人的感觉是高贵、沉默、安静、莫测高深。

猫头鹰型——此类人群占人口 20%，重计划、条理、细节精准，并且原则性强，对规则有强烈的责任及义务感。有一定完美主义倾向，寻求自己认同的高品质，做事要确保有把握，敬业负责。巨细靡遗、事必躬亲、保守谨慎，注重技术面及个人专业面。

产品设计：《黑石号特技秀》、八大博物馆群落。

4 铜官五彩网推方案

4.1 发动阶段

4.1.1 事件预热——微电影开拍

微电影前半部分，邀请铜官窑古镇的所有工作人员共同参与录制，请他们聊一聊对铜官五彩的看法与讨论，进而引发湖南本土市民对新华联集团品牌及铜官窑古镇的关注。微电影后半部分，采访铜官窑古镇游玩的游客，用亲友寄语的方式发表自己对五彩未来的畅想。微电影在优酷、爱奇艺、腾讯等视频网站投放。

4.1.2 事件升温——新闻专题

借助热点新闻，将五彩文化结合，抓住受众的好奇心理。利用种子事件将铜官窑五彩文化进行传播，形成热点事件营销。开放留言频道，让网友参与铜官五彩话题互动，全程新闻跟踪报道。

4.2 扩散阶段

4.2.1 事件传播——H5 邀请函

制作《铜官五彩》精美 H5 邀请函，邀请粉丝、客户线上报名参与五型人格与旅游产品对应活动。到场者将获得本次活动的纪念明信片，到场客户可参与现场幸运抽奖，奖品为购房抵金券，以微信卡券的形式发送，同时将活动链接转发至朋友圈。

4.2.2 事件引爆——10s 小视频

结合铜官五彩文化素材、景点特色，以及微电影片段，剪辑多个"游盛世铜官，品味五彩人生"活动的 10s 预告小视频，以线下活动倒计时的形式，投放至朋友圈、官方微信渠道，从而引爆市场关注。

4.3 广知阶段

4.3.1 事件高潮——活动落地

"游盛世铜官，品味五彩人生"活动正式启动。结合多动现场条件，展出五彩文化受众的图片、故事等，增加代入感；邀请新华联集团代表现场分享筹建景区建设的五彩经历；播放五彩古镇微电影，活动全程直播；通过网红效应吸引海量粉丝，推动粉丝对热点进行讨论，将五彩文化进一步推广。

4.3.2 事件炒作——自媒体矩阵

上下线联动——通过 e 铜官微信小程序、新华联铜官窑公众号、官网进行铜官五彩文章炒作，即时更新旅游攻略和游记，品味五彩人生的分享式体验。同时在铜官管家 App 平台植入五彩路线设计，体验五彩旅居。

获奖等级：湖南省第五届大学生旅游专业综合技能大赛　省级一等奖

参赛团队：鲍巧玲　辛如　刘思怡

指导教师：周慧玲　曾荣

新华联铜官窑古镇夜市旅游营销策划案

1 项目概述

1.1 项目背景

长沙铜官窑古镇项目是新华联集团以唐文化和海上陶瓷之路文化为核心，打造的从过去穿越到现在的"沉浸式"古镇。本项目以此为背景，以唐朝古代国际性贸易市场——西市为原型，打造融合唐文化、异域风情的夜间集市，重现"开元盛市"。

1.2 项目策划目的

"十二五"时期，国内游客在湖南省的平均停留时间为2天，旅游人均消费水平低于1000元。作为省会城市的长沙，也表现为"过客不留客"的旅游模式。本项目为解决长沙旅游的痛点，以铜官窑古镇文化内涵为基础，打造夜市旅游项目，还原盛唐集市景象，通过丰富多彩的购物、娱乐、体验类活动，延长游客停留时间并吸引部分游客、居民夜间到访；通过特色住宿环境与服务，吸引游客留宿景区，增加景区夜间旅游收入，形成长沙"迎客并留客"的旅游新模式。

2 市场环境分析

2.1 宏观环境分析

2.1.1 人口统计环境

人口数量是直接影响潜在市场规模的最基本的因素之一。在收入水平一定的情况下，一个国家总人口的多少，决定着市场容量的大小。因此为统计本项目的潜在市场，收集了如下资料，如图1所示。

数据显示：目标客源市场人口众多，潜在市场广大；青少年基数有所下降，随着独生子女家庭的增多，家长对孩子成长与发展的投入越来越多。

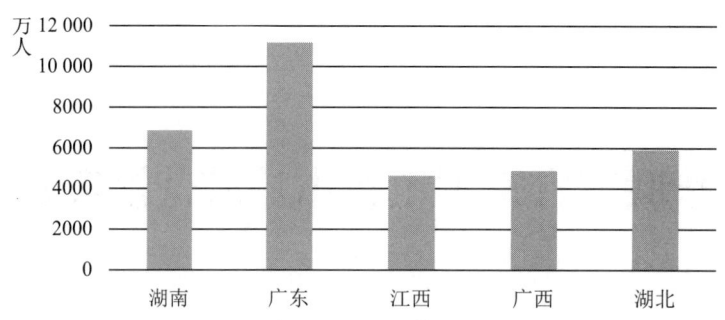

图 1　2017 年研究省份常住人口数量

2.1.2 经济环境

随着社会经济持续发展，城乡居民收入增长，居民旅游消费需求潜力巨大，有力地支撑旅游业发展，因此需要了解目标市场居民可支配收入与本项目研究的关系。

通过对研究省份及湖南省各地区可支配收入水平的分析，可支配收入状况作为实现旅游的客观基础，不同地域可支配收入存在差异，城乡间的可支配收入及消费水平也有明显的差异（见图 2、图 3、表 1）。居民用于日常消费的支出比重在下降，而可用于旅游等精神层面的消费将增加。

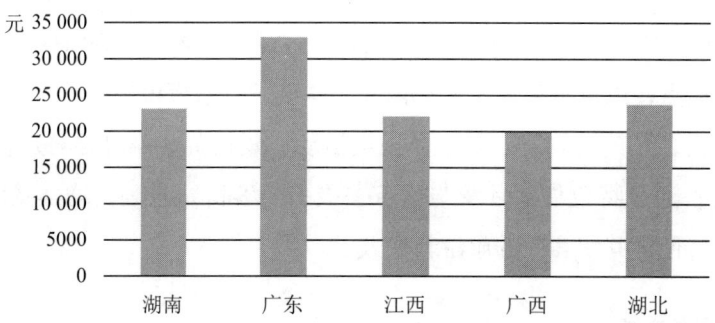

图 2　2017 年研究省份人均可支配收入

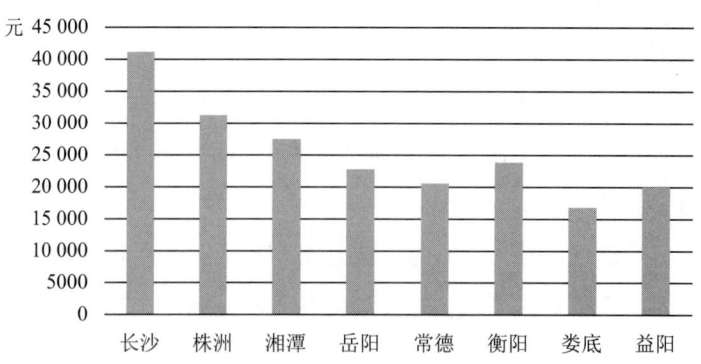

图 3　长株潭 3+5 城市群人均可支配收入

资料来源：湖南省统计局网站。

表1 2017年湖南省居民收支情况表

单位：元

居民类别	个人可支配收入	消费水平
城镇居民	33 948	23 163
农村居民	12 936	11 534

资料来源：湖南省统计局网站数据整理。

2.1.3 社会文化

项目所在地——长沙独具一格的文化元素：快乐长沙、娱乐城市、歌厅文化、足道文化、选秀文化等，吸引了众多外来游客前来游玩。同时长沙入选全国幸福城市，被列为新一线城市，中国百强城市。

2.2 微观环境分析

铜官窑古镇由新华联集团打造。新华联集团创建于1990年10月，历经28年的持续发展，标杆之作遍及全球，多元产业复合发展，拥有控股、参股集团上市公司10家（见表2）。新华联集团的多元化发展模式，能为古镇的发展提供丰富的资源。

表2 新华联集团产业情况表

产业板块	涵盖地产、金融、石油、矿业、陶瓷等多个产业板块。
品牌建设	陶瓷品牌——红官窑、华联瓷；酒业品牌——金六福、湘窖酒等。
国内开发项目	安徽芜湖鸠兹古镇&大白鲸海洋公园景区，西宁新华联国际旅游城，北京房山十渡国际旅游度假区。
海外开发项目	韩国济州岛锦绣山庄国际度假区、马来西亚新华联南洋国际度假中心以及澳大利亚悉尼歌剧院旁的悉尼歌剧院壹号。

2.3 竞争对手分析

如今，同类型的旅游产品或景区竞争激烈。在这一背景下，将陶瓷类景区、长沙文旅综合体作为铜官窑古镇的竞争对手进行分析，从而发现铜官窑古镇的突出特点，寻找适合自身的竞争策略，开发有特色、有亮点的休闲娱乐项目，以带动古镇经济可持续发展。

2.3.1 陶瓷类景区

表 3 陶瓷类景区情况对比表

古镇名称	美誉	主要景点	特色项目/活动	地理位置/交通状况
新华联铜官窑古镇	海上丝路第一文化古镇	8大博物馆 5大演艺中心 18处人文景点 3大星级酒店 20个主题客栈	世界陶瓷双年展 世界陶瓷论坛 国际彩瓷研学活动 全时段演艺活动 科技娱乐活动	长沙市望城区。距长沙西站16千米,距长沙南站36千米,距黄花机场45千米,且项目位于湘江长沙综合枢纽。
景德镇古窑民俗博览区	以陶瓷文化为主题的国家5A级旅游景区	古窑展示区、陶瓷民俗展示区、水岸前街创意休憩区	景德镇国际陶瓷节 景德镇国际陶瓷博览会 古窑复烧 瓷乐表演	江西省景德镇市昌江区。 距市中心约3千米,距离景德镇南火车站2千米,景德镇罗家机场6千米。
醴陵陶瓷艺术城	中国陶瓷行业规模最大的异形建筑群	展览中心、瓷谷美术馆、陶瓷博物馆、艺术设计中心、图兰朵酒店(陶瓷主题)	中国醴陵国际陶瓷产业博览会	株洲市醴陵市凤凰大道。 距株洲高铁站15千米。

2.3.2 文旅综合体

从新华联铜官窑古镇与长沙市内文旅综合体的各方面对比可以得出以下结论:新华联铜官窑古镇的劣势在于地理位置较其他文旅综合体更为偏僻,且市内的国际城市综合体满足了长沙人爱吃爱玩爱聚餐的需求;优势在于,其文化气息浓厚,在满足游客休闲化需求的同时,可提升游客的文化体验和自我成就需求(见表4)。

表 4 与长沙市内文旅综合体情况对比表

对比景点	地理位置/交通情况	产品类型	劣势
新华联铜官窑古镇	距离长沙市中心50千米左右/暂时仅通行公交	以文化体验(陶瓷文化、海上丝绸之路文化、大唐文化、湖湘文化等)、高科技娱乐和休闲度假为功能主体。	地理位置相对较为偏僻,影响长沙人的选择。
长沙市内文旅综合体	多位于长沙市中心地区,地铁交通便利	集大型购物商场、国际时尚广场、时尚街区、酒店、公寓等商业形态于一体的国际城市综合体。	长沙市区内的城市综合体项目建设以井喷之势涌现,产品同质化严重,项目之间竞争激烈。

2.4 市场战略 SWOT 分析

通过图 4 分析，发现新华联铜官窑古镇景区的自身优势条件较好，外部机遇很多，但与此同时竞争风险也很大。有鉴于此，为把劣势更好地转化为优势，实现景区可持续发展，项目基于差异化战略，与其他古镇类景区形成对比，放大项目优势，重视政府的政策支持，开发满足游客需要的旅游体验产品，以夜间旅游为策划重点，依托古镇现有的功能区，开发特色的大唐夜市文化旅游。

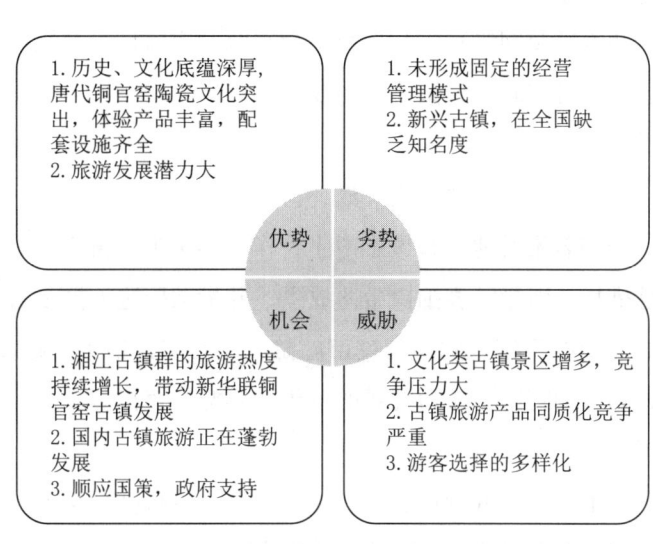

图 4 市场战略 SWOT 分析

3 市场选择与定位

3.1 市场细分

现以地域为界选择市场，遵循由近及远、逐步扩大市场的原则来展开市场营销。根据距离将客源市场分为省内市场和省外市场。省内市场首先考虑长沙市及周边地区，即长株潭 3+5 城市群，以长沙市为中心进行宣传推广；省外市场主要是湖南邻省，对江西、广东、广西、湖北等省份进行宣传推广。

3.2 产品定位

通过对不同游客商品偏好的调查，了解到大部分游客偏好美食、陶瓷制品及传统服饰。在此基础上，集市售卖的商品将以上述三种类型为主并加入部分具有异域风情元素的特色商品，如异域水果、异域珠宝等。

4 主题活动策划与市场推广

4.1 主题活动概述

项目从游客需求出发，立足景区发展利益，设置日常夜市、周末夜市及节庆夜市三大夜市活动项目，延长游客在景区的停留时间，甚至使游客留宿景区，增加旅游收入。

4.2 主题活动市场推广

本项目从问卷调查以及网络官方数据得出游客对社交软件以及媒体的偏好选择，同时覆盖不同年龄层，针对旅游市场做线上和线下推广。

4.2.1 线上推广

线上推广：微信小程序、微博话题挑战、抖音推广等。

①微博宣传。与知名旅游博主和摄影博主合作，推出铜官窑夜市旅游攻略；在微博故事首页发起话题挑战，引导游客拍摄微博故事，并带动周边人群参与。

②抖音推广。邀请抖音红人到铜官夜市旅游，并要求其拍摄主题夜市抖音短视频，同时以方文山作词的《铜官窑》作为视频的背景音乐配合宣传。

4.2.2 线下推广

线下推广：照片推广、事件营销、政府旅游推介、旅行社合作等。

①照片推广。铜官夜市区域内除场景拍摄外的任何区域内，游客可以在铜官窑元素、唐朝元素、海上丝路元素中三选二拍摄包含以上两种或两种以上文化元素优质照片。

②旅行社推广。有重点地选择几个城市或地区做推介会，对旅行社和媒体做业内宣传，介绍夜市项目内容并回答询问，推出优惠团队夜间门票售价及主题客栈（酒店）的优惠价格，推出节假日或大型活动时团购达多少人数的最大折扣优惠。

获奖等级：湖南省第五届大学生旅游专业综合技能大赛　省级三等奖
参赛团队：黄惠惠　李曾雯　陈雯
指导教师：易慧玲　吴翠燕

"茶研悦旅" 常德市茶旅研学总体课程设计与实施策划

常德市是优秀旅游城市，旅游产业发展较好，同时，茶产业是常德市的重要特色产业，有深厚的地域优势和文化底蕴。脱贫攻坚与乡村振兴是中央确立的农村扶贫和农村发展的战略。茶旅融合作为真正实现一二三产业融合的典型形式，在脱贫攻坚与乡村振兴的伟大实践中，发挥着重要作用。推动茶旅融合，发展茶旅研学，以茶促旅，以旅兴茶，以研学带市场，正成为促进脱贫巩固、撬动乡村振兴新的支点，具有重要的现实意义。

1 方案亮点

1.1 立足常德，依托本土资源，紧扣茶旅融合定位主题

深入一线调查常德市茶产业、旅游产业、茶旅融合情况，了解常德市脱贫巩固现状和乡村振兴状况。常德市茶业基础很好，茶叶产品丰富，茶文化底蕴深厚，十分适合开展茶旅研学。从茶科学、茶文化、茶产品、茶休闲、茶搭配五个主题方向对这些研学资源加以整合并进行茶旅研学主题定位。

1.2 目标研学群体研析透彻，结合不同年级学生特点和相关教材教学内容进行有针对性的课程设计

针对教育部文件规定的三个阶段研学群体的心理特征、个性特征、学习特征，结合不同年级的相关教材教学内容，挖掘与利用常德市相关茶旅研学目的地现有资源设计课程，包括目的地主体课程、学生分年级课程和分年级具体线路设计，主题与课程内容丰富多样，可根据实际需求自由组合搭配。

1.3 研学手段多样富于创意

结合学校的教学方法、学生的兴趣喜好、旅行的方式和当前发展趋势，设计出十一个"研学+"手段，即"研学+游览""研学+讲解""研学+体验""研学+娱乐""研

学+任务""研学+讨论""研学+合作""研学+分享""研学+科技""研学+角色""研学+艺术"。

1.4 研学课程评价全过程、多主体、分维度

针对学生研学行前、行中行为表现对学生进行过程性评价，通过行后设置多种奖项对学生进行表现性评价。在此基础上，采取过程性评价档案袋与结果性评价档案袋相结合的研学旅行档案袋评价方式，帮助学校老师、学生、家长客观认识和了解学生在研学旅行期间的学习成效与成长情况。

1.5 提出茶旅研学助推精准扶贫和乡村振兴的政策建议

茶旅融合连通了上下游的产业链，是一种典型的产业振兴形式，吃住行游购娱、商养学闲情奇诸要素都能为农村低收入人口提供直接就业岗位、创造增收机会，利于农村低收入人口参与和受益。再结合研学，发展成生态产业、文化产业、教育事业，在促进农村低收入人口的经济收益、文化教育收益、社会收益上都有先天优势，同时可以促进乡村产业振兴、文化振兴、人才振兴、生态振兴。

2 课程设计与实施标准

2.1 标准总则

安全第一，全程加强安全防控，确保研学活动安全有序进行，寓教于游；

着力提升学生的科学文化知识和身心素质；

保障每个学生享有均等的参与机会；

利于当地贫困人口参与和受益，利于促进乡村振兴。

2.2 服务提供方选择标准

2.2.1 旅行社

选择已依法注册、取得当地行政部门核准的资质，连续三年内无重大质量投诉、不良诚信记录、经济纠纷及重大安全责任事故，且设有专门研学旅行部门或专职人员，能够提供教育旅游服务的旅行社。

2.2.2 研学导师

选择具备一定茶学知识，能够指导学生开展相关研学活动的专业人员。

2.2.3 餐厅

餐厅要求卫生达标、干净整洁、安全性好、服务热情。优先选择利于当地贫困人口参与和受益、推动乡村振兴具有示范带动作用的餐厅，特别是结合茶文化进行设计的茶主题餐厅。

2.2.4 酒店

酒店要求卫生干净、服务周到、住宿舒适、环境安静、安全性好。优先选择利于当地贫困人口参与和受益、推动乡村振兴具有示范带动作用的酒店，特别是结合茶文化进行设计的茶主题民宿。

2.2.5 交通

根据路况，选择车况好、舒适快捷的交通工具。优先选择当地贫困人口能参与和受益的交通设施和工具。

2.2.6 研学基地

选择活动设施安全、管理人员齐备、服务人员热情、承载量充足的研学基地，重点是茶主题研学基地，如茶园、茶厂、茶企业、茶旅主题景区以及和茶有关联的景区、博物馆、展示馆等。

3 课程主题活动及具体线路

依托目的地资源，结合茶旅研学的自身特色，设计了茶文化、茶科学、茶产品、茶休闲、茶搭配五大研学主题内容和十二大茶旅研学主题活动，根据相关教材内容和教学目标设计了小学4~6年级、初中一二年级和高中一二年级的分年级课程，并按照（"常德市区—澧县城头山—澧县大小桐山—石门夹山—枫林花海—桃花源—茶庵铺—常德市区"）的总体路线，设计了小学三天、初中四天和高中六天的具体研学线路。每一项大致都涉及研学地点、研学时间、研学板块、研学主题、知识链接和注意事项等。

3.1 茶旅研学目的地主体课程

表 1 目的地茶旅研学总体课程

研学地点	研学板块	研学主题
常德市区·大河茶馆	茶文化	茶馆生活·品文化好茶
常德市区·诗墙		不一样的朗诵
常德市区·穿紫河		梦回穿紫河
常德市区·爱英茶院		以礼润茶
常德市区·文化馆		非遗茶文化
常德市区·科技馆		创新茶科技
城头山国家考古遗址公园		陶里陶器淘历史
夹山寺		饮夹山茶，参夹山境

续表

研学地点	研学板块	研学主题
澧县桐山	茶科学	茶与自然的探秘
桃花源	茶产品	茶与人情的纪念
百尼茶庵	茶休闲	茶与生活的慢心
枫林花海	茶搭配	茶与花间的秘语

以常德市区大河茶馆"茶馆生活，品文化好茶"研学主题为例，其具体研学内容摘选如表2所示。

表2 常德市大河茶馆茶旅研学课程示例

研学地点	研学主题	研学板块	知识链接
常德市区·大河茶馆	茶文化·茶馆生活 品文化好茶	"茶友"读书会	品茶、读书，演绎自己喜爱的经典作品。培养学生良好的读书习惯、增强阅读表达能力。
		翰墨飘香	赏名人墨宝，书写自己喜爱的文章段落以及人生格言、个人心愿，提高审美能力，认知自我。
		谈笑茶间	了解大河茶馆的建筑风格、建筑元素以及设计理念与博物馆文化；以一种轻松愉悦的茶话会形式追溯中国茶馆的发展与演变，知晓中国茶馆文化；品读《茶馆》。
		王府食宴	享受一顿"王府盛宴"，学吟茶馆"迎宾诗"，感悟常德地方饮食文化。
		茶谜茶迷	增添茶趣，激发学生学习兴趣，活跃学生思维。

3.2 茶旅研学分年级课程

摘选内容是为4~6年级学生群体设计的枫林花海茶旅研学课程（见表3）。

表3 4~6年级枫林花海茶旅研学课程

研学年级	研学目标	研学板块
4~6年级	创意物化	窨花拼合，酝酿独特芳香
		大自然的傍晚
		定格花开那一刻
	价值体认	自助采摘蔬菜水果
	责任担当	自动售货机
		"茶研·微心愿"
	问题解决	掌握饮食营养搭配，学习饮食安全知识

3.3 茶旅研学分年级线路设计

摘选小学桃花源景区茶旅研学一日行程内容（见表4）。

表4　小学桃花源景区茶旅研学一日行程表

研学时间	研学地点	研学活动	活动内容
8：20	学校	集合开营	讲解研学旅行注意事项。
8：30—9：30	大巴	前往桃花源景区	有序登车；听"茶的小知识"，学习茶叶基本知识，了解茶区的分布情况及六大类茶叶。
9：40—10：25	桃花源景区	寄出飘着茶香的信	洞天驿馆里自己动手设计茶邮票，以置换真实的茶邮票；写一封信，投进驿馆邮箱。
10：35—11：20		今天我是小茶农	跟着节气去采茶，学唱采茶歌（少先队员采茶歌）；体验烧火、炒茶和揉茶；喝大碗茶。
11：30—12：30		午餐	餐前集体背诵《悯农》，做到不浪费粮食。
12：40—13：20		"六艺"茶器	分小组依据兴趣，学习用陶艺、布艺、铜艺、竹艺、刺绣、木等六艺制作各类茶器。
13：30—14：15		"茶研·微心愿"	扶贫项目，出售创意茶产品，成立公益基金；收集不同人群的微心愿，帮他们完成心愿。
14：25—15：10		擂茶的学习与制作	学习体验擂茶习俗文化，制作擂茶。
15：20—16：20		品食擂茶	品食擂茶，感悟擂茶习俗。
16：30—17：30	大巴	返校	有序登车；分享研学心得。

注：表中没有衔接上的时间均为路程或餐后休息

获奖等级：湖南省第六届大学生旅游专业综合技能大赛　省级二等奖
参赛团队：鲜娇娇　王雅晴　赵书
指导教师：黄渊基　刘幼平

职趣无穷课程设计与实施策划案

本团队依托常德湿地资源，以职业体验为中心进行课程设计，以初中学生为研究对象，以"职趣无穷"为主题策划研学旅行项目。本项目旨在提升初中生对职业的认知能力，增加学生的职业兴趣，树立学生正确的劳动观念和价值观念，使其具备初步的职业规划意识。

1 课程特色与亮点

1.1 强化教育属性，突出"在做中学"的理念

为避免研学旅行"只游不学"的问题，通过设定职业情境使学生在动手实践中增强职业素养。

1.2 主题明确，课程设计密切结合职业体验

本项目以职业体验为活动方式，课程设计充分考虑职业的安排与内容。

1.3 突出常德市地方特色，强调地方认同感

本项目突出常德市地方特色，以常德地方文化为寄托设置职业体验的具体内容，增强学生们的地方认同感。

1.4 对接初中阶段课程，体现课程延展性

为体现不同学段的课程目标，基于学生的认知规律和发展过程，课程设计理念在于对接初中阶段各学科、各学段课程知识，让职业体验融合学科知识巩固，寓教于乐。

2 课程设计背景

2.1 初中分流职业教育占比高

2014年以来，政府对职业教育的支持力度加大，湖南省初中毕业生的流向分别为普通高中、中职和技工院校及其他，其中中职和技工院校的招生比重约占招生总规模的40%，其占比较高。

2.2 社会对职业教育认识不到位

职业教育是国家培养人才的重要方式，但社会对职业教育存在偏见，学校对学生职业引导不足，导致学生缺乏对职业的正确认识，为避免初中分流及高中毕业时选专业的盲目性，使初中生具备初步的职业规划意识，开展职业体验类研学活动具有可行性和现实价值。

3 市场分析

3.1 市场规模

根据湖南省教育厅数据，仅 2018 年湖南省初中学生 2 404 647 人，以一级市场常德市进行分析，现有初中学生 136 423 人，以 40 人的研学团队为基数，每学年的研学接待量可观。

为充分了解常德市的研学市场现状和研学对象对研学产品的认知与态度，明确研学对象的偏好，本团队于 2019 年 7 月 31 日至 2019 年 8 月 22 日对家长及学生群体进行了线上问卷发放。共发放 559 份问卷，回收有效问卷 408 份。

3.2 市场接受度

通过数据梳理，发现初中阶段学生对职业体验类研学接受度高（如图 1）。

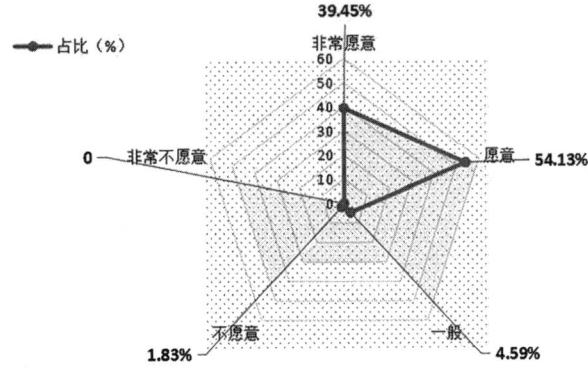

图 1　13~15 周岁受访者对职业体验类研学的意愿

通过对初中群体研学偏好的调查，发现学生喜欢进行的研学活动排名前三位的是艺术民俗类、科技类和语言类，因此在职业体验中将以三类活动为主（如图 2）。

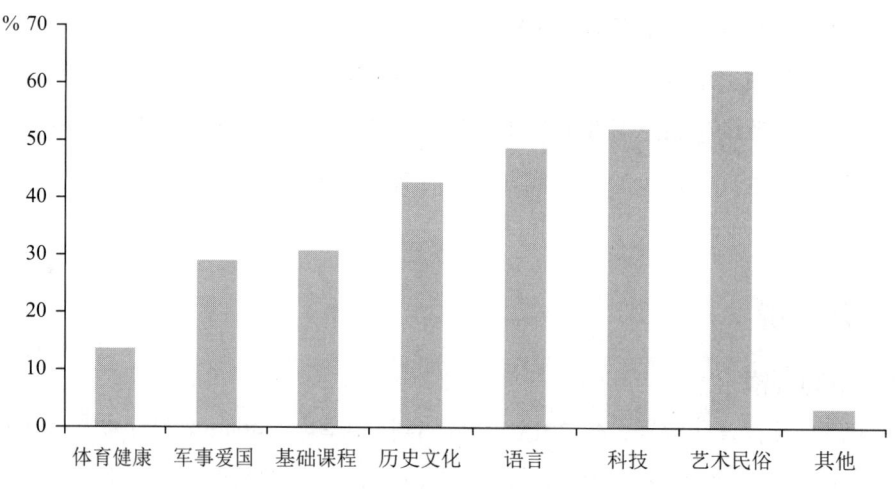

图2　13~15周岁受访者喜欢的研学活动比例

3.3 供需分析

现有研学产品以知识科普型为主，且课程无针对性，1~9年级研学课程内容相同，市场缺少体验考察型和自然观赏型研学产品有效供给（如图3）。

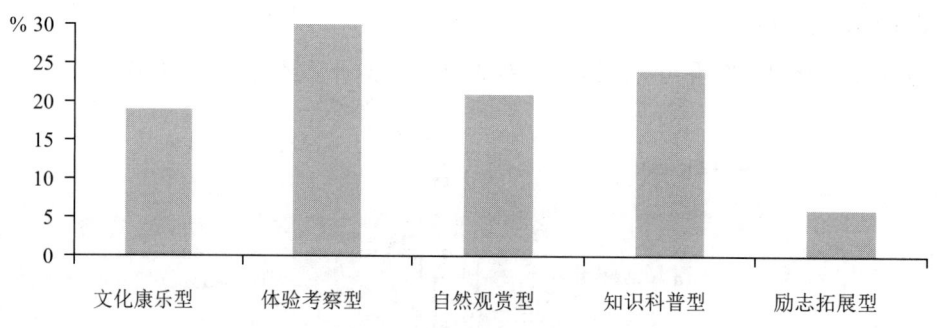

图3　初中生阶段学生研学主题倾向

4 研学基地分析

当前市场上的职业体验基地大多面向3~10岁低龄儿童，职业体验以角色扮演、情景模拟为主，诸如常德市艾肯梦想城、酷贝拉常设欢乐城。尚没有用于引导初中生形成职业规划意识的基地。

分析发现，常德是全球首批国际湿地城市，是中国获此称号的6个城市之一，其湿地资源丰富，适合开展体验考察类、知识科普类、自然观赏类研学活动。

为确定具体的研学基地，首先对城区的湿地资源进行分析，从蕴含的生物资源种类、交通便利度、功能等角度将柳叶湖和鸟儿洲进行了对比（见表1）。

表1 柳叶湖和鸟儿洲对比分析

对比项	柳叶湖	鸟儿洲
湿地面积	20.18km²	16.35km²
范围面积	175km²	16.41km²
名誉	中国城市第一湖、省级旅游度假区、4A级景区、国家级水利风景区、国家级旅游度假区（在创）	国家湿地公园
植物种类	1300多种	455种
脊椎动物种类	221种	171种
交通设施	距桃花源机场23km，多条公交线路	距桃花源机场52km，无公交线路
距市政府直线距离	4km	36km
主要功能	山、水、田园、城复合型旅游度假、湖泊、森林、城市、乡村休闲综合度假、湿地保护、河湖治理、野生动植物保护、文化传播	湿地保护、文化传播、休闲健身、野生动植物保护

为确定研学内容，从柳叶湖湿地的构成要素进行分析。湿地是一个小型的生态系统，具有改善水质、调节小气候、涵养水源等功能，被称为"地球之肾"，并且为人类提供食物和原料。通过分析其要素特点以及与初中课程的对接度，本团队选取湿地生态系统中的药用植物、鸟类、鱼类、水和风作为研学内容，根据学生的认知规律，遵循由浅入深的原则，以药用植物、鸟类、鱼类等资源作为初一研学内容，水体类、风况作为初二研学内容（见图4）。

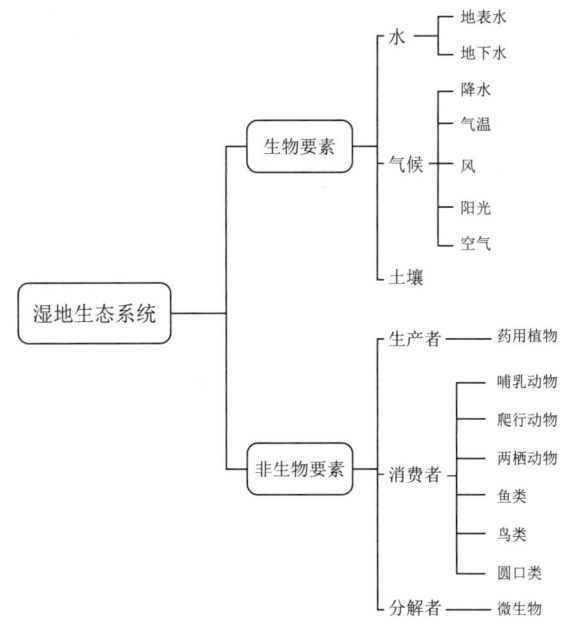

图4 湿地生态系统主题课程板块选择

为契合学生职业体验的需求,以"职趣无穷"为项目主题进行研学课程设计,寓意学生在职业体验中认知职业,并获得无穷的乐趣。为充分融合选定的湿地资源,遵循课程设计连续性的原则,针对初一学生设计百家争鸣——湿地鸟类、本草精灵——湿地药用植物主题课程,针对初二学生设计御风少年——湿地风况作为三大课程板块。

5 课程设计

5.1 目标

自主发展:通过体验难易不一、类型不同的职业,树立学生良好的职业行为习惯。

价值体认:通过职业体验,使学生初步形成职业规划意识,培养正确的劳动观和价值观。

问题解决:通过研学任务推进,使学生将课堂知识与自然、社会、生活现象相联系,增强学生动手实践能力,提升职业技能。

社会参与:通过职业情境的设定,在服务他人和社会的过程中,树立劳动自豪感,培养学生的职业道德感。

5.2 原则

自主性:尊重学生个性化发展需求,将课程分为基础课程与自选课程。

层次性:依据学生的能力特点,设定难易不同的研学任务,使学生能充分参与职业体验。

整合性:在研学行程中充分体现科学、艺术、道德等有机融合,教育环节贯穿始终。

连续性:根据学生认知规律,依托湿地资源,针对初一、初二学生的特点开发不同的课程,体现循序渐进的规律。

5.3 职业类别

按照科学家、艺术家、生活美学家的职业整合分类,并根据选择的湿地生物要素——药用植物、鸟类、鱼类,非生物要素——水、风况等内容,团队成员通过头脑风暴法将涉及的职业进行了归类整合,以百家争鸣课程为例,其整合情况如图5所示。

研学旅行是一种教育旅游行为,团队在进行课程设计时充分考虑学生的接受能力以及个性化发展需求,设定难易程度不一的研学任务,使学生在职业体验过程中认识职业,形成正确的劳动观念,具备基本的职业素养,同时又融合常德地方文化,使学生的地方认同感增强,因此,课程设计具有可行性。

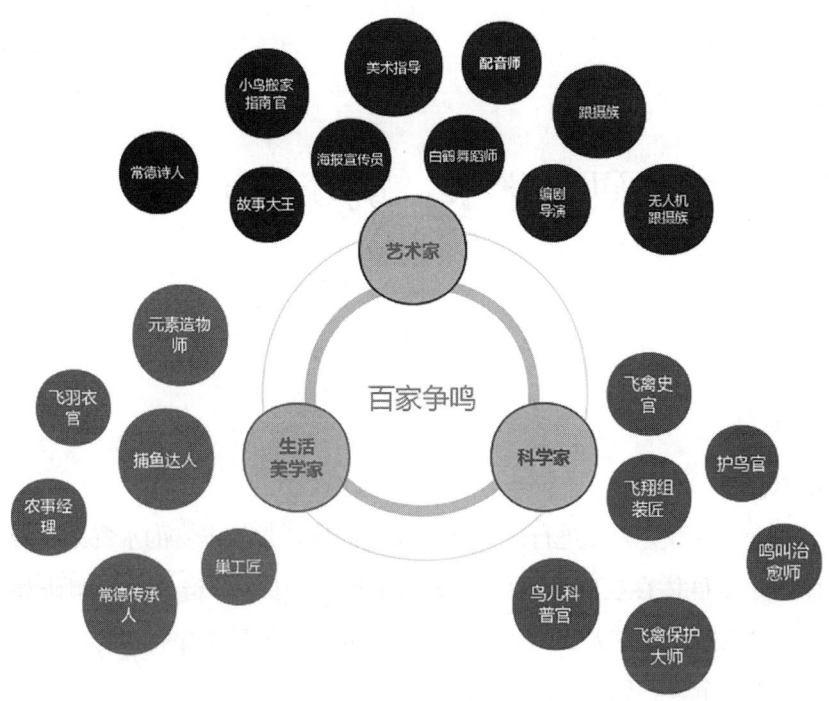

图 5 百家争鸣课程整合图

获奖等级：湖南省第六届大学生旅游专业综合技能大赛　省级二等奖
参赛团队：黄惠惠　杨舒苗　凌家兴
指导教师：易慧玲　吴翠燕

研水学水　筑梦华年

1 项目概况

1.1 设计思路

以"水安全"教育为主题进行研学旅行课程设计。常德丰富的水资源孕育了深厚的水文化，而中小学群体存在巨大的生命安全隐患。对中小学群体问卷调研和对学校的访谈都显示出学校安全教育方面的明显不足，因此，借助研学旅行进行中小学生"水安全"主题教育是一个极具现实性的课题。

在目标市场选择和细分的基础上，研学课程依托常德市科技馆、城市规划馆、枫林花海、柳叶湖等基地，设计系列分主题研学课程，同时突出开放组合理念和游戏化教学理念，并积极与红十字会、常德市水运事务中心等机构合作，旨在帮助中小学生树立水安全意识、风险防范意识，掌握危险自救与他救技能，在游戏中明白水的重要性和生命的宝贵性。

1.2 方案亮点

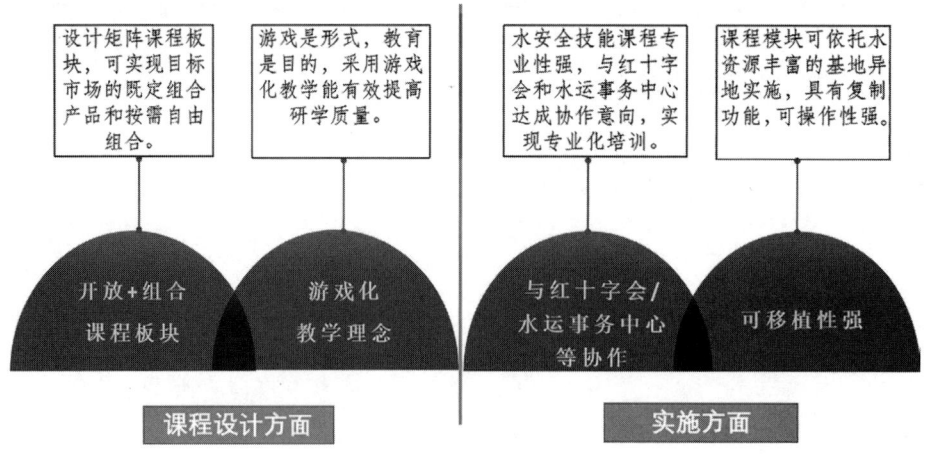

图 1　方案亮点分析

2 水安全主题选择

常德丰富的水资源孕育了深厚的水文化。水是常德的重要元素之一；然而，水资源越丰富，水安全隐患就越多。随着国家对中小学生安全教育的日益重视，对于中小学生的"水安全"教育也越来越全面。

本团队就以水安全教育为主题，依托常德部分基地，进行中小学研学旅行课程设计。

常德在水系治理和包装方面提出了数字水、文化水、低碳水、生态水、干净水、流动水的理念，着力打造常德生态宜居的人居环境，大大提升了常德城市的水文化品牌。

国际湿地城市：2018年获全球首批"国际湿地城市"称号，这是一块国际生态招牌，水城常德实至名归。

海绵城市：2015年常德正式获批为首批"国家海绵城市"，亦称为"水弹性城市"。

国际花园城市：2005年，常德荣获国际花园城市D类称号，是迄今为止湖南省唯一获评此称号的城市。

桃花源里的山水之城：因《桃花源记》被世人向往。

2018年全国疾病监测系统死因监测数据显示：我国1~14岁儿童溺水死亡率为10.28/10万，溺水死亡占该年龄组伤害死亡的44%。溺水身亡已成为学生非正常死亡的头号杀手。

3 水安全课程设计

3.1 课程设计思路

依据水安全主题的特色，为更好满足市场需求，课程设计主要思路如下（其中以开放+组合理念和游戏化教学理念为独特的亮点）：

★融入开放+组合理念：水安全下设5个分主题（水安全技能、水资源节约、水上交通安全、水患治理、水生物认识与保护），分主题下设系列课程，课程同时具有开放性、动态性，可进行更新。研学旅行产品和线路既有既定组合形式课程，也可以按需在分主题内或各分主题间自由重组课程，具有无限可能性（见表1）。

★游戏化教学理念：将研学课程内容潜移默化地融入游戏当中，激发学生的学习兴趣，提高学生的学习能力，达到教学目标。

★科学化+规范化理念：以教育部相关文件为指导，认真解读教育部《中小学综合实践活动课程指导纲要》（教材〔2017〕4号）和《研学旅行服务规范》。在课程设计过程中实现教育目标的精准把握和规范设置。

★紧扣细分市场需求：课程分阶段进行，根据学生的认知程度与身体条件有针对性地进行水安全教学。

表1 水安全五个主题下设系列课程设置情况表

水安全技能	水资源节约	水生物认识与保护	水上交通安全	治污不淹
"手拉手救人"实验	一水多用	挣扎着的水生物	"水上交通安全"主题绘画海报竞赛	观摩防洪设备操作
眼见不一定为实（估量水深赛）	水的搬运工	水动物的反抗	脚踏船比赛	寻宝之路游戏
心肺复苏操作观摩与实践	水珠抱团游戏	你画我猜	体验4D效果水上安全宣传片	海绵城市课程
与水的歌唱	世界节水日知识课堂	海底世界	水上交通安全知识竞答	水灾影片观看
观看溺水动画片（湖南省制作）	飞花令	为水里动物画画像	水上安全标识大辨识	"水质判别"实验
学唱防溺水童谣/学生游泳安全歌			救生衣实操	
自救真人秀			安全设备要备齐	

3.2 课程目标

"水安全"教育主题研学旅行旨在让学生了解"水安全"知识、认知"水安全"隐患、掌握"水安全"技能，从而进一步重视"水安全"问题，懂得生命安全和保护水资源的重要性。

德育教育：关心爱护水资源、尊重大自然、与水生物友好相处、集体观念等。

认知目标：认识水安全隐患，懂得水安全问题的处理办法，提高安全防范意识。

能力提升：提高水安全技能，掌握溺水救人技巧与水上逃生技巧。

3.3 分主题课程设计展示

安全放心头，技能伴左右——初中水安全技能主题研学（两天一夜）

★ 课前准备

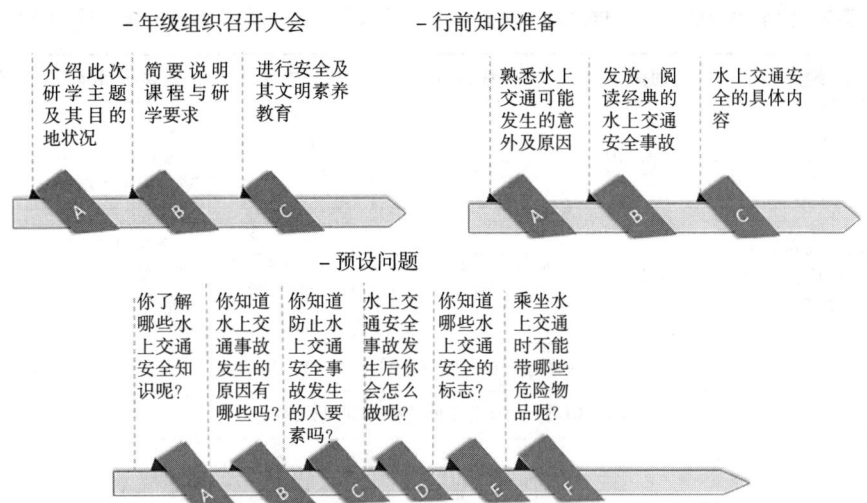

图 2　课前准备分析图

★ 课程目标

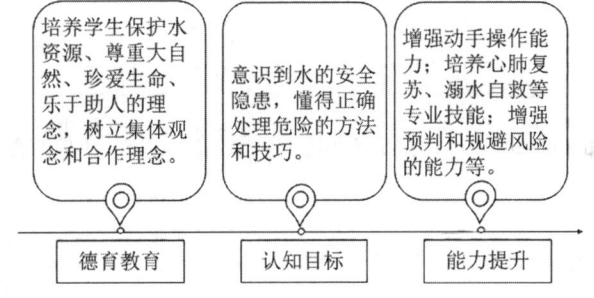

图 3　课程目标

★ 课程重点与难点

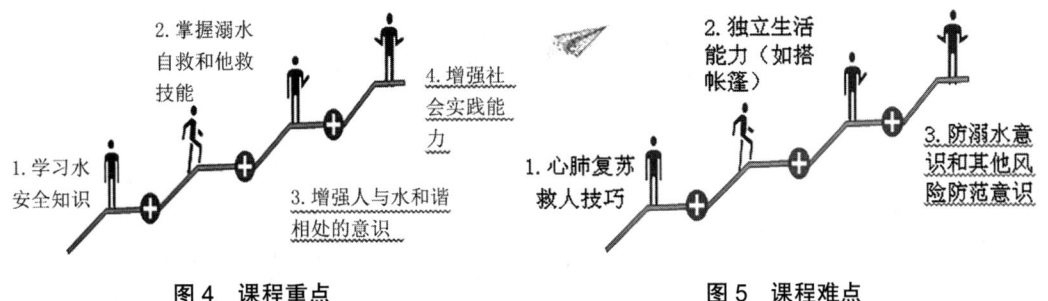

图 4　课程重点　　　　　　图 5　课程难点

★ 具体研学安排

表2 安全放心头，技能伴左右——初中水安全技能主题研学（两天一夜）研学安排

行程	地点	时间	课程名称	设计指导	课程目标	停留时间
第一天	城市规划馆（2D影院）	9:00-9:30	观看溺水动画（15分钟）	播放溺水动画，学生观看	认识溺水的根源，起到警示作用，减少溺水人群	30min
	城市规划馆大厅或科技馆研学教室	9:40-11:30	心肺复苏操作观摩与实践	红十字会专业人员进行心肺复苏演练，学生学习操作	学会溺水后抢救基本方法，减少水的伤害	110min
	中餐（悦来越好捌号餐厅）11:50-13:20					90min
	13:30-13:50 乘车前往柳叶湖风景区					20min
	柳叶湖	14:00-15:00	眼见不一定为实（估量水深比赛）	学生分组在不同水深区域先进行水深估测，再下水测量	抓住溺水的因素，减少溺水概率	60min
		15:30-16:30	学穿救生衣	专业人员先做正确穿法的演示，同学在试练	减少溺水的概率，掌握防溺水技能	60min
	晚餐（锦艺玉食）17:00-18:00					60min
	18:30-19:30 搭帐篷学生学习搭帐篷					60min
	柳叶湖房车露营地	20:00-20:30	与水的歌唱比赛	学生进行关于水的歌唱比赛	水安全知识与音乐融合，增加学习乐趣	30min
		20:40-21:10	飞花令	学生分组惊喜关于水的诗词的接龙	水与诗词结合，从不同角度认识水的美及危害	30min
第二天	8:00 乘车前往枫林花海					
	枫林花海	9:00-11:00	寻宝之路游戏	学生闯关答题结合，用时最少一组获胜	游戏与技能知识相结合，考验学生，增加兴趣	120min
	11:20-12:00 午餐（热瓦普广场）					
	枫林花海	12:30-13:30	自救真人秀	观看现场五种溺水自救法，并与学生互动	通过实践展示和同学模拟，让学生学会一定的自救技能	60min
		13:50-14:30	"手拉手"救人实验	组织学生分组实验这一救人办法	学生自身实践，分析原因及救人的正确方法	40min
	14:40-15:40 自由活动 16:00 返校					

★课程拓展

围绕以下几点进行拓展：

（1）演讲与口才的学习培养

（2）物理界未知领域的研究

（3）以后的职业规划，例如救生员等水安全相关职业

（4）防溺水工具的研发

（5）对海洋强国战略举措的认识

4 效益分析

4.1 研学企业层面

有利于培养专业的研学导游人员，打造专业的研学课程设计团队；水安全教育主题新颖且满足学校和学生的需求，可为企业吸引客源，增强竞争优势，获得利润。

4.2 社会国家层面

减少水安全事故的发生和意外死亡的人数，增强水安全系数；提高公民节约用水意识，减少水资源浪费，提高水资源利用率。

获奖等级：湖南省第六届大学生旅游专业综合技能大赛　省级三等奖

参赛团队：邱淑桢　雷心如　石金霞

指导教师：李晓红　曾荣

一朝桃源梦　千载研学行

1 桃源"遗"梦

前情概要：陶小桃从小立志成为一个有理想、有本领、有担当的人，但是心浮气躁。他知道有一个地方——桃花源，那里芳草鲜美，落英缤纷，村民勤劳能干，本领高强，所以他准备去桃花源磨炼心性，学习本领，成就一番大事业。

春季——接受磨炼

陶小桃来到桃花源，正赶上农耕文化节与桃花节，他被一片绿油油的农田吸引了。看着村民们忙于耕作，黄发垂髫，怡然自乐，他很快就入乡随俗，学习劳作，体验农耕。在回归田园的农耕生活中，陶小桃深受熏陶，日渐独立。

夏季——传承非遗

陶小桃终于可以去期待已久的桃花源古镇匠人云集会，场面十分热闹。桃源木雕、桃源刺绣、桃源竹编、傩舞面具等各种新奇物件让陶小桃爱不释手，气派的龙灯、特色傩舞表演、神奇的手势等又让陶小桃目不暇接。陶小桃决定拜师学艺，探索创新，将桃花源古老文化与手艺继续传承下去。

秋季——感恩孝悌

重阳节到了，家家户户其乐融融，欢声笑语，只有邻家老人孤身一人。陶小桃主动陪伴老人，他们一起登桃源山、赏菊花展、插茱萸，两人愉快地度过了重阳节。从陪伴老人过程中，陶小桃明白了陪伴的意义和孝道的真谛。

冬季——学成归来

一年后，陶小桃学有所成。他背起行囊，走向远方。回想起自己在桃花源的所学所获，他的脸上露出了欣慰的笑容。桃花源的种种历练也让陶小桃在心中暗暗发誓要做一名有理想、有本领、有担当的好青年。

2 方案亮点

研学旅行是学校教育和校外教育衔接的创新形式，是综合实践育人的有效途径。常德桃花源景区是初中语文课文《桃花源记》的原型地，仿若世外桃源，是人们心灵的故乡，拥有1600多年历史，有15处"全国重点文物保护单位"，是常德开展研学旅行的最佳基地。如何让桃花源研学旅行有主题、有吸引力、有延续性是方案设计的总目标。小组成员在充分调研的基础上，以桃花源春夏秋冬四季特色节庆为主题，科学设计主题研学课程，春季春耕节，夏季非遗文化节，秋季孝道文化节，冬季立志节。原创微故事《桃源"遗"梦》将四季节庆主题与研学课程设计深度结合，讲述了主人公陶小桃在世人所遗忘的世外桃源经历春、夏、秋、冬四季的磨炼，成为有理想、有本领、有担当的青年的故事。通过原创微故事、微电影、陶小桃精神等一系列元素提炼出桃花源研学精神，形成独特的桃花源研学品牌，通过春季引流、夏季引爆、秋季升温、冬季广知新媒体矩阵推广活动，让桃花源研学旅行品牌深入人心，实现情感共鸣。

2.1 主题与节庆融合，四季沉浸体验

春季春耕节，夏季非遗文化节，秋季孝道文化节，冬季立志节。四季研学课程设计围绕春耕、夏遗、秋孝、冬志四个主题进行开展，不仅有主题文化课程的体验，还有主题游戏的参与，更有主题知识的 PK 大赛。不同季节可沉浸于不同节庆的体验活动，深度感受地方文化内涵，通过体验，感悟到只有脚踏实地、历经磨炼，才能赢得收获、成就人生。

2.2 四季与研学交融，课程延伸推广

春、夏、秋、冬设计不同主题研学课程，每个主题都与桃花源文化、桃花源特色节庆活动息息相关。利用节庆主题增强桃花源研学旅行的影响力与吸引力，可让桃花源的研学课程一年四季环环相扣，不断延续。不同季节的研学课程可不断深化延伸，满足中小学不同年龄阶段学生的研学需求。

2.3 故事与研学渗透，情感动人心弦

富有正能量的故事总能触动人们内心深处的那根弦，我们以原创微故事《桃源"遗"梦》中主人公陶小桃在桃花源四季研学为切入点，从心浮气躁的陶小桃变成有理想、有本领、有担当的好青年。故事与桃花源四季研学课程相结合，故事与营销推广相结合，深入人心，动人心弦，力求通过桃花源研学让中小学生养成吃苦耐劳、主动学习、感恩孝悌、志存高远的优良品德。

3 方案背景

3.1 研学旅行起源

古代，游学之风盛行，既要读万卷书，又要行万里路。孔子周游列国是中国最早的研学旅行；之后有唐代高僧玄奘天竺取经；唐宋八大家中的苏轼、王安石、曾巩等人在旅游中创造出一篇篇流芳百世的绝妙诗句；明代徐霞客游历无数山川古迹、风土人情，著成具有极高科学价值和文学价值的《徐霞客游记》。

现代，研学旅行涵盖校外教育、教育旅游、亲子体验、社会实践、营地教育、户外拓展、科学考察等领域，市场活跃度高，国家政策支持力度大（见图1）。

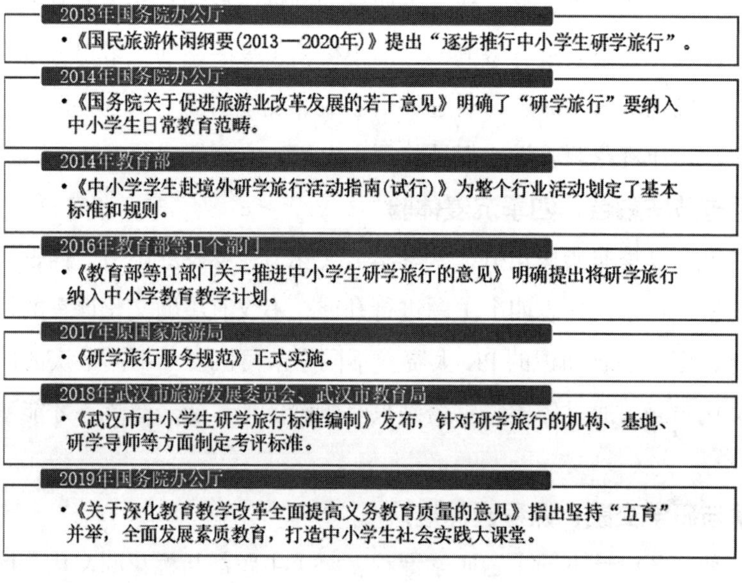

2013年国务院办公厅
- 《国民旅游休闲纲要(2013—2020年)》提出"逐步推行中小学生研学旅行"。

2014年国务院办公厅
- 《国务院关于促进旅游业改革发展的若干意见》明确了"研学旅行"要纳入中小学生日常教育范畴。

2014年教育部
- 《中小学学生赴境外研学旅行活动指南(试行)》为整个行业活动划定了基本标准和规则。

2016年教育部等11个部门
- 《教育部等11部门关于推进中小学生研学旅行的意见》明确提出将研学旅行纳入中小学教育教学计划。

2017年原国家旅游局
- 《研学旅行服务规范》正式实施。

2018年武汉市旅游发展委员会、武汉市教育局
- 《武汉市中小学生研学旅行标准编制》发布，针对研学旅行的机构、基地、研学导师等方面制定考评标准。

2019年国务院办公厅
- 《关于深化教育教学改革全面提高义务教育质量的意见》指出坚持"五育"并举，全面发展素质教育，打造中小学生社会实践大课堂。

图 1 国家研学相关政策

3.2 桃花源研学概况

常德桃花源景区历史悠久，拥有1600多年历史，有15处"全国重点文物保护单位"，是初中语文课文《桃花源记》的原型地，非常适合开展研学旅行。2017年，桃花源景区积极响应国家政策号召，开始发展研学旅行，发展至今，其研学旅行行程大致分为两部分：秦谷研学行程和两山一湖研学行程。小组成员通过调研桃花源景区研学工作人员得知桃花源第一批接待的学生团体来自常德市内的小学，接待人数285人。截至2019年7月份，桃花源2019年接待研学团队已经有13 420人。工作人员表示，从2017年5月开始接待研学团队以来，来桃花源研学的中小学生络绎不绝，以小学生、初中生居多。

通过对常德桃花源进行实地调研发现，桃花源拥有得天独厚的自然资源优势，独特的文化内涵，非常适合打造"第二课堂"。桃花源研学目前还处于萌芽起步阶段，通过对其精心设计打造，采取"旅游＋研学＋文化"发展新模式，以技能教育、传统文化为主题，以田园农耕、乡土乡情为特色，以体验"非遗传承桃源工，巧夺天工是匠心"研学课程，将桃花源研学打造成常德首屈一指的研学旅游品牌，将桃花源景区逐步发展成为张家界、常德、凤凰湖南旅游金三角地区综合性研学教育核心基地，最终成为具有全国乃至全球影响力的综合性研学旅行示范区。

4 市场分析与定位

4.1 研学市场规模

据《2018年中国研学旅行发展报告》显示，未来3~5年内研学旅行的学校渗透率会迅速提升，行业规模和市场空间广阔，中国研学旅行市场总体规模将超千亿元。小组成员通过与常德市教育局、湖南省教育厅、桃花源景区研学工作人员进行访谈，以及查询相关资料，汇总出常德市内、湖南省内以及全国的中小学人数（见表1），从数据中看出研学旅行市场规模大，潜力更大。2017年桃花源开始接待研学旅行团队，第一批接待人数285人，2017—2019年，其研学接待人数增幅巨大，如图2。

表1 中小学人数统计表

单位：人

地区＼学校人数	小学	初中	高中	中小学总人数
常德市内	28.2万	25.36万	9.37万	62.93万
湖南省内	467.79万	275.88万	153.11万	896.78万
全国	10 349.25万	4652.59万	3934.67万	1.89亿

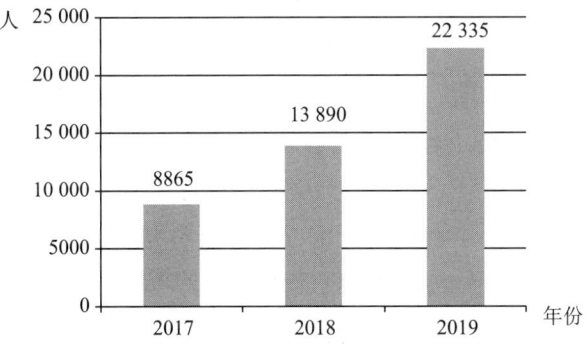

图2 桃花源景区研学人数统计图

4.2 研学市场结构

小组成员对桃花源景区进行了实地调研，对桃花源导游、市场部人员及研学工作人员进行现场访谈与多次电话咨询，同时发放了 500 份调查问卷，其中景区发放 100 份，问卷星发放 100 份，微信、QQ、微博共发放 300 份，回收有效问卷 486 份，问卷回收有效率为 97%，符合问卷调查数据抽样分析要求。通过对数据整理分析得知桃花源研学市场主体中以小学生居多，占比 56%，其次是初中生，占比 28%，最后为高中生，占比 16%。

4.3 研学市场需求

通过实地考察、访谈、问卷调查，得知小学生（6~12 岁）喜欢自然类、知识科普类研学活动，喜欢亲近大自然；初中生（13~15 岁）偏好体验类、拓展类研学活动，充满活力，喜欢挑战；高中生（16~18 岁）偏好乡土乡情、文化体验研学活动，求知欲强。因此，将主题节庆和研学课程设计相结合，突出特色主题，涵盖不同类型，满足不同研学需求，对中小学生群体吸引力更大。

4.4 研学市场定位

通过问卷数据整理分析发现，所有被调查者都知道常德桃花源景区，一半以上都来过桃花源。如果桃花源开展研学旅行，2/3 以上中小学被调查者表示很想参加，被问卷调查和实地访谈的家长都表示很愿意送孩子来桃花源参加研学旅行。从桃花源景区统计数据分析得知桃花源所接待的研学团体 2/3 以上为常德市内中小学生，其次为市外至湖南省内中小学生，湖南省外接待的研学团体较少。因此，桃花源研学市场定位将常德市内中小学生作为一级目标市场，市外至湖南省内作为二级目标市场，省外至全国作为三级目标市场。

5 研学课程设计

课程设计思路：常德桃花源历史文化底蕴深厚，自然资源丰富，是一处集古代与现代、人文与自然、体验与生活于一体的胜地。农耕文化、桃花文化、非遗文化、孝道文化等众多文化都在这里生根、发芽。在推崇素质教育、推广研学旅行大背景下，桃花源研学旅行课程设计以"聚焦核心要素，推动文化教育；倡导知行合一，助力学生成长"为理念，探索桃花源"四季+主题+故事"研学旅行模式，让学生可以回归田园、亲近自然、学习非遗、传承文化、感悟孝悌、爱家爱国、修身立志、筑梦未来。

春季——寻觅农耕乐趣，共鉴隐世桃源，亲近大自然，春季课程回归田园，体验农耕，观赏万亩桃花，赋予孩子们空灵、力量、纯净。

夏季——传承非遗风韵，担当复兴重任，夏季课程充分调动孩子们手、脑、眼等多个器官，在非遗体验中发现问题、解决问题、增长知识。

秋季——思悟孝悌之意，感恩重阳节，秋季课程以登高、赏菊、酿酒等重阳文化为主，结合桃花源孝道文化，引导孩子行善敬老，爱家爱国。

冬季——回首研学百味，争做中华少年，冬季课程以回顾研学历程为主，通过开展纪念活动，温故知新，懂得耕耘和收获，立足当前，砥砺前行。

6 研学营销推广

6.1 营销推广思路

《2019中国网络视听发展研究报告》显示，2018年中国手机网民平均每天上网时长达5.69小时，较2017年净增长62.9分钟，其中短视频时长增长率占33.1%，排在首位。调查中发现人们每天有1/3左右时间用在网络上，并且获取的信息一般源自网络，问卷调查中发现，90%以上是从线上获取信息，因此，桃花源研学营销推广采用网推方式最为合适。

6.2 新媒体推广策略

（1）引流活动——寻觅农耕文化，感受世外桃源

第一步：朋友圈微视频，事件预热。发布抖音小视频"桃花源春耕节给你十个必去的理由"。召集粉丝关注桃花源研学官方微信，开放留言区，让网友参与互动，参与零门槛，附具有挑战性的线上互动小程序游戏赠免费门票吸引关注度。

第二步：大V发布，事件传播。桃花源研学官方微博要配合释放春季农耕节、桃花节主题研学旅行信息，邀请微博大V号资源加入营销传播阵营。

第三步：全网传播，文章炒作。软文炒作作为辅助传播手段在网络媒体进行投放，为春季春耕节、桃花节吸引流量。春耕节春季研学亮点，开发潜力巨大，借助软文炒作可将桃花源春耕节宣传发挥到最佳效果。

（2）引爆活动——传承非遗文化，担当复兴大任

第一步：微博话题，事件预热。微博话题"桃花源研学旅行之夏季非遗文化节"炒作，吸引大众关注，引导网友参与话题讨论，同时借助微信朋友圈让其直接引流至微信公众号，达到预热宣传效果。

第二步：无人机直播表演，事件引爆。制作无人机单图倒计时海报，结合"非遗文化节"活动发布相关信息，吸引市民围观。桃花源景区无人机表演同步开启线上直播"非遗文化节"通道，并现场投屏展示无人机表演照片，引爆游客市场。

第三步：自媒体宣传，文章炒作。夏季非遗研学旅行将作为桃花源研学旅行的独特品牌，通过大量推文、软文进行群网炒作，引爆市场关注。

（3）升温活动——思悟孝悌之意，感恩重阳

第一步：中小学校官方宣传，事件预热。在中小学学校进行桃花源秋季孝道研学旅行宣传讲座，宣传孝道意义，吸引中小学校组织秋季研学旅行，为孝道文化节做预热宣传。

第二步：新闻传播，事件升温。紧跟政府对研学旅行综合实践活动的政策指引，依托人们对优秀传统文化的重视，利用新闻报道孝道小剧场，引发社会广泛关注。

第三步：官微推文写作，舆论引导。桃花源研学官方微博要结合孝道文化节主题研学旅行信息，积极宣传，树立自己独特品牌。

（4）广知活动——回顾研学百味，争做立志少年

第一步：新闻专题，事件升温。桃花源景区官方微信、微博以及新浪湖南、红网、大湘网等知名网站发布"一朝桃源梦，千载研学行"主题研学历程回顾专题活动内容，开放留言频道，让网友参加互动，全程新闻跟踪报道。

第二步：10秒小视频，事件引爆。选春、夏、秋三季研学旅行活动片段，剪辑多个"一朝桃源梦，千载研学行"主题活动的10秒预告小视频，采用活动倒计时形式，投放至官方微信、微博、公众号等引爆市场关注。

第三步：特色主题，全民广知。春夏秋冬四季研学课程各具特色，延续性强，全方位病毒投放式推广。利用微电影、vlog拍摄桃花源四季研学旅行片段，记录全民感动瞬间，动人心弦。

获奖等级："盈科杯"湖南省第六届大学生旅游专业综合技能大赛　省级三等奖
参赛团队：张米娜　周姗霖　黄静
指导教师：曾荣

薪火相传　逐梦复兴

1 方案亮点

1.1 故事融合产品设计理念，突显活动复兴内涵

民族复兴是所有中华儿女的宏愿，孩子们是国家民族的未来，是实现伟大复兴的希望。IP故事以老师引导孩子们学习复兴梦的形式展开，是对"薪火相传"主题的呼应，围绕着孩子们对"下一站·复兴"的想象来对接方案设计的文旅体验活动及主题内涵——"薪火相传，逐梦复兴"，从而让韶山之旅变成中华儿女复兴圆梦之旅。

1.2 景区构建产品联动系统，增强体验吸引力度

韶山红色文化底蕴深厚。红色旅游经过长时间发展，已经形成了相对静态固定的发展模式，各核心景区自成体系，单打独斗未形成整体联动。本项目策划将韶山核心景区划分为三大区域，形成"红三角"，区域内进行活动与项目的相互联动，注重趣味性与体验性，打造景区营销新卖点，增强韶山景区整体旅游吸引力。

1.3 各年龄阶层针对性开发，改革景区营收体系

不同年龄阶层对旅游活动中旅游要素有不同需求，为解决韶山目前"不过夜旅游""人气旺，财气不旺"的发展困境，本方案立足于旅游要素新体验，以家庭亲子游为目标市场，以文创和旅游体验项目为产品核心，创新夜间红色旅游项目开发，将其打造成一家老小都喜闻乐见的红色旅游目的地。

2 创意IP故事

老师：亲爱的同学们，今天我们学习了毛泽东爷爷的一句诗"喜看稻菽千重浪，遍地英雄下夕烟"。这是在那个红色的年代，毛泽东爷爷对美好社会的憧憬。

孩子们，我们每一个中华儿女都身在这辆列车之中，朝着同一个梦想，同一个目标奋进着。我们坚信复兴列车终会到站。那么，在这里我想问同学们一个问题，你们觉得我们最终的目的地，到底会是一番怎样的景象呢？

小复：我也好想成为像毛爷爷那样为了实现梦想，吃再多苦都不会放弃的人。爸爸说过在那个时候人们生活得很苦，而且还在经历着战争，我们的终点站肯定不会有这些了，但我觉得我们不能忘记过去，我想要真正了解那个时代的苦，所以那儿应该有一个过去红色革命岁月主题的体验馆……当然，那儿一定会是一个就像毛爷爷憧憬的那样美好的社会，人们生活得幸福美满，对未来有着无限希望，那个地方就像……就像老师和我们说过的世外桃源！

小星：我们的终点站会是世界上最先进的地方，会有许多像哆啦A梦一样的机器人好朋友，我可以用他的时光任意门回到过去，要回到什么时间呢……，对了，我想回到毛爷爷那个时代。我们韶山每一个人都对毛爷爷发自内心的尊敬，所以我想亲眼瞻仰一下毛爷爷的风采。不过我也不会什么都靠哆啦A梦啦，我会自己动手劳动的，因为妈妈说不运动的话，就会像爸爸那样肚子变得很大，我才不要嘞！

小梦：到我说了，到我说了！我在学校最喜欢上手工课了，那里会有一个大大的手工教室，我会和所有我的好朋友一起学习做各种各样的手工，那该多开心呀！妈妈老是说我一做手工就来劲，都不知道休息一下，做手工怎么会累呢？要是真的觉得累了，我就和我的好朋友们一起躺在又大又软的床上美美睡一觉或者像妈妈一样去购物中心逛一圈就不累了，购物中心一定有魔法对吧！嘻嘻！

3 市场分析与定位

3.1 市场规模

据韶山市2015—2019年国民经济和社会发展统计公报发现，近五年前往韶山市旅游的游客数及过夜游客数量逐年增长，韶山市旅游市场一片火热。《中国在线旅游行业市场前景预测与投资分析报告》展示在线旅游行业方面，80后、90后在旅游市场内所占比例越来越大，比例高达在线旅游市场的77.8%，已成为旅游市场的重要群体。

《中国亲子游消费者大数据报告》中数据研究显示80后、90后妈妈们也已经成为中国亲子游市场的核心力量。小组通过查找相关资料、调研等，得出了关于青年群体的人口信息，从侧面可展现出亲子游市场之大，以及发展潜力之足。而目前韶山市旅游相关优惠政策主要针对老年人，进行半价、免票等措施，对于亲子群体的旅游开发措施却不够。因此，本组将亲子群体作为韶山旅游市场定位人群。

3.2 市场结构

2020年9月，项目组成员对韶山核心景区进行了实地调研，对韶山接待人员、导游及当地相关工作人员进行现场访谈与多次电话咨询，同时在线上、线下共发放了500

份调查问卷,景区发放 100 份,问卷星发放 100 份,微信、QQ 与微博共发放 300 份,共回收有效问卷 482 份,问卷回收有效率为 96%,符合问卷调查数据抽样分析要求。通过对数据整理分析得知目前韶山旅游市场以中老年人为主,占比 56%,其次是少年儿童,占比 30%,青年占比 14%。从统计数据中可以看出,目前韶山的游客各年龄阶层都有所涉及,且亲子游群体占比较大。

3.3 市场需求

通过实地调查与发放问卷得出韶山红色文旅市场需求的大数据关键词图,如图 1 所示。从图中发现游客偏好更具体验性、趣味性、创新性的活动项目,对具有纪念意义、实用性的文创产品更有购买欲。

图 1 市场需求大数据图

3.4 市场定位

通过对回收的 482 份有效调查问卷进行统计分析,发现所有被调查者都知道韶山景区,其中一半以上都去过韶山。韶山旅游市场接待主要以湘潭市内为主,其次为市外至湖南省内,湖南省外游客较少。因此,本方案的市场定位以湘潭市内市场为一级市场,湘潭市外至湖南省内市场为二级市场,湖南省外市场为三级市场。

4 "时代之声,复兴之梦"产品策划

4.1 IP 情景剧与旅游体验活动的渗透融合

"时代之声,复兴之梦"产品策划的总体思路是利用 IP 情景剧《下一站·复兴》解释韶山多个旅游景点的创新性旅游活动,并赋予这些旅游活动更加美好的象征意义。

情景剧与活动设计互相渗透融合,创意性地将情景剧中每一个"小主人公"的个

人小梦与韶山的旅游活动结合起来,通过进行旅游体验活动,"小主人公"的梦想成真了,也是"中国梦,复兴梦"的一步步实现,而游客们在韶山的旅途也成为圆梦的美好体验。

4.2 各旅游景点体验活动的创新联动

4.2.1 旅游活动设计现状

韶山各旅游景区的旅游活动设计长期以来主要立足于红色精神、革命传统来开展,并且已经形成了比较成熟的旅游活动体系,但受到主题延伸性的限制以及开发方向的影响,韶山景区的旅游活动大多以走马观花式地缅怀先烈,感受红色精神熏陶为主,缺乏红色文旅体验类活动项目,对游客的吸引力度不够强。其次,通过实地调研发现,韶山旅游景区、旅游景点虽然都是以红色文化为设计开发的基石,但各景区之间基本上都是"单打独斗",自成系统,产品雷同、重叠现象严重,未形成景区联动发展,互动性不强,创新性缺乏。

4.2.2 活动设计思路

选择多个旅游景点融合 IP 故事进行旅游活动目标性创新设计,并根据设计的活动内容划分为历史车轮、革命号角、复兴之梦三个类别,游客参与体验活动,赢取旅游纪念品,最终大奖的设置应在满足景区效益目标的前提下,尽可能吸引游客的关注度(见图 2)。

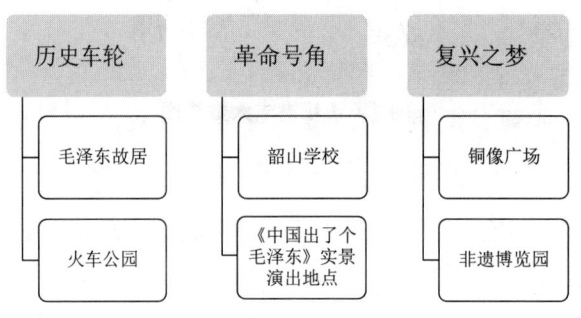

图 2 活动设计思路

5 营销推广方案

5.1 推广思路

营销推广活动为 IP 故事营销和景点联动双线索运行模式。故事营销策略赋予旅游活动深层次思想内涵,传达韶山旅游活动精神主旨——中国梦,复兴梦,景点联动策略进一步加强游客旅游活动的体验欲望。

5.2 IP 故事营销策略

故事与旅游活动相渗透，联动推进。

选定多个韶山旅游景点作为活动策划的目标对象，以 IP 故事作为线索，串联所选择的韶山景点的体验活动，从而形成以丰盈的精神内涵为导向的景区游览系统。IP 故事深化活动内涵，传达整个旅游活动的精神主旨。

5.2.1 推广的主体形式——微电影

以创造一个能够吸引大众眼球的大 IP 红色故事为韶山红色旅游推广的第一步，选择在举国欢庆、爱国热情浓厚的国庆节这天向全国投放一场复兴主题微电影，从而达到迎合节庆气氛塑造流量大 IP 的目的（见图 3）。

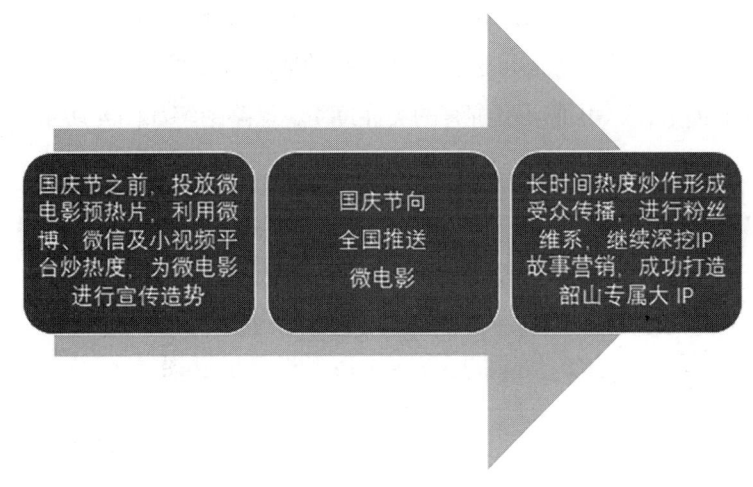

图 3　活动流程图

5.2.2 推广方式

微博平台宣传：预热片宣传期，创建话题"欢度国庆，一起整点微电影！"进行预热，邀请微博大 V 们转发评论，引发话题讨论；微电影国庆节全平台发送期间，拟在新浪微博、网易、知乎等多个社交平台创建官方账号，积极向目标市场推送韶山旅游最新动态，同步进行宣传活动，引发群众粉丝点赞关注，并通过设置奖品，激励大众评论转发，形成多平台联动宣传态势。

微信平台宣传：微信朋友圈内容转发集赞，根据集赞数量设置不同等级的奖品，例如，单项旅游体验项目免费、多项旅游体验项目免费、免费畅游韶山旅游区等或者微信公众号软文评论区抽取幸运儿送韶山旅游大礼包。另外，微信"看一看""视频号"新功能同步跟进宣传。

小视频平台宣传：抖音、快手、哔哩哔哩等众多视频软件，拥有庞大的用户量，邀请一些拥有一定粉丝基础的网络红人进行创意小视频拍摄，利用营销手段，将某些景点或者特色产品包装打造成"网红打卡地"，吸引用户关注。

5.3 景点联动营销策略

奖品与旅游活动相关联，驱动进行。

选定的多个景点按照活动的具体内容划分到"历史车轮""革命号角""复兴之梦"三个策划区域中，加强韶山旅游活动的整体性与关联性，从而形成以趣味的任务驱动为导向的景区游览系统。奖品刺激，任务驱动，带动游客全场景系统游览。

5.3.1 活动规则

每个划分区域都包含一个或者几个景点景区的体验活动，当游客完成该划分区域的体验活动时即可获得一个特定的旅游纪念品。三个划分区域分别设置三个不同的旅游纪念品，游客集齐三个旅游纪念品可进行一次奖品抽取环节（最终大奖的设置应在满足景区效益目标的前提下，尽可能吸引游客的关注度）。思路图解如图4所示。

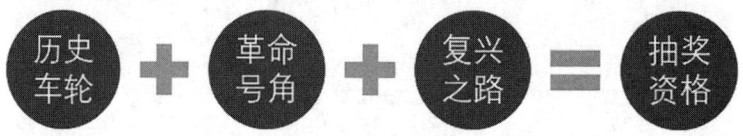

图4　活动思路图解

5.3.2 推广方式

vlog征集宣传活动：利用vlog记录生活片段成为深受当代年轻人喜爱的纪念美好生活的方式，积极鼓励游客用volg的形式记录韶山景点旅游活动的良好体验，从而为韶山旅游做出宣传工作，并面向广大游客去征集剪辑播放效果优秀的vlog短片，形成广泛的受众传播。

景点体验活动直播：因为疫情的影响，"云旅游"的新型旅游形式迅速兴起，线上旅游平台直播的建设也越来越完善，景点部门开设云旅游直播，同时带动游客们参与直播活动是一个有效的炒热度和吸粉途径。

获奖等级："世纪明德杯"湖南省第七届大学生旅游专业综合技能大赛　省级二等奖

参赛团队：周姗霖　柳双双　潘洵

指导教师：曾荣　蔡保忠

"童"行平江

在传统旅游形式竞争日趋激烈的大背景下，亲子旅游、红色旅游、体育旅游等"新势力"成为各旅游景点的"新宠"。

本方案积极响应国家义务教育阶段"双减"政策和全民健身号召，深挖平江"仙姑崖—红军营"景区红色资源和自然风光，依托微信小程序信息化手段设计"积分换特产"趣味方式，为"仙姑崖—红军营"量身打造红色亲子运动旅游方案，创设"'童'行平江"IP，完美融合"旅游+红色教育+体育健身+三产融合"，推动景区发展、强化爱国教育、强健少年体魄、促进家庭和谐、带动周边工农业发展，最终实现经济效益与社会效益的有机统一。

1 方案亮点

1.1 深挖红色旅游资源，激活爱国教育功能

近年来，各级党委和政府深挖红色旅游资源"富矿"，强化红色教育，把"让红色升温"作为加强党的思想政治建设和产业转型发展的重要内容。本方案充分利用"仙姑崖—红军营"景区红色旅游资源和优美自然风光，寓学于游，学游互助，力争打造成全省乃至中部地区网红爱国主义教育基地。

1.2 响应国家政策号召，开拓亲子旅游市场

2021年以来，国家陆续出台"双减"政策和全民健身计划，亲子运动游政策极大利好。根据第七次全国人口普查数据显示，我国0~14岁人口为2.53亿，占17.95%，较十年前上升了1.35个百分点。三孩政策的实施，进一步拓展了亲子运动游市场。本方案以响应国家政策号召为出发点，将"仙姑崖—红军营"全力打造为省内亲子运动游首选目的地。

1.3 创新科技支撑方式，实现三产融合发展

本方案中依托微信小程序信息化手段设计"积分换特产"趣味方式，抓住孩子们好奇心、好胜心强的特点，设计富有红色文化气息的打卡闯关路线。此外，本方案还打造

了"小江一家"IP，塑造了江爸爸、江妈妈、大江同学、小江同学的形象，贴合孩子心理。同时以"小江一家"品牌开发系列文创产品、平江特色农产品，以科技提升游玩趣味，用奖励带动特产销售，实现一、二、三产业融合发展。

2 目标客户群分析

2.1 目标客户群的定位

近年来，我国家庭旅游的发展成效显著。2021年1月9日，携程发布的《2020年中国亲子运动游消费趋势报告》指出，受疫情影响，2020年中国家庭亲子出游频次由2019年的2.7次下降至2.4次，但相较于其他主题旅行，亲子运动游品质提升更加明显。在2020年亲子运动游成人客群中，"90后"父母正在逐渐成为主角，占比提升至32%，"80后"父母占比为41%，个性鲜明的"90后""80后"父母更愿意带娃出门放飞自我。

因此本方案的目标客户群选择为湖南省内以及湖南周边省市父母为"80后""90后"的家庭。

2.2 比较优势分析

近年亲子运动游爆火，每年寒暑假都是家长带娃出游的高峰期，各个旅行平台都有名目繁多的亲子运动游路线。然而，据调查发现，亲子运动游爆火的背后，却隐藏着产品同质化严重、内容单调、名不副实等问题（见表1）。

表1 "仙姑崖—红军营"亲子运动游优势对比

比较对象	优势对比
其他旅游类型	（1）亲子运动游能够满足多样化的旅游需求，包括娱悦身心、学习文化、促进亲子关系等旅游动机； （2）相比其他旅游形式，亲子运动游参与感更强，一般亲子运动游都以互动方式开展，广受欢迎。
其他亲子运动游	（1）"仙姑崖—红军营"兼具红色旅游资源和优美自然风光，相比其他室内亲子旅游场所更加贴近自然，红色文化底蕴更加深厚； （2）"仙姑崖—红军营"亲子运动游是为亲子家庭量身定制的旅游路线，采用父母与孩子协作打卡做任务的形式，始终以家庭为单位，紧扣"亲子"的主题完成旅行； （3）"仙姑崖—红军营"亲子运动游有着鲜明的主题：亲子运动和红色教育。亲子项目内容全面细致，教育意义深刻，寓教于乐，清晰定位"亲子运动游"这一概念的核心。

3 产品设计

3.1 IP释义

本方案设计"仙姑崖—红军营"旅游IP——"童"行平江，以家庭为单位，融合亲子、运动、红色与研学等元素设计而成，人物形象包括江爸爸、江妈妈、大江和小江四人，代表大部分二孩年轻家庭。

3.1.1 人物介绍

江爸：35 岁，大小江的爸爸，为人正直、热情，经常帮助他人，喜欢户外运动和冒险，这一次旅游想带大小江了解更多的红色文化。

江妈：33 岁，大小江的妈妈，小学语文老师，性格温和，偶尔展现严厉的一面，这次带大小江出门也是让他们在体验中学习，对红色知识有更深入的了解。

大江：12 岁，个性温和腼腆，这一次跟随爸爸妈妈带着妹妹，一起来感受平江仙姑崖的丹霞地貌，体会红色革命英雄的光辉岁月。

小江：7 岁，性格古灵精怪，调皮可爱，这一次出来游玩见到了许多新奇的事物，并且在家人的陪伴下完成打卡任务兑换了自己喜爱的大礼包，获益颇丰。

3.2 logo 设计与解读

Logo 由红色和白色组成，红色点明我们项目的主题——红色旅游，白色色彩反差强烈，突出项目名称；同时 Logo 形状为变形的脚印，与"仙姑崖—红军营"景区出口处的红色脚印印刷胶路相呼应，路象征着筚路蓝缕、艰苦卓绝的复兴之路，而我们的脚印正坚实地踏向预示成功的尽头。

3.3 小程序简介

为便于家庭预约门票、游览线路、预订餐宿、打卡闯关、积分兑换、意见反馈，本方案开发了"童行平江"微信小程序。

4 平江"仙姑崖—红军营"营销推广方案拟定

4.1 推广目标

4.1.1 提升"仙姑崖—红军营"景区知名度

通过为"仙姑崖—红军营"景区设计亲子运动游打卡路线，注入红色精神和冒险精神，将景区的文化内涵活化，让景区的特色旅游方式更为显著和清晰，从而提高"仙姑崖—红军营"旅游品牌的辨识度和影响力。通过系列营销活动，吸引大众关注，提升"仙姑崖—红军营"在家庭市场的知晓率，为景区引来流量。

4.1.2 实现景区营收的经济效益和爱国主义教育的社会效益双丰收

"仙姑崖—红军营"景区的亲子运动游打卡方式不仅是让游客对"仙姑崖—红军营"景区有更深的记忆点，更是要引发游客对"仙姑崖—红军营"的精神共鸣，让游客能真切地感受到其文化内涵，同时还能促进亲子关系。通过设计体验互动活动让游客拥有不同凡响的高质互动体验，设置积分兑换特产，既能提升参与活动的积极性和趣味性，又能带动当地二、三产业发展。

4.1.3 利用"'童'行平江"亲子运动游IP带动平江其他景区发展

以"'童'行平江"亲子运动游IP促进"仙姑崖—红军营"景区发展，以"仙姑崖—红军营"景区提升IP价值，扩大平江地区亲子运动游影响力，实现景区协同发展。

4.2 推广方式

以上推广内容必须借助适合而有效的推广方式才能达到预期效果，本方案拟采用的主要推广方式如表2所示。

表2 推广方式

类型	媒介	内容	具体方式	优势
自媒体	官网、微信微博公众号	亲子运动游推广活动信息；"'童'行平江"微信小程序的运营管理。	推文、公告、短视频、人工客服；小程序的制作与维护。	仙姑崖—红军营景区官方平台，第一时间更新景区最新动态。
新媒体	微博、微信等	"'童'行平江"小程序的微信传播；"亲子运动游打卡"游玩过程分享。	微信意见领袖合作推广宣传；"'童'行平江"小程序朋友圈分享传播。	微信小程序制作成本低；微信无可比拟的分享传播功能，曝光迅速，扩散快。
	小红书、知乎、抖音、快手等	软文推广，测评分享"亲子运动游打卡"游玩过程分享。	推文、短视频；邀请旅游自媒体知名人士光顾，分享体验感受。	曝光迅速，扩散快。
传统媒体	电视、报纸、广告牌、传单	亲子运动游挑战打卡综艺真人秀；亲子运动游推广活动信息。	少儿栏目放送、电视节目放送、央视合作打造。	曝光率稳定；电视媒体权威；亲子运动游新市场。

获奖等级：湖南省第八届大学生旅游专业综合技能大赛　省级二等奖
参赛团队：周文葭　李雨欣　曾雨轩　潘晶　杨思怡
指导教师：蔡保忠　李晓红

不负·莲心修食苑

1 主题价值释义

"大道至简，返璞归真，断除烦恼，暂舍凡尘。"——此为现代都市人群疲于快节奏生活与身心压力的内心呼唤。何以了烦？怎胜过徜徉山间、溪涧、池畔，任新风扶丝、草木冲色，捻指花瓣，送于腹间？美食，解忧之佳属。食花，更甚。"荷"又乃花中尤适宜食者，通体可用，花、藕、子可食，花粉食之美容养颜，叶可为茶，花可酿酒，莲子、根茎、藕节、荷叶、花及种子的胚芽皆可入药，以烹养生食膳。

然"荷之妙"，更在于长久以来人们赋予它的一切美好。"荷"，莲属，亦称"莲"，在中国传统文化中，莲拥有多种意象。由外至内，将莲意象划分为五层：

一喻美形：指莲所象征的美人、美物；

二喻爱情："莲"通"连"，有连结之意，可作喜结连理之花；

三喻家庭和睦："荷"与"和"谐音，人们便以荷代表和气、祥和、和平、和合；

四喻个人品质："出淤泥而不染"的高洁，跨越千年依然旺盛的生命力；

五喻人生领悟：为莲之最高寓意，佛道儒三教皆以莲花表征教义，诠释人生。此处抽取"超凡出尘""断除烦恼""舍离执惘"，谓之人生追求。

因此，食荷，亦是食此莲之"五义"，食"美"、食"爱情"、食"和睦"、食"品质"、食"了烦于心"。

既如此，我们设计出以莲（荷）为主题的特色餐厅，它是以"荷"入食，以"莲文化"入心，以"莲五义"为价值理念，以"荷"餐＋"莲"享体验＋"莲"品文创为产品三元，以"荷风文旅"多日体验食谱为核心特色，以"餐厅＋民宿""餐厅＋商城"为商业模式的综合性、体验性饮食场所。餐厅力求为消费者营造充满莲意境的身心归所。

餐厅命名：不负·莲心修食苑

餐厅意为不辜负"莲"之心意，因餐厅以"多日修心食谱"为核心特色，故为"修食"。餐厅外观为"中国古典园林"造型，故名"苑"。

餐厅口号：一份食谱、一朵清莲、一碗文化

因餐厅产品承载"美""爱情""家庭和睦""个人品质""人生领悟"之莲五义，可迎合爱美人士、恋人、家庭、高品质追求者、修心之人等多层面消费群体的需求，市场潜力巨大。

因永州道县为爱莲鼻祖周敦颐先生之故里，莲文化富集。近两年，道县政府正精心打造爱莲小镇，并拟在爱莲小镇的荷塘之畔建一座江南园林风格的建筑。所以，"不负·莲心"修食苑的餐厅选址既定于此。

2 餐厅设计

2.1 设计思路

餐厅设计围绕"莲"意象展开，根据产品功能实现需要，包括建筑外观设计、零点大厅设计、宴会大厅设计、包厢设计、茶餐厅设计、体验馆设计、衍生品展示馆设计、特色观景亭设计等几部分。为凸显主题核心理念"莲五义"之最高要义——"超凡出尘""断除烦恼""舍离执惘"，以江南园林样式营建出"出尘仙境"之感，各大功能区坐落于园林内各亭台楼阁之中，形成"餐厅为园""园即餐厅"的效果。

2.2 设计内容

（1）建筑外观设计

"不负·莲心"修食苑餐厅矗立在道县爱莲小镇，建筑式样为中国江南古典园林建筑群。建筑群中的各大轩榭楼台由数条木制廊桥、廊道相连接。整体风格古朴典雅，配上一池荷叶荷花，给人以如临烟雨江南之境的奇妙感觉。

（2）零点大厅设计

零点大厅名为"荷韵堂"，设置在莲池畔建筑的堂屋中，堂屋采用木制窗棂，头顶的挂灯为簇簇绽放的金色莲花形状，营造出古朴典雅的用餐氛围。餐厅前台设置在大厅最内部，由一道小型景墙与餐饮区域隔开，吧台为弧形，上方设计有景观屋檐，打造出一片幽雅的小世界。

（3）宴会大厅设计

宴会大厅名为"荷馨舫"，运用了园林建筑中舫的样式，在荷花池的水面上建造了一种船型建筑物，船头为敞棚，可用于顾客观赏荷花美景，中舱为举办宴会之处，两侧通开长窗，以便观赏舫外景色。

（4）特色体验活动、衍生性产品展示处

特色体验活动馆和衍生产品展示处名为"荷忆阁"，建筑外观为双层楼阁，木栏白墙，翘角飞檐，站立在荷塘边，清幽雅致，极具韵味。

（5）茶餐厅设计

为了让消费者能在荷塘的晨曦中观赏美景，呼吸新鲜空气，早餐地点被设置在由廊桥连接的亭子中，名叫"荷煦亭"。木制栅栏，圆桌方椅，配上熹微晨光，非常有意境。

（6）包厢设计

"清圆点点""芙蕖欲现""荷风十里""菡萏舒然""枯荷听雨"五大包厢装潢采用系列风格"荷的一生"，通过表现荷由初生、成长到崭露头角、绽放再到凋零的过程，来表达"荷的一生亦如人生，人也应如同荷一般坚毅、从容，走好每一步，绽放自己的光彩"的核心文化理念。

包厢设置在一处名曰"荷暄榭"的建筑中，该建筑共分为两层，下层设置"清圆点点""芙蕖欲现""荷风十里"三大包厢，上层设置"菡萏舒然""枯荷听雨"两大包厢，各包厢间使用雕花木制屏风隔开，制造出相对独立的小空间。

（7）特色观景亭

在莲池中央，有一个开放式景观亭，名为"荷净亭"，其下方设置了假山石，增加其美感。它占据了观赏荷池美景的最佳地理位置，从此处眺望，一池美景尽收眼底。

3 餐饮产品设计

餐饮产品主要包括零点菜品设计、宴会设计、多日体验食谱、衍生产品四部分。

3.1 零点菜单

零点菜单整体布局根据荷的不同部分将菜品分为"荷之花""荷之叶""荷之梗""莲之子""荷之藕""荷之鱼""荷之虾"七大类。菜品种类多样，口味以清淡为主，菜品外形、口味皆极佳，与餐厅追求"美"的文化相契合，通过平凡食材元素奇妙的组合带给原本朴素的菜品不一样的文化意义。餐品中一道精致的"莲开并蒂"象征着纯美的爱情，"荷和美美"则代表着对每个家庭"家和万事兴"的美好祝福。总之，每个受众群体都可以从我们的零点菜单中选出适合他们的菜品。

3.2 "十里荷花"佼人宴

（1）设计思路

如今人们对生活的品质的要求越来越高，对吃更是如此，特别是女性朋友，不再满足于简单地吃。为满足女性朋友的高品质生活的需求，餐厅设计了针对女性朋友的宴会菜单，根据菜品的不同类型分为冷盘、热炒、主食、点心等。通过设计宴会菜单，给女性朋友提供更优质的产品和服务。

(2)"十里荷花"佼人宴设计内容

将菜品分"荷韵""荷风""荷曲""荷香""荷雅"五类,食材以荷叶、荷花、莲子、莲藕为主,配以其他养身性食材做点缀。宴会主要针对女性设计,口味清淡,在力求不破坏荷系元素本味的情况下,做到营养全面、荤素搭配、色彩搭配。此外宴会还增加"风荷流香"体验活动,荷花插花的精致、深邃和意境,给人高洁、宁静之感。荷花插花更讲求"意趣之韵",符合女性对美的体验和追求。

3.3 荷风文旅

(1)设计思路

传统餐厅产品包括零点、宴会、套餐等形式,"不负·莲心"修食苑则瞄准当今城市消费者"力求摆脱生活压力,寻求内心解放,希望深度停留某处,静品美食,涤荡心灵"的冲动,将单次单纯的"食莲"扩展为一日或多日多餐的"食莲"+体验活动的"食谱"性产品,且各套食谱分别围绕"莲之五义":形美、爱情、家庭和睦、品质修养和人生追求展开设计,主题鲜明、寓意美好。

将荷花、荷叶、莲子、莲藕等食材与其他食材合理搭配,赋予菜品不一样的韵味,可帮助客人获得更为奇妙非凡的精神与感官体验。三餐及下午茶的时间间隙中合理穿插主题文旅活动,带给体验者一段久久不能忘怀的独特文化记忆,同时也可实现多日留住食客的目标。

(2)"荷风文旅"食谱设计内容

表1 荷风文旅多日餐简表

名称	莲五义	核心体验	目标人群
"莲晨美景"之赏玩食莲1日食谱	形美	莲是美丽的,能够使人心情愉悦	家庭、女性、情侣等
"清水出芙蓉"之貌美如莲修容2日食谱	形美	莲是美的,并且具有美容养颜功效	年轻女性
"一莲幽梦"之怜玉惜香爱恋2日食谱	爱情	莲有花开并蒂,藕丝缠绵不断,代表了爱情的长久与美好	情侣
"荷塘月色"之夜宴祈福半日食谱	家庭和睦	莲是幸福的代表	年轻男女;家庭;对祈福感兴趣者
"齐乐合和"之家庭乐享1日食谱	家庭和睦	荷通"和",代表家庭的和美、和谐、合和	家庭

续表

名称	莲五义	核心体验	目标人群
"俭以养莲"之廉溪小筑修身2日食谱	品质修养养生修身	莲通"廉",廉洁,是莲花所代表的高洁品质	想体会简朴生活,回归自然者
"妙法莲华功"之辟谷养生2日食谱		莲在道教中超尘脱俗,道教的养生之法既养生又养心	修身养性、注重健康养生者
"素手把芙蓉"之莲台修仙3日食谱		素手把芙蓉旨在表达朴素、纯净的人生,大道至简,人生亦简	修身悟道、陶冶情操者
"青莲谪仙"之莲酒在神仙3日食谱		李白号"青莲居士",素来爱酒,肆意洒脱的性格	对酒文化感兴趣者
"火生莲花·雪长芭蕉"之了烦修心5日食谱	养心	莲在佛教中寓意着"断除烦恼",火生莲用以比喻虽身处烦恼而能解脱	面向修心人士

4 特色体验服务设计

随着经济、网络的全球化,人们对世界的认知更成熟,他们不再满足于大众化的旅游产品,而追求更加个性化、体验化的经历。传统的餐厅模式无法满足现代人独特的需求,也无法向消费者传达餐厅的理念,于是本餐厅采取了"就餐+体验"式的新型经营模式。针对不同的消费群体,开展不同的体验活动,以莲的一种意象为主题进行设计,顺应了各类消费者的需求,也传达了莲文化(见表2)。

表2 特色体验服务设计简况表

产品名称	产品简介	目标人群	产品吸引力	产品缺陷
泛舟采莲	体验者乘小舟,划入藕花深处,摘采荷叶荷花	忠诚度较高客户,情侣及亲子	体验采摘乐趣,获得原生态有机食材,获得满足感	场地受限,无法大规模开展
荷寄光影	体验者在专门区域种下属于自己的专属荷,餐厅记录其生长历程,定期向体验者发送图片或视频材料	家庭、情侣、喜爱文艺感的人群	亲自种植属于自己的一株荷,并能见证其成长,带来满满的成就感	需要长期管理,且种植的植物存活率难以保证
"溪"心烘焙	体验者进入点心厨房,制作自己喜爱的点心	喜爱点心味道且喜爱动手烘焙的人群,亲子、情侣	体验烘焙乐趣,原材料经由加工易上手,体验感强	有条件烘焙的家庭较少,产品出售量有限
风荷流香	顾客通过现教现学荷花插花来感受韵味,且提供运送服务	女性、情侣、对插画感兴趣的人群	体验感强,具有感官冲击力,视觉嗅觉享受	成本较高、难以保证花的新鲜度

续表

产品名称	产品简介	目标人群	产品吸引力	产品缺陷
莲·映像	餐厅专人用无害颜料应体验者要求绘画荷、莲等主题形象	女性、小孩以及情侣	免费体验，对目标人群具有很大吸引力	需对员工进行培训，免费体验容易导致人手不足
与厨相约	顾客自带食材到餐厅自制美食，也可让厨师制作	面向大众	顾客自由选择食材，亲自烹饪菜品	存在人身安全隐患

获奖等级：第一届湖南省酒店管理专业商业计划书大赛　省级一等奖

参赛团队：彭素炎　姚英谊　罗瑜　欧信伶　尹瑶

指导教师：吴翠燕　刘幼平

"人在草木间"系列茶民宿商业计划书

"人在草木间"系列茶民宿选址于零陵区茶旅小镇，该址交通便利，驱车前往永州市区仅一小时，乘坐铁路交通工具前往省会长沙仅两小时，且离桂林、广州等地较近，高铁出行用时1~3小时，出行方便且经济，易打造"两小时休闲旅游经济圈"。

该系列茶民宿以永州市茶文化为基础，融合理学文化、书法文化、女书文化、柳文化、瑶文化进行设计，使其在装潢风格和服务接待等方面都有别于一般的酒店客房。如"她在"茶民宿为改建房，房间总面积570平方米，内设特色主题房14间，其以祁阳自然韵黑茶为主要茶产品，将女书文化与茶元素相结合进行民宿装饰，并有茶浴、茶写女书等特色体验活动；"瑶木"茶民宿为租赁房，房间总面积为520平方米，内设特色主题房12间，其以瑶家打油茶为主要茶产品，以瑶家婚俗与茶礼为噱头吸引情侣，并用定制款情侣睡衣及入住客户VIP制吸引消费者。此外还设计了文人墨客、莲香居、竹间三款风格各异的茶民宿。

在营销上，线上线下结合进行宣传推广，传统媒体与新媒体携手进行多方位营销，将其整合成低成本高效益的营销组合。

由于"人在草木间"是一个全新品牌，考虑到不同产品特点、市场接受度及成本等问题，本商业计划书以"她在"和"瑶木"为主要营销推广对象，重点阐述第一阶段的营销策略及财务核算，计划在广泛吸引对茶有一定兴趣的人群的大前提下，营销主体主要针对青年群体和女性市场。

1 项目产品概况

1.1 产品品牌理念

随着民宿业的兴起，各种民宿品牌层出不穷，而特色是专注于茶文化、永州文化。"人在草木间"来源于"茶"字的分解，意为在草木间品茗饮茶，休养身心，体现亲近大自然、在自然中舒缓身心的理念；"间"也指居住的地方。在该品牌文化下，又将五字拆开分别对应设计了"文人墨客""她在""莲香居""瑶木""竹间"五款茶民宿。民宿均选址于永州市正在建设的"茶旅小镇"内，通过划分不同的客户群，满足顾客不同需求，实现集群效应最大化。

1.2 产品总体介绍

"人在草木间"系列茶民宿以"茶+书法文化""茶+女书文化""茶+瑶文化""茶+理学文化""茶+柳文化"为主线打造，分别设计了"文人墨客""她在""莲香居""瑶木""竹间"五款茶民宿，并对其外在装饰、民宿内部功能、体验活动等方面进行了设计，致力于凸显主题特色，打造独一无二的"人在草木间"主题民宿。五款民宿既有各自的特点，又有共性（见表1）。

表1 "人在草木间"民宿设计概况

民宿名称	主题	主要茶产品	文化与民宿装饰设计	茶与民宿住宿功能	体验活动（文化与茶交融）
文人墨客	茶+书法文化	蓝山百叠岭绿茶	芭蕉树景观怀素草书纹饰《乞茶帖》悬挂装饰	绿茶眼罩保护儿童视力；茶牙膏防龋固齿	茶墨作画墨飘着茶香的信
她在	茶+女书文化	祁阳自然韵黑茶	女书装饰品女书茶具	黑茶沐浴可去皮肤老化角质层，驱除异味，美容养颜；睡前茶熏美容养颜	识读女书茶渣制女书画女书模具制茶饼制作茶日化品
莲香居	茶+理学文化	花草茶	茶叶荷花纹饰濂溪先生赏莲图	荷花包茶放至床头可助眠	荷花熏茶濂溪教学
瑶木	茶+瑶文化	瑶家油茶	瑶族小木楼盘瓠图腾家具祖先崇拜	浪漫茶式婚房；定制情侣睡衣	瑶家婚俗与茶礼打油茶
竹间	茶+柳文化	舜皇山刺儿茶	竹楼、竹篱笆竹制灯笼柳宗元的竹间诗	茶枕舒缓压力，消除疲劳，缓解脊腰椎压力	桌上茶令会飞茶令

2 项目产品具体介绍

2.1 "文人墨客"——书法文化茶民宿

2.1.1 文化与民宿装饰设计

民宿主体为庭院式设计，院落旁栽芭蕉树，再现怀素的居所环境；床头灯采用可漏光雕刻材料，以怀素的草书字体为纹饰；悬挂怀素《苦笋帖》书法作品作为装饰；茶室前方设茶庭以引导客人进入茶室，手洗钵、蹲踞、石灯笼等茶庭组件营造浓浓茶禅风。

2.1.2 茶融入民宿住宿功能

睡眠区床头柜均有儿童茶眼罩，该眼罩有利于护眼遮光、保护视力；盥洗区备茶牙膏，能有效防龋固齿、清洁口腔，促进孩子牙齿生长与防护；使用茶叶泡脚，有利于去异味、祛除疲劳。

2.1.3 体验活动

（1）茶墨作画

茶墨，即以茶为原料的颜料，是一种新型的环保、安全的颜料，十分适合儿童使用。住客可与孩子一起用茶墨临摹怀素书法、进行绘画和墙绘，画作可带走留作纪念。

（2）飘着茶香的信

父母和孩子用茶墨写一封寄给未来的信，既可以是父母与孩子双方相互写信，也可写信给远方友人；游客告知民宿主人希望寄出的日期和地址，民宿主人将按时寄出。

2.2 "她在"——女书文化茶民宿

2.2.1 文化与民宿装饰设计

女书文化茶民宿建筑为江南民居风格，古朴的砖木结构配以青墙黛瓦，辅以潺潺流水，形成小桥流水的江南风景图；大门牌匾为木制扇形，大堂内设一位美人进行茶艺表演，其手持玉制茶具，茶具上雕刻女书；墙壁悬挂用茶叶设计的女书装饰物。

2.2.2 茶融入民宿住宿功能

盥洗区可做黑茶浴，即用自然韵黑茶泡成的水洗浴，使人身心放松，并有去除皮肤角质层，使皮肤光滑、细腻等功效。洗浴结束后，睡眠区已备好以茶为主要原料的护肤品，经过一系列护肤流程使女性肌肤重新焕发活力。

2.2.3 体验活动

初识女书：民宿主人邀请专业人员讲解并教学女书。

茶画与女书：用茶"写"女书，并将其制作成装饰画作为纪念品。

茶饼与女书：用特制女书模具来制作茶饼，如制作最早女书文献实物"雕母钱"的模具。

茶养颜与女书：用茶制作简易护肤品，护肤品包装用女书装饰。

2.3 "莲香居"——理学文化茶民宿

2.3.1 文化与民宿装饰设计

设计透明落地窗，三面通透的玻璃墙面将风景尽收眼底，窗外为莲花池；玻璃墙面上雕刻《爱莲说》一文，并配"濂溪先生赏莲图"；雕刻濂溪先生与友人赏莲品茗图；雕刻茶叶、荷花纹饰。

2.3.2 茶融入民宿住宿功能

住客在民宿主人引领下割取荷花，将包好的茶叶放入花瓣，用丝带将花苞轻束口并放至床头助眠。此外，房间也将放置其他花草茶香包帮助入眠，减轻入睡障碍。

2.3.3 体验活动

荷花熏茶。从莲池中采下含苞莲花，用细纱布包好茶叶并将其置于花苞内，收紧荷花口，用细线把收紧的口轻轻扎起，将其放到背光通风的地方一天一夜后，使茶叶浸透荷花香气。荷花熏茶制好后，住客便可冲泡该茶。此外，玫瑰、茉莉、栀子等也可用来熏茶。

濂溪教学。住客穿上古人学童服装，盘坐于民宿内，一起吟诵《爱莲说》，边品茶边通过玻璃窗赏莲。

2.4 "瑶木"——瑶文化茶民宿

2.4.1 文化与民宿装饰设计

设计两层式瑶族小木楼房，一楼一底，带庭院；通往民宿的小路两旁开满茶花，象征步步生花，寓意新人通往幸福道路。室内家具融入瑶族特色，设计盘瓠形象、茶叶和茶花图案，体现瑶族祖先崇拜的信仰；房内放置茶果（茶籽），寓意早生贵子；"囍"字窗花用茶叶压制而成；桌椅均以茶花装饰。

2.4.2 茶融入民宿住宿功能

新人房间内设计茶叶形吊床，配置茶枕、茶被，点上茶制熏香，营造浪漫氛围；婚宴后可到茶吧品茗赏乐；新人入房后共饮油茶，象征今后生活幸福美满；沐浴后可穿上印有新人名字的定制款情侣浴袍；入住民宿并举办婚礼的夫妇即为民宿的VIP顾客，结婚纪念日入住民宿将给予优惠。

2.4.3 体验活动

在民族氛围浓郁的环境里为情侣举办民俗婚礼。茶叶为聘礼，茶树做装饰，茶服即喜服，茶谣是贺歌；配以专业摄影人员全程跟拍，记录新人幸福时刻；茶童送上茶礼，新人按照瑶族传统婚俗文化给双方父母敬茶；新人打油茶做礼品回赠宾客。

2.5 "竹间"——柳文化茶民宿

2.5.1 文化与民宿装饰设计

竹间茶民宿建筑主体为两层竹楼，四周篁竹环绕，形成天然的"隐居处"，竹篱笆围成院落，院落内竹林间生长着茶树丛；民宿所有照明灯均为竹灯笼造型；住房内部一侧墙壁设计为竹简造型，篆刻着《巽上人以竹间自采新茶见赠酬之以诗》，并配以流觞曲水图画。

2.5.2 茶融入民宿住宿功能

刺儿茶茶枕可安神静气，减轻中老年人入睡障碍；安置竹原纤维茶床垫，天然环保，集保暖、透气、排湿于一身，且软硬适中，能减轻脊腰椎压力，缓解中老年人的脊腰椎问题。

2.5.3 体验活动

活动一：设计带有微型小溪、可用于"流觞曲水"的桌子，其上漂浮装有茶水的竹茶杯用于茶令会活动；取饮一杯茶需赋茶诗一首。

活动二：行"飞茶令"，先推一人为令官，或出诗句，或出对子，诗句或对子中需含有"茶"字，可背诵前人诗句，也可现场吟作。行令人一个接一个，作不出诗、背不出诗或作错、背错的人，罚其该轮不得饮茶。

3 营销策略及推进计划

3.1 营销策略

3.1.1 线下推广活化周边市场

在前期宣传中，营销重点是青年群体和女性市场，永州市为一级市场。通过线下推广使"人在草木间"初步进入大众视野，同时为后期进行口碑营销做铺垫（见图1）。

营销重点	• 青年群体、女性市场、情侣市场等
营销方式	• 发传单、张贴海报 • 与旅行社、茶馆、婚庆公司等进行合作
营销目标	• 使"人在草木间"初步进入大众视野 • 借助第三方吸引潜在客户 • 以较快速度吸引零陵区和冷水滩区内的消费者

图1　线下推广要点展示

3.1.2 传统媒体推动跨区域体验游

传统媒体发展历史久，可信度高，通过电视、广播电台等形式进行推广，有利于树立品牌形象（见图2）。

营销重点	• 衡阳、邵阳、郴州等周边城市 • 长沙、桂林等热门旅游地区 • 永州市内公交车站、周边城市地铁站、电影院
营销方式	• 在主要高速路口设置广告点位 • 在地铁站、公交站台、电影院入口等播放宣传视频
营销目标	• 扩大"人在草木间"民宿品牌知名度 • 吸引周边城市消费者关注，推动跨区域体验游，打造"两小时休闲旅游经济圈"

图2　传统媒体推广要点展示

3.1.3 新媒体整合营销助力打造湖南"网红民宿"

整合营销即以消费者为中心，研究和实施如何契合消费者需求，选择最优化的营销组合平台与民宿优势资源相匹配，将多种传播方式整合成一个低成本高效益的传播组合，使"人在草木间"这个品牌深入人心，从而让消费者产生消费冲动。具体设计如表2所示。

表2 新媒体营销策略

新媒体平台	平台特性	民宿主要推广点	推广设计
短租平台	·民宿预订的主要渠道	·室内装潢、环境展示	√撰写民宿推文 √邀请消费者试住 √利用平台发布订购信息
抖音	·使用门槛低，极易打造网红景点 ·涉猎范围广，从青少年到中年人均有用户使用	·民宿精致环境 ·茶墨作画活动 ·荷花薰茶活动 ·瑶家婚俗与茶礼 ·茶艺制作女书装饰画	√拍摄活动过程并上传 √住客在室内拍摄精致照片并上传
微博	·青年群体使用广泛 ·话题社区能灵活反馈住客建议	·民宿舒适环境 ·民宿精致环境 ·民宿住宿功能（如茶浴、茶枕）	√邀请旅游博主试住并制作入住攻略 √建议"人在草木间"话题反馈社区
微信	·用户群体广泛，中年人使用较多 ·微信公众号文章推送是一对多的传播，软文推广效果好	·民宿整体概况 ·前期活动整合 ·民宿动态更新	√借助知名民宿公众号发布"人在草木间"系列民宿概况 √建立自己的微信公众号，抖音、微信做的推广可在微信实现二次宣传

获奖等级：湖南省第五届大学生旅游专业综合技能大赛 省级二等奖

参赛团队：陈琼 庄静 吴乔 赵书 李菲

指导教师：黄渊基 刘幼平

茶文化主题餐厅商业计划书

1 餐厅概要

1.1 餐厅简介

烹茗阁主题餐厅，是第一家实现"以茶入食"的绿色餐饮企业，以健康为设计理念，强调餐厅与地方茶文化的融合，为顾客提供个性化定制服务。

主要经营范围有一人食茶餐、宴会、茶点茶饮及相关茶类用品。餐厅短期目标是尽快打入常德餐饮市场，树立品牌形象；长期目标是通过品牌效应和标准化流程，打造连锁主题餐饮企业。

餐厅主要有三大优势：①与茶农庄进行直接采购，减少中间成本的同时，为后续绿色生产与绿色服务保驾护航；②餐厅整体氛围设计与茶文化和常德地方文化相结合，以茶入食，为消费者提供营养健康菜定制服务，满足消费者个性化需求，树立餐厅品牌，打造全新业态；③创新服务，以体验为突破口建立与消费者的情感联系，增强消费者的品牌认可度。

1.2 餐厅选址

餐厅坐落于有"中国城市第一湖""城市环抱的水上天堂"之称的常德柳叶湖。常德市位于泛珠三角和泛长三角经济发展区域接合部，是东部沿海发达地区产业向中西部转移黄金地段，有"黔川咽喉，云贵门户"之称，是湘西北重要政治经济中心，经济较发达，环境优美，有"中国十大宜居城市之一"称号，也是一个盛产茶的城市。柳叶湖是常德市重点打造的旅游度假区，辐射区域内人口密集，交通便捷，是餐厅首选地之一。

2 市场分析

2.1 宏观市场分析

2.1.1 经济环境分析

根据统计局经济数据，2018年我国GDP达到90.0309万亿元，经济总量首次突破

90万亿,增速在世界前五大经济体中居首位,经济总量稳居世界第二位。与此同时,中国人均GDP接近1万美元,其中消费贡献率超七成。我国消费增量大,潜力更大。湖南省2018年GDP总量排在全国前十,居民人均可支配收入25 241元,比2017年增长9.3%,剔除价格因素,湖南的人均可支配收入实际增速为7.3%。

2.1.2 社会文化环境

随着经济和社会的发展,居民的生活水平不断提高,消费者对"吃"的要求也不断提高,更注重个性、注重服务、注重效率。消费者愿意为品质和服务付费,同时也要求更个性化的就餐体验,甚至希望能够在精神层面有共鸣。外出就餐对他们来说不再是为了果腹,而变成一种融合社交娱乐、"自我宠爱"功能的体验。目前国内市场呈现多元化,连锁化,规模化发展,运用黑科技、数字化技术提高餐厅效率和体验成为趋势。

随着网红经济的到来,网红餐厅层出不穷,但只注重包装营销而忽视品质和口味的餐厅仅能博一时眼球。餐厅的生命周期短暂,要保障餐厅的持久经营,文化的要素不可或缺,这促进了主题餐厅的快速发展。在新时代,茶与餐饮的深度融合是业态创新的体现,迎合了消费者个性化体验的需求。本项目以茶文化为主题进行餐厅设计,力求构建一个可供人们进行商务洽谈和各种社交活动的生活空间。

2.1.3 行业现状分析

我国餐饮业近年来保持稳定增长态势,餐饮业发展突飞猛进。据统计,2017年我国餐饮收入达3.96万亿,2018年首次突破4万亿元,年增幅维持在10%以上的水平,由此可见餐饮市场具有较大的发展潜力(见图1)。

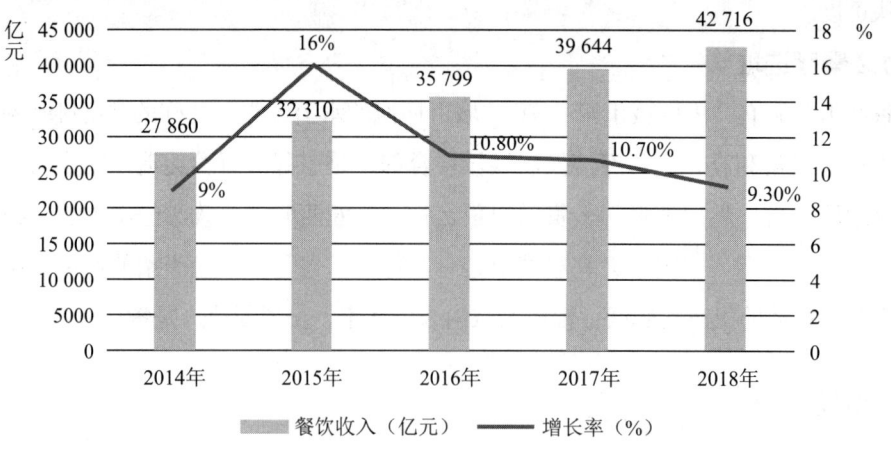

图1 2014—2018年中国餐饮行业规模发展状况

资料来源:中国餐饮大数据研究中心发布的《中国餐饮大数据白皮书》。

就湖南省而言，2017 年限额以上餐饮业营业额合计 300.78 亿元，90% 主要来自餐费收入。2016 年法人企业数 800 家，2017 年法人企业数 935 家，同比增长 135 家，从业人员同比增长 3909 人，为社会提供了大量的就业机会。常德作为湖南省副中心城市，2016 年法人企业数 65 家，2017 年法人企业数增长 5 家，虽增幅不大，但为常德市提供了大量的就业岗位。

2.2 市场细分

为了更好地服务餐厅顾客，提供差异化产品，按照性别和年龄对市场进行细分，以便确定目标市场。

2.3 目标市场选择

通过对市场进行细分和市场消费特点的分析，本项目将中青年女性和高端商务客人作为主题餐厅的目标市场，采用差异化产品策略为不同的目标市场提供针对性产品。

（1）中青年女性市场。随着我国社会经济和妇女权益保护事业的发展，自信、经济独立成为现阶段女性的标签，中青年女性是其中的典型代表。该群体拥有稳定的收入来源，消费能力强，愿意为个人的兴趣和健康付费，在食品、美容、康体等领域的消费占比较高。

（2）高端商务客人市场。一是高端商务客人消费能力强，对价格的敏感度低，更注重消费场所带来的舒适性、安全性、便利性和服务质量；二是消费倾向明显，除办公场所外，具有商务社交功能的餐饮场所是商务沟通与谈判的不二选择；三是品牌忠诚度高，关注消费品质，愿意为满意的消费体验付费且重复购买率高。

3 产品与服务设计

3.1 产品定位

3.1.1 健康化

餐厅以"健康"设计理念为基础，从菜单的设计、食材的选用和搭配，再到生产与服务体验活动的一整个流程中均体现健康理念，旨在打造健康餐饮新体验，满足目标市场个性化需求。

3.1.2 融合化

餐厅整体氛围设计除了融合茶元素：茶具、茶叶、茶水、茶画、茶书法外，还创造性地融入常德本土文化，如常德刘禹锡与茶的故事。

3.1.3 以茶入食

以茶入食渊源已久，至今已有 3000 年历史了，是古代吃茶法的延续。它益处多多，早在东汉《食忌》中就介绍了很多以茶入食的疗效。

3.1.4 标准化

餐厅每一道菜都实现标准化生产，建立标准化烹调明细表，让消费者看到每一道菜是怎么生产出来的，然后可以根据明细书自己制作。

3.2 餐厅设计与布局

3.2.1 餐厅氛围营造

外观建筑设计成类似于茶园的形象，给顾客营造出一种犹如步入茶园的氛围；内部装潢以茶馆元素为主，通过茶叶、茶具、茶桌、茶诗、茶书法具体体现；墙体背景以单色调为主，搭配刘禹锡的茶诗挂画；桌椅采用不同规格的实木型茶桌，在桌面上设置插花区，再加上独特的茶席设计，营造不一样的就餐环境；餐具使用白瓷、青瓷、紫砂等茶具进行烹饪和装盘。

3.2.2 餐厅布局设计

餐厅整体布局如图 2 所示，其中餐饮区按照主要目标人群特征，分为茶林小舍、茶林密友、茶知我心、以茶会友四个区域。

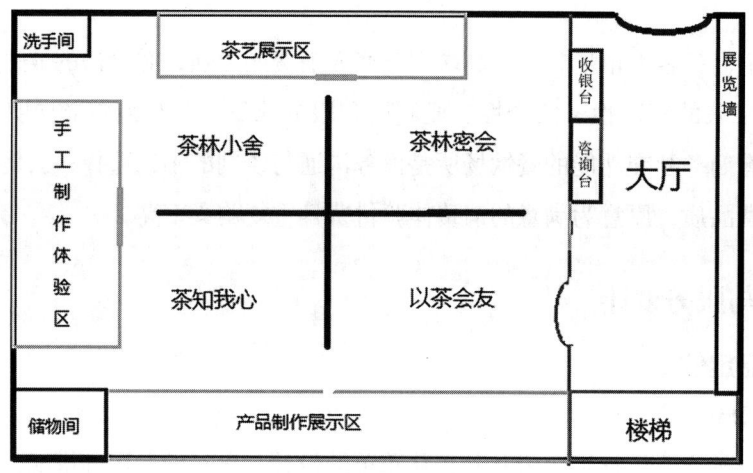

图 2　餐厅整体布局

3.3 产品体系

3.3.1 主题茶宴菜单

我国自古以来就有"不时不食"的讲究，即应季应时。因此，餐厅根据季节将主题宴会分为：春、夏、秋、冬四个系列，分别为：春宴——晴窗细乳戏分茶；夏宴——竹下忘言对紫茶；秋宴——素瓷青山潭饮茶；冬宴——旋煎白雪试新茶。

3.3.2 周循环套餐菜单

为突出茶元素,健康管理师基于健康膳食的理念,在零点菜单设计时,依据六大茶类的不同效用与食材进行搭配,且注重茶、水、具的搭配和消费者的体验,既突出健康又呈现美感。餐厅主推五大类茶套餐,主要包含果盘类、汤点类、荤菜类、素菜类和杂粮主食类,消费者可以选择不同系列的套餐组合,如一菜一汤、二菜二汤、一主食一果盘等。

3.3.3 茶饮茶点菜单

为突出少食多餐的健康理念,餐厅提倡一日五餐制,设立上午茶和下午茶营业时间,可满足不同时点进店客人的饮食需求。

3.3.4 健康管理定制菜单

根据《健康中国 2030 纲要》《中国居民膳食指南》中提倡的健康饮食理念,餐厅特聘健康管理师,为追求健康、轻脂健体的人群提供健康定制菜单。

此外,餐厅出品的菜均设置营养标签,消费者可对每日摄入的营养和热量进行有效监控。

4 市场营销

本餐厅以茶为主题进行产品设计,着力进行茶文化与餐饮的深度融合,根据目标市场的消费特征,进行精准营销和内容营销。

4.1 精准营销

4.1.1 爱茶人士的市场推广

餐厅以茶文化为主题,为喜茶、爱茶人士提供了一个社会化空间,突出与相关企业、组织协会合作进行联合营销,提升品牌知名度。

4.1.2 商务人士的市场推广

基于商务客人对价格的非敏感性和消费能力,采用与企业签订协议的方式,获取客源。

4.2 内容营销

4.2.1 抖音推广

邀请当红主播进行抖音小视频拍摄,将餐厅环境、特色茶膳的制作过程等呈现,并借助"常德发布"等拥有强大粉丝群体的政府官方抖音号发布视频,提高餐厅在常德的知名度和影响力。

4.2.2 微信推广

根据 2018 年数据,微信的使用人群已超 10 亿。鉴于微信的覆盖人群广、互动性强的特点,进行餐厅公众号的运营,除每日茶膳、茶事等推文发布外,公众号设置餐厅新品推送、餐厅预订、互动等专区,通过轻应用的方式与消费者建立联系,并方便收集顾客对餐厅的真实想法,及时了解顾客的反馈意见。

获奖等级:第一届湖南省酒店管理专业商业计划书大赛　省级三等奖
参赛团队:杨倩　赵丹　黄姿贝　张陆希　黄英
指导教师:易慧玲　刘幼平

"溪羽居"羽毛球运动网红民宿商业计划书

斯图·凤凰屿羽毛球运动网红民宿是一家定位于中端精品民宿客栈，致力打造一家休闲舒适且提倡环保健康理念的精品民宿，立志传播安化羽毛球文化，打造运动品牌民宿。项目主打运动+社交，融合健身、减肥、养生等理念，强调人性化、个性化和私密化，游客自由度、包容度强。

我们将民宿主人定位为有运动故事的民宿爱好者，精通各类体育运动，熟练掌握运动技能，提倡"主随客便"的待客礼仪，强调民宿主人文化，民宿主人既是您的朋友亦是您的导游。

1 方案亮点

"溪羽居"依托安化县羽毛球文化，拓展运动旅游休闲市场，以羽毛球奥运为主导，推广羽毛球运动，辅以健身、养生主题客房。各主题客房下，设系列体验活动。羽毛球奥运系列下设立羽毛球俱乐部，配备专业羽毛球教练，组织参观羽毛球训练基地等。民宿以自助形式居多，提倡主人文化，倡导个性化、特色化服务，民宿主人可以是导游，是教练，亦可以是民宿主人。

2 目标市场定位

按照属地原则，基于距离和组织方式分析，将目标市场选定为：从凤凰屿民宿所处地理位置，由近及远逐步向外拓展市场。以安化县为中心，向东拓展市场，从桃江逐渐辐射到益阳市区、长沙等地，打造三小时经济圈。通过产品线路的组合设计，开辟省外团队市场。

按照吸附原则，将旅游人群定位为：以热爱运动、向往自由、富有挑战精神的背包客群体，休闲自驾游群体，减肥养老健身的中青年群体为主，同时接待旅游团队、公司团建、国家法定节假日或周末自驾等以一日游游客为主的群体。

3 项目产品概况

3.1 项目规划

3.1.1 民宿整体规划

凤凰岛整体轮廓形似椭圆，为了打造中国唯一以羽毛球为主题的特色民宿，贯彻羽毛球精神，吸引一大批富含运动精神的旅游者前来体验，项目将整个景区按功能划分为五行五列的网状，酷似羽毛球拍的网。将进入凤凰岛的公路设置为羽毛球拍的杆子，公路两旁按间距穿插安化的市树（茶树）和市花（紫薇花），营造一种进入世外桃源的神秘感。游客也可以沿途采摘或购买茶叶，欣赏沿途风景。

沿滨江用不同颜色的自行车把球拍网的最外圈加以修饰，游客到达景区后可以环岛骑行或者运动，这样的设计可以利用航拍技术拍出惊艳的效果，达到产品预期。

3.1.2 民宿建筑规划

"宁可食无肉，不可居无竹"，整体民宿采取保留原来木竹质房屋结构，将山水林有机结合起来，实现人与自然的通融，不乏高雅品位，又区别于普通网红民宿，体现了中国传统。以原生态为理念，采取原石、原木、瓦片就地取材，放弃精细加工，质朴的天然材料搭配精致的人工手作家具，粗犷的气势中不乏精致和细腻，颜值、服务、价格综合发展，旨在打造自由舒适的环境，白天运动健身，夜间放松聊天。

3.1.3 民宿公共空间规划

餐厅：采取自助形式，开放式厨房，住客可自制食材，餐具、餐品体现羽毛球元素，羽毛球造型甜品，提供养生、减肥餐。

餐厅内杯具采用透明玻璃材质，杯子内层设计为羽毛球形状，外层印制紫薇花图案，当内部倒入有颜色液体，羽毛球形状便浮现上来。餐具在手柄处设计羽毛球样式装饰。餐桌采取加长设计，显示主人热情好客，椅子采用羽毛球样式沙发。

走廊：走廊两侧展示羽毛球运动员精彩时刻及个人简介，张贴周边活动与旅游景点的介绍。走廊放置羽毛球座位提供简便的休息，设置一面羽毛球 ins 风背景墙供拍照。

卫生间：卫生间内洗手液采用茶园采摘的茶提取物制作，洗手盅形成一个球拍上的网水龙头的形象设计成球拍的握把，整体体现羽毛球的样子。卫生间内放置茶香包，以净化空气。

健身房：室内设置小型的健身场所，有攀岩、台球、乒乓球、桌游、单车、滑板等，合理利用空间，组合资源。民宿配备专业的羽毛球俱乐部和羽毛球教练，每周发布英雄帖，举办羽毛球友谊赛，同时还有额外专业团队带领的户外活动。

3.2 特色产品服务

3.2.1 主题客房

（1）羽毛球奥运冠军房

安化县羽毛球历史文化悠久，是世界著名的羽毛球运动之乡，许多位世界、奥运冠军从这里走向世界，为凤凰屿设计羽毛球奥运系列房间提供了丰富素材。

奥运客房以安化县奥运冠军名字命名，房间又可分为奥运冠军房和世界冠军房，客房内悬挂冠军羽毛球拍、球服、写真海报。

安化羽毛球冠军的展览区设置在民宿入口处，展览冠军成长图，展示安化羽毛球冠军的地域分布、运动员生涯主要事迹、收集冠军手印等陈列展览。

体验活动设计：羽毛球创意俱乐部，俱乐部配备专业羽毛球教练，并定期邀请羽毛球冠军开展主题讲座，同时在俱乐部设置英雄帖，住客可凭房卡钥匙随时发帖挑战。

羽毛球联名动漫：运动题材的动漫一直广受好评，以女性运动视角为主角的动漫《轻羽飞扬》讲述了女生打羽毛球的动画，由此打造民宿羽毛球动漫墙，以卡通设计羽毛球人物，游客可自行绘画留言。

手作空间，用废弃羽毛球制作风铃、手工挂件。羽毛球三行行书，用简练精致的三行语言表达祝福、告白、牵挂以及对往事进行追忆。

（2）健身系列主题房

民宿从健身环境、餐食、集体活动三个方面营造健身减肥氛围。民宿设计采用莫兰迪色系，楼梯设置为"S"形，无形中增加运动步数，天花板设置吊环，单杠等设置简单健身器具，墙面用攀岩石装饰，哑铃、蹦床、体脂体重器随处可见，营造良好的运动氛围。此外，民宿配备齐全的健身器材以及专业的健身教练，供房客免费使用。

体验活动：根据需要，免费提供健身、减脂、塑形等课程，提供针灸服务，调整人体代谢功能和内分泌功能从而达到调理肥胖的作用，设置一系列指压板、平衡陀螺、障碍活动。

（3）养生系列主题房

养生客房风格简约，以米色调为主，房顶和地板都采用精心雕刻的木质结构，灯光设置为暖黄色，具有良好的照明效果。

我们将从空气、水、睡眠、低碳、体验五个方面打造绿色健康养生的原生态客栈。

将空气净化设备嵌入在客栈吊顶内，在不影响整体美观度的同时，采用物理手段过滤掉室外空气污染物，并使房内的污染物渗出，将清新空气送入房间。

建立独有的室内环境评价体系，民宿管理人员可以在系统后台针对每个房间进行科学、合理的调控。房客可以使用智能手机扫描房间内的二维码快速了解自己房间内人体舒适度、健康度以及睡眠指数的数值信息。健康客栈净水系统和杀菌消毒传感系统为房客提供放心的水源。纳米热能地板、安享磁能大床、活力汤泉疗愈空间结合法国皇室香薰以及五行音乐的加入让房客安享每晚精致睡眠。

体验活动：免费享受一次健康风险评估，进行体检，根据体检报告，专业的营养师将会给每位客人量身定制专属套餐。

客栈内的养生中心，以传统泰式护理、周天通调能量温热疗法、自然抗衰疗法（分为自体平衡荷尔蒙抗衰疗法和喜马拉雅盐腺体疗法）、泰式香薰疗法等多元疗养方式给予顾客原汁原味的泰式理疗体验。游客可以在室内通过播放特别的共振音乐冥想，让大脑进行深度放松。也可通过正念的方法融入按摩进行减压，减少忧虑。

4 旅游线路链接

为了更好地传播安化羽毛球文化，实现产业联动发展，项目整合周边资源，将"溪羽居"民宿产业更好地融入益阳旅游市场，规划了以下5条旅游线路：

益阳自由行：益阳古城墙—白鹿寺—山乡巨变第一村—茶马古道风景区—凤凰屿民宿—益阳奥林匹克公园

人文路线：韶山风景区—益阳茶马古道—凤凰屿民宿—凤凰古城

自然风光：常德桃花源—益阳茶马古道—凤凰屿民宿—溆浦山背花瑶梯田景区—怀化南华山国家森林公园

安化境内游：龙泉洞—雪峰湖—凤凰屿民宿—九龙池—关山峡谷

湖南境内游：崀山景区—凤凰屿民宿—张家界—凤凰古城—梅山龙宫

5 营销推广方案

5.1 线下推广

5.1.1 传统旅行社

选择周边城市或地区的旅行社合作，将凤凰屿和其他旅行线路相结合，如打造茶马古道·凤凰屿二日游、桃花源·凤凰屿二日游、凤凰屿健康运动之旅五日游等。与旅行社签订协议，旅行社半年或者一年之内带到景区的客人达到一定标准可以返点，推出团队优惠票价以及特色客栈优惠票价，也可以联系车站的客户营销人员在周边或者商业内部建立散客直销网点。

5.1.2 体育俱乐部

打造集运动休闲、度假体验、商务洽谈等活动于一体的高端体育运动俱乐部，以羽毛球运动为主题，囊括多个延伸运动项目。各类运动项目设施装备精良，按国际一流专业型运动项目设施要求进行配置。

与周边体育俱乐部建立合作关系，承办重大体育运动赛事及体育旅游项目，如：羽毛球公开赛、NBA 游、网球大满贯游等。

5.2 线上推广

5.2.1 微信公众号

通过公众号营销手段，每天选取游客分享自己的故事以及入住体验，制作成精美的文案发布。公司运营之前，通过用户转发寻找最幸运锦鲤。最幸运锦鲤礼品丰厚，可获得开业当天免费体验景区所有产品的机会，随着景区运营进入正轨减少抽取频率。

5.2.2 小程序

打开微信下拉界面获取凤凰屿景区吃喝玩乐的所有信息，还可以植入游戏，在玩游戏的过程中了解景区设施。通过附近的小程序增加曝光率，让附近的小程序显示凤凰屿小程序的信息。小程序可以向关注用户发送信息，让消费者准确掌握优惠活动及新产品信息；小程序中可以设置立减现金等功能，分享好友或群聊，用户和自己均能享受减金优惠。

5.2.3 微博

景区与安化旅游建设投资有限公司合作，并签订官方微博托管协议。调研发现使用微博的多为 18~24 岁年龄段的大学生等年轻群体，因此可以开展微博话题营销，结合羽毛球运动、民宿、大学生等话题，通过蹭热点、自创话题将羽毛球运动文化融入微博营销宣传（见图1、图2）。通过明星效应，与微博红人互动并让明星转发我们的微博文案，获得他们粉丝的关注。

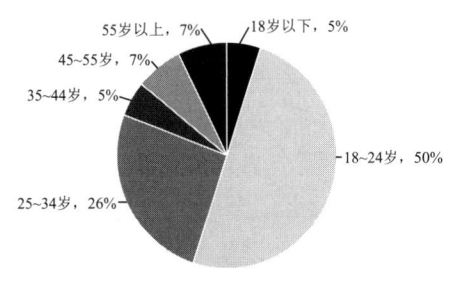
图 1　微博用户年龄

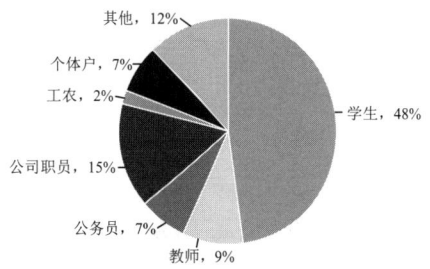
图 2　微博用户职业分布

5.2.4 抖音

组建一支专业抖音运营团队，制订周期计划，发布有新意的视频。邀请抖音红人前来体验入住，来网红地打卡。用户看视频通过抖音平台进入民宿预订界面可享受折扣，而且转发视频可以获得更多优惠。

获奖等级：第一届湖南省酒店管理专业商业计划书大赛　省级三等奖

参赛团队：李曾雯　吴淼源　沈晨　严雯雯　王丹妮

指导教师：刘进　李晓红

V-SHOW 非遗酒店商业计划书

1 项目概述

1.1 项目简介

本项目以95后、00后为消费群体,以岳阳丰富的非物质文化为纽带,以服务体验为核心,将VR等黑科技与地方传统文化有机融合,打造一个独具特色的非遗主题酒店。本项目在酒店现有市场分析、金茂集团产品结构以及目标市场精准调研的基础上进行策划,旨在突出主客空间共享、在地文化融合、服务创新体验等理念。

1.2 项目选址

酒店选址在湖南省岳阳市市中心区域。岳阳古称巴陵,又名岳州,为湖南省辖地级市、第二大经济体、省域副中心城市。建城始于公元前505年,是一座有着2500多年悠久历史的文化名城,位于江南洞庭湖之滨,依长江、纳三湘四水,江湖交汇,是一个资源丰富、区位优越、风景优美的地方。这里不仅是中国南北东西交通要道、国务院首批沿江开放之重地,而且是长江中游重要的区域中心城市、湖南首位门户城市。

1.3 酒店特色

让客人通过酒店,认识岳阳这座城市。无论是设置在大堂的非遗体验区、展示区、以当地非遗文化为主题打造的主题客房,还是根据相关传说设定的闯关情境,无不在向客人展示岳阳的自然风光和历史文化。

吸引当地居民前来体验,还原岳阳原真性。作为五大幸福产业之首的旅游业,在逐渐影响着人们的生活方式。旅游带动了经济发展,旅游的花费在国民支出中占有越来越大的比重。

打造多元空间,带给游客与众不同的体验。结合VR技术,给传统非遗文化注入新的活力。通过推出以非遗为主题的主题客房、文创产品、开设相关课程、打造闯关模块等多种方式,给客人以多重选择,让客人尽可能多地参与到非遗文化的体验中去。

1.4 品牌价值与定位

1.4.1 功能价值

本项目旨在营造"非一般的住店体验",除了提供舒适睡眠、特色餐饮等服务外,通过社交化、娱乐化、体验化服务项目,延伸对客服务内容,满足在店客人多元化、个性化需求。

1.4.2 情感价值

为强化与在店顾客的情感联结,将酒店所在地的文化特征以符合目标市场消费习惯的方式呈现,在满足其住宿的基本需求之外,充分利用酒店大堂空间,将大堂打造成共享式社交空间和非遗展览及体验区,突出社交功能和体验属性,通过酒店、住店顾客以及当地居民的参与和互动,将酒店作为在店客人认识一座城的窗口。

基于对项目品牌价值的分析,将"新奇的、个性的、在地的"品牌个性传递给酒店住客。

2 市场分析及问卷调查

2.1 宏观环境分析

2.1.1 政策导向

文化自信作为四个自信理论体系的重要组成部分,对弘扬和传承传统文化,推动文化保护提供了指导意见。非物质文化遗产是中华民族优秀文化和地域特色的集中体现,我国为非遗保护制定了系列文化战略,由上至下、由快而缓、由表及里,逐渐走出了一条具有中国特色的非遗保护之路。

通过创新方式将非物质文化的精髓和特色呈现,是非物质文化活化的基础。随着文旅融合大发展,文化和旅游部发文提出激发文化与旅游消费潜力的指导措施,产业创新融合为非遗与住宿产业结合提供了新思路,非遗主题酒店设立不仅与政府政策相适应,也是新兴客群消费的增长点。

2.1.2 社会文化环境分析

随着社会经济状况的改善,不同阶层、年龄的价值观念和消费习惯出现较大差异。青年群体作为不断崛起的消费力量,受圈层消费文化、新媒体互动娱乐等消费模式的影响,不仅注重特色和服务,更注重体验。新兴消费群体更愿意为产品的品质、服务以及自己感兴趣的东西付费。

住宿对大部分人来说不再是简单的睡觉,而是变成一种社交娱乐以及放松享受功能的体验。本项目以非遗文化和现代 VR 技术相结合设计打造主题酒店,力求为消费者营造一个舒适、极具体验感以及各种娱乐社交活动的生活空间。

2.1.3 经济环境分析

根据岳阳市统计局数据，2019年上半年，全市完成一般公共预算收入173.5亿元，是近年来收入质量最好的时期。

与此同时，经济总量稳步增长，居民收入持续增加。全市居民人均消费支出20 817元，比2018年增长10.7%。

由此可见，岳阳经济发展状况较为可观，且人均消费水平也处于递增状态。酒店服务业作为第三产业，发展前景一片大好，新型酒店竞争压力大，同时也具有很大的发展潜力。

2.2 行业环境分析

2.2.1 岳阳市现有酒店状况

通过对岳阳现有酒店市场的分析，可知岳阳现有酒店大部分以商务、休闲度假以及主题酒店为主，并未从年龄上对酒店进行清晰的细分，没有以95后、00后为目标客群的新兴酒店出现（见图1）。

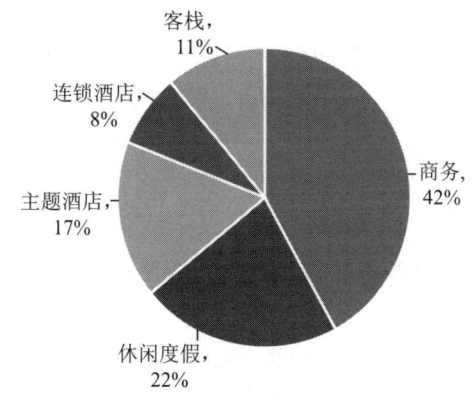

图 1 岳阳市酒店类型占比

从行业环境来看，住宿业已进入微利时代，具有地域特色的产品和内容成为吸引游客关注的焦点。该项目旨在将岳阳的非物质文化遗产与住宿业有机融合，用独特的文化氛围和吸引物，让宾客在接受服务过程中，引起情感共鸣，留下美好回忆，从而取得良好的经济和社会效益。该项目既是对非物质文化遗产挖掘、保护、传承和开发，同时也能让更多的年轻人通过参与、学习形成广泛的宣传，也是酒店融入地方获得市场竞争力的基础。

2.3 目标市场消费群体分析

2.3.1 消费客群自画像

该年龄段普遍消费水平偏低，月收入情况普遍在 2000~3000 元左右，但该群体容易被新鲜的事物吸引，愿意为自己感兴趣的和有口碑的产品进行额外消费，因此这要求酒店在打造低价客房产品的同时，还应根据该群体追求新鲜、个性、兴趣的特点打造特色的产品，从而吸引该群体自愿进行消费（见图 2）。

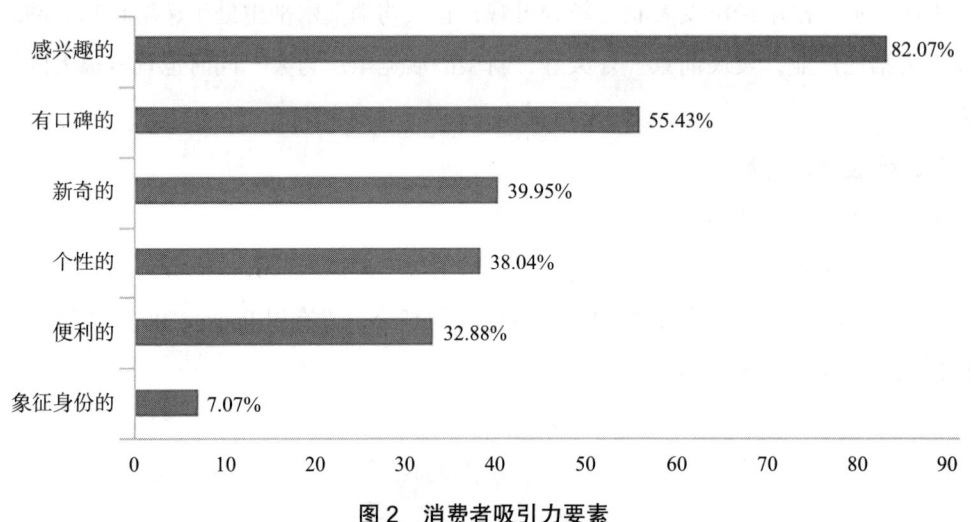

图 2　消费者吸引力要素

2.3.2 非遗认知度调查

对非遗有一定的了解，并愿意为其消费，该群体追求艺术特色，注重酒店的体验，好体验即好产品、好体验即好服务的理念已经根深蒂固（见图 3）。

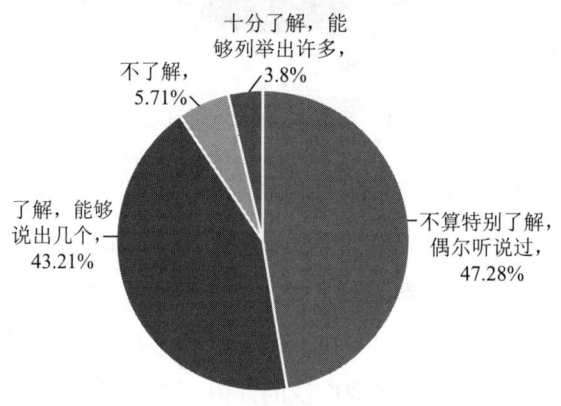

图 3　对非遗的了解度

2.3.3 营销触达方式

95 后到 00 后所使用的社交软件以 QQ、微信和微博为主，分别占到了总比的 84.24%、96.20%、77.72%（见图 4）。其中 19~22 岁年龄段的年轻人最为突出，娱乐消遣的软件以抖音和小红书等视频流量软件为主，因此，酒店营销可以从这些软件入手去推广，以小视频的形式进入客群对象的视野。

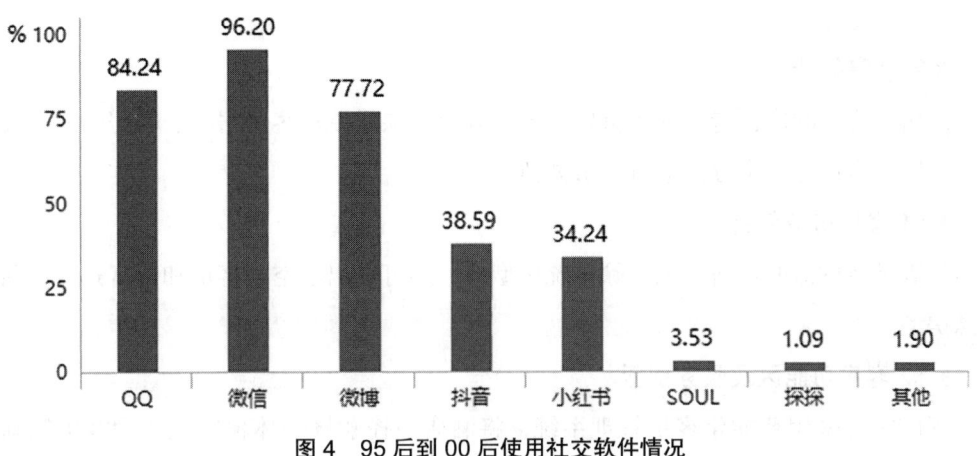

图 4　95 后到 00 后使用社交软件情况

目标群体获得及预订酒店的途径几乎都是网络媒体，如今已经是信息智能普及的时代，网络是推广产品的一个很好的媒介，酒店应该与网络媒体合作，扩大宣传范围，加大扩散速度（见图 5）。

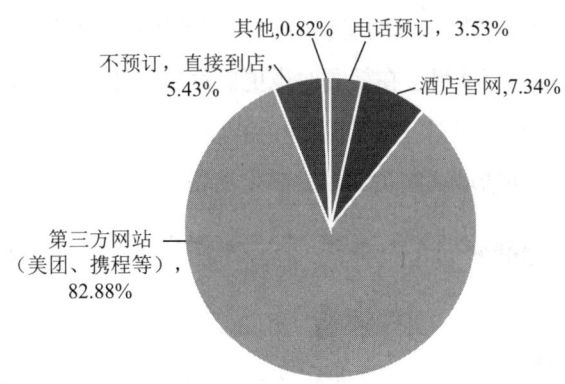

图 5　预订酒店途径

该项目主要目标客群定位在 95 后、00 后，分为三个层次，首先是省外客群，其次是省内客群，最后是本地客群。

3 产品服务与设计

3.1 酒店功能与空间

为了提高酒店的经营利润,提高非房收入,酒店在功能空间及布局上,强化对公共区域的有效利用,通过对大堂、VR体验区、餐厅等空间的利用,构建起多元化社交共享空间和新型零售空间。

3.2 客房创新

酒店客房是酒店创造收入的重要途径,因此,项目欲从客房房型、客房功能区及服务、主题客房设计三个方面进行客房创新。

3.2.1 客房房型创新

为满足多群体的住宿需求,除传统房型外,还打造出小空间客房和公寓式客房两种特殊房型。

3.2.2 客房功能区及服务创新

酒店客房采用智能化客房管理系统,将酒店声控触屏一体化电视作为客房控制中枢,并借助其提供更加便捷的客房服务。

3.2.3 主题客房设计创新

将主题客房分成岳韵、匠心和遗风三个系列进行相应的命名和设计。

3.3 产品及服务体验

问卷调查结果显示,半数以上的受访者在入住酒店期间希望体验地方美食、沉浸式互动游戏、地方非遗技艺等项目,在就餐时也更愿意参与体验类活动,且对VR娱乐产品有较大的兴趣。结合受访者的这些消费偏好,酒店在产品与服务体验设计中加入非遗课程、VR项目、餐饮体验和情境式闯关活动,满足消费者多元化、个性化的需求(见图6)。

图6 闯关活动

获奖等级：2020年湖南省酒店管理商业策划创意大赛 省级二等奖
参赛团队：彭姿 夏婉婷 向涛
指导教师：易慧玲 张宝辉

地博万物生，球源四季轮

洋湖地球仓作为全国首个湿地公园里的生态可持续综合体，是标准化、模块化的工业集成化装备产品。整体将木屋的自然舒适、集装箱的移动便捷、房车的科技智能、帐篷的生态野趣进行完美融合，给顾客提供一次难忘的场景消费，吸引了大量关注环保、科技、时尚的旅游达人以及以家庭出行、朋友聚会、伴侣约会为目的的顾客前来体验。

地球仓针对其旅居产品确定了"生态、移动、智能、人文"四大品牌内涵，而洋湖地球仓作为酒店系统则应该结合其所处环境——洋湖湿地公园，在延续主品牌的基础上，树立其自有分支品牌。为此，我们依托古人对自然观察所划分的四季，以一年二十四节气为切入口，结合各节气的特征，通过"食""睡""玩""悟"带用户去感悟自然韵律，塑造洋湖地球仓"有节奏地体验自然"的形象，在此基础上，我们以"地博万物生，球源四季轮"为品牌口号，在地球仓中通过结合四季与二十四节气的特点与文化设置活动，颠覆传统意义上人类利用自然、索求牟利于自然的习惯，赋予地球仓更深厚的人文气息。

本方案将目标市场定位于：有稳定工作且月均收入良好的家庭、情侣、朋友，工作压力大的中青年群体和湖南省内及周边城市四线以上的中高端收入群体。

1 创意概要

1.1 创意思路

以洋湖地球仓人文属性为出发点，人文气息浓厚的二十四节气为活动主题，赋予创意结构性支撑框架，再以树状心法为活动主旨搭配相应的玩法、食法、睡法三个系列表达，多层面的直观体验，递进式的理念传达，带给您不一样的旅居新方式！

1.2 市场支撑

通过访谈跟问卷的大数据分析，目前新型旅居市场前景可观，人文自然类依然是游客们的首选，优越的地理位置仍是一大助力。就洋湖地球仓所言，新型的旅居方式加上优越的地理位置已是掌中之物，人文自然的主题顺势成为当下的突破点。

1.3 创意表达

以二十四节气为时间跨度，以特色活动为主，加以睡法、食法的补充，多层面的直观接触与体验，递进式的理念传达，浸入每一个参与者的细胞里。

2 洋湖地球仓酒店营销的构建

本营销方案计划执行期为三年。

根据市场开拓规律和营销条件，首年主推四大节气体验活动，即雨水"收音大战"、夏至"一闪一闪"、秋分"寻宝奇遇"、小雪"奇丽新衣"，同时进行品牌形象升级，围绕"地博万物生，球源四季轮"的品牌定位和四大节气自然体验活动主题，设计制订前、中、后期营销推广方案。

第二年，根据市场反响和营销运营能力，在原有基础上，改进并增加若干个节气体验活动，如"品茶大会""狂欢水梦""叶子手工""梦回起点"，翻新营销推广方案，强化品牌形象。

3 洋湖地球仓酒店营销策划

3.1 前期方案

3.1.1 推广目标

描绘二十四节气自然画像，渲染"时令更迭""生生自然""终始轮回""人道归之"的自然观念，营造洋湖地球仓的"人文"自然气象，丰富地球仓品牌形象，为洋湖地球仓酒店"二十四节气主题自然体验活动"推波助澜。

3.1.2 推广思路

以新媒体平台为主要手段，综合多种推广方式，通过视频动画、推文、音频、传统广告等，以参与互动式推广活动，传播二十四节气"食法、睡法、心法、玩法"概念认知，将自然界生动的景色、声音记录到各种载体上，引发人们的兴趣和共鸣，为本年度洋湖地球仓酒店"二十四节气"主题自然体验活动造势。

3.1.3 推广活动

（1）二十四节气诗词飞花令

每个节气在微信和微博平台征集和此节气有关的飞花令，以二十四节气背诵表的关键字为"花"，粉丝在留言下对诗，点赞数最高的飞花令，酒店将给予奖励，并可以将飞花令作为活动宣传标语。

（2）二十四节气"自然印象"vlog 征集

新媒体平台征集不同民族、不同地方度过节气的习俗或者是当地的节气景色变化，粉丝制作成"自然印象"vlog 投稿到我们邮箱，高质量的 vlog 我们可以间接采取，给予粉丝奖励，邀请不同地方的人来洋湖体验节气变化。

（3）二十四节气推文"五联弹"

在微信推文中分五个主题板块宣传"二十四节气自然观""二十四节气心法交流""二十四节气深度睡眠""二十四节气食之味""二十四节气生活游戏"。

（4）二十四节气打卡积分

酒店会员可以在每个节气参与打卡活动，打卡形式可以是建议性的，如希望地球仓在哪个节气举办什么样的活动，或者上传与本节气相关的图文进行节气打卡，在酒店参加本节气活动进行打卡的积分为双倍。二十四节气积分将可以兑换免费的活动参与资格，可以用积分抽取大奖。

3.2 中期方案

3.2.1 推广目标

介绍二十四节气活动内容，在活动中生动体现自然与节气、人与节气、人与自然、人与人之间的联系，通过活动推广展现，提高地球仓的入住率和客房人均消费水平。

3.2.2 推广思路

在微博和微信平台上提前三到五天宣传介绍下个节气活动，布置阶段使用抖音平台以短视频的形式对每个节气的特征变化进行呈现，也可以将地球仓活动布置后的场景记录下来，吸引顾客，并给顾客留有准备参与活动的时间。在此期间，大家也可在平台下留言，提出对活动的期望和对节气活动举办的建议，根据顾客的需求做出适当调整，尽可能达到顾客期望值。

3.2.3 推广活动

（1）收音大战

在微信和微博上将活动具体内容进行宣传介绍，在抖音上传自然界下雨时的短视频，突出下雨声的治愈感，让人期盼自己去大自然感受一番，随后在广播台播放洋湖湿地下雨声的音频并进行活动宣传，聆听洋湖地球仓的声音，在留言下征集粉丝还想聆听地球仓哪些自然之声。

（2）一闪一闪

找专业天文摄影协会，在地球仓踩点进行天文摄影，将地球仓观察到的行星拍摄下来，在微博和微信上宣传，吸引天文爱好者在抖音上播放夜空的延时摄影短视频动画，让身处城市的人们在黑夜抬起头看夜空里一闪一闪的星星。

（3）寻宝奇遇

活动开始之前工作人员进行试玩，既可保障游戏的安全性，还可以将试玩时的视频剪辑成宣传片段，在抖音和微博上宣传推广。可通过微信详细介绍活动丰厚的奖品，在地铁站或者人流多的地点进行传统广告宣传，吸引更多的人来一场如爱丽丝梦游仙境的奇遇，结识志同道合的朋友。

（4）奇丽新衣

将酒店准备的"新衣"材料拍摄下来，让顾客在已有的材料上发挥想象力，再让工作人员体验活动，制作"新衣"，同时将制作过程拍摄下来，将制作完成的新衣穿在地球仓酒店门前的树上或者洋湖人流量大的地方，吸引公园游客眼球。将质量高的照片放在微博和微信上推广，把视频放在抖音上推广。

（5）二十四节气活动期会员成长福利

酒店会员可以在每节气参与打卡活动，打卡形式可以是建议性的，希望地球仓在哪个节气举办什么样的活动，或者上传与本节气相关的图文进行节气打卡，在酒店参加本节气活动进行打卡的积分为双倍。二十四节气积分将可以兑换免费的活动参与资格，也可以用积分抽取大奖。

（6）绿色积分

每个房间设定最大的用电额度和垃圾重量额度，在最大额度之下的房间，将按照最大额度－使用额度＝绿色积分额度，电积分额度×市场一度电的价格×50%＝绿色电积分，绿色电积分可以兑换相应金额的代金券。

3.3 后期方案

3.3.1 活动成果呈现和创意征集

每一节气活动举办完毕，把拍摄的照片和视频在平台上发布，并进行活动总结，让没有参与这次活动的顾客有心动的感觉，呈现出活动的特色，激发顾客对自然对二十四节气的向往，及对未来节气活动举办的形式的期望。参加的顾客，可以在此次活动总结下面进行留言，提出建议，对于有参考价值的建议，我们也将给予福利奖励；还可以征集更多有创意的活动，并对接下来要举办的活动进行铺垫。

3.2.2 购物福利

酒店和周边合作的商业企业将合作开发相应的购物产品，放在酒店的 App 和微信小程序上，可供顾客进行挑选，同时与周围的家具品牌开展产品合作，会将合作品牌的家具产品，布置到酒店的各个房间里，体现出各间房屋的特色，让顾客眼前一亮，若对酒店布置的家具感兴趣，可以在我们的平台上进行购买，会员还将给予优惠价和购物积分，积分可以直接兑换相应积分的家居品。

获奖等级：2020年湖南省酒店管理商业策划创意大赛　省级三等奖
参赛团队：唐含章　李梦玲　邓明明
指导教师：黄渊基　吴翠燕

武汉金茂"里优"解压主题酒店

1 项目亮点

本项目以 95 后、00 后为目标客群,通过问卷调查,对其压力状况、消费偏好进行了分析。基于此,以年轻客群为基础创设"小里"和"小优"两个 IP 化形象和故事情境,以压力释放方式为节点进行产品设计,以打卡体验活动为线索,将酒店的产品与服务呈现给年轻客群,将酒店盈利点从客房延伸到解压区、解压杂货铺等公共区域,提升酒店的盈利水平。

2 项目概述

2.1 项目背景

2019 年 7 月 24 日,《中国青年报》在微博上发起针对大学生抑郁症的调查,在超过 30 万的投票中超过两成的大学生认为自己存在严重的抑郁倾向,世界卫生组织也曾提出 1/4 的中国大学生承认有过抑郁症状。

大学生作为一个具有较高智力和追求的社会群体,在新的教育体制和就业形势下,比普通群体面临更多的机遇和挑战,也承受着更大的心理压力和冲突。

2.2 项目选址

武汉作为全国新一线城市,经济水平高,生活节奏快,社会竞争压力更大,在这种情况下人们所面临的压力问题就更加显著,同时由于人们的可支配收入、生活水平、教育水平都比较高,所以他们对于减压主题酒店需求及认可度相较于其他普通城市会更高。

武汉作为全国重要的科研基地,拥有 82 所高等院校,高校数量居全国第二,而我们酒店的主要目标客户是大学生群体,所以将酒店设在武汉对于酒店的发展是非常有优势的。

武汉又素有"九省通衢"之称,是国内最重要的交通枢纽之一。各方往来人员频繁,有利于我们酒店开拓市场,提升知名度,同时武汉在经济、科教、交通等方面的领先地位,符合金茂酒店的高端定位。

通过分析,将地址确定为湖北省武汉市洪山区东湖新技术开发区(中国光谷),原因如下:

(1)地理位置优越:附近有办公楼,商圈、居民区,距离华中科技大学、中国地质大学不超过1km,与武昌区各大高校间具地理区位优势,人流量大,对于酒店客源管理有巨大优势。

(2)环境优越:位于繁华的光谷商圈,基础设施完善,符合酒店定位。

(3)交通便利:有公交和地铁,出行方便。

3 市场分析

3.1 经济环境

2020上半年全国居民人均可支配收入15 666元,同比增长2.4%。武汉是首批中国优秀旅游城市,近年来人们旅游消费意愿明显增强,消费的增长也带动了酒店业的发展,同时人均收入的增加也为人们的文娱性消费提供了条件。2019年武汉市旅游总人数31 898.31万人次,同比增长10.80%(见图1)。

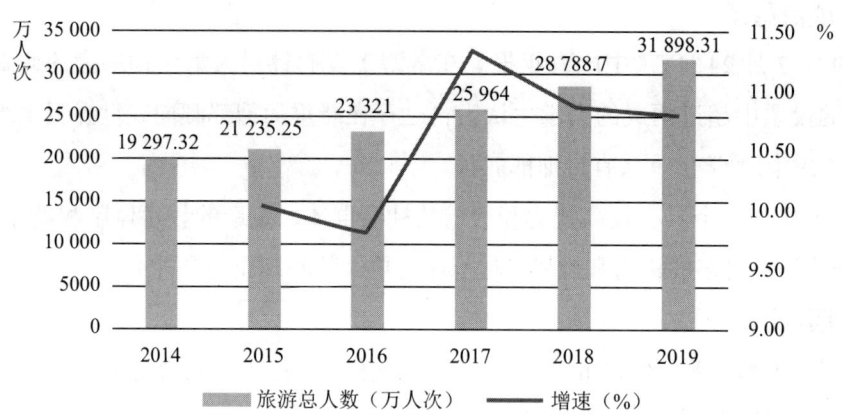

图1 2014—2019年武汉市旅游总人数及增速

3.2 政治环境分析

政府于近日开始实施的"健康中国行动"中专门设立了"心理健康行动"专项行动。

解压主题酒店就是面向有较大压力,但缺少专业的心理健康知识的客群,期望为他们提供更好的解压服务,以此来守护人们的心理健康。

3.3 社会文化环境分析

随着我国经济的发展，人民对生活质量的追求日益增长，与此同时，在较快的生活节奏与社会发展变化下，心理压力与冲突也日益凸显，心理健康成为国家与人民日益关注的问题。

3.4 压力调查

中国抑郁症患者年龄逐渐低龄化，且年轻群体更加关注自己的心理健康，愿意去寻求办法解决心理问题。

大部分大学生的压力来自学业压力、经济压力和人际关系。70%学生倾向于通过听音乐来缓解压力，另外，倾诉、运动、看电影和消费也是缓解压力的好办法。

大学生群体消费时更关注质量、价格与款式，这说明大学生的消费比较理性，而且注重产品和服务的质量。在选择解压服务时，他们更倾向于体验影片放映室、书吧、VR体验馆等活动。

4 酒店产品及服务

4.1 功能和空间

里优酒店提倡以理性的方式减压，在酒店大堂、餐厅、客房等空间的功能设计上融入"理性减压"的理念，并对不同减压需求的客人设置减压区域，使客人得到身体与心理上的放松（见图2）。

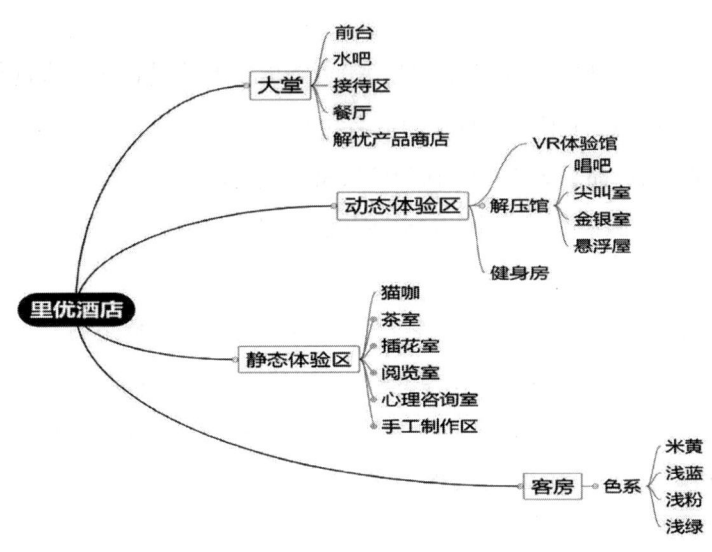

图2 空间结构设计

（1）大堂

主要由前台、水吧、接待区、餐厅、解忧产品商店等部分组成。

主要元素：米黄色淡雅感花朵壁纸、懒人沙发、榻榻米、木质水吧、木质书架、浅棕色木地板等为主要设计元素。

搭配色彩：奶油灰、米黄、浅棕等色彩的使用，致力于将人们的生活融入悠闲、温馨的氛围，家具也多使用木质材料，并用榻榻米、懒人沙发等元素将环境打造得更加慵懒随和。

（2）客房

本项目将里优客房分为睡眠空间、盥洗空间、解压空间等区域，在此我们准备了私人投影仪、榻榻米、懒人沙发、地毯、书单等服务。

本方案的客房设计充分运用色彩心理、音乐、香氛等元素，以达到最佳减压效果。

（3）解压区

在各个功能区之外单独设置一块休息区域，提供给不想参与活动的客人。休息区既然是一个供人休息的区域，那么也就相当于酒店空间中一个独立的空间，因此，应力求体现"似隔非隔，相互交融，尺度近人，形式灵巧"的原则。如采用休息设计组合、栏杆或矮墙、栏板或盆栽陈列等。隔断的高度，应充分考虑人们坐时的视觉感受，让人们在休息区可以更加随性，享受安静的环境。

4.2 产品服务及体验

（1）大堂

我们将在客人进入酒店接待区后，使用平板等电子智能设备对客人进行简单的问卷调查（见图4），在该过程中可以对我们的客房种类有所了解，且通过该调查我们会推荐适合的解压服务及产品。客人可以在智能设备上对客房与服务种类自行选择，随后可以在前台区域办理入住手续。同时，大堂还开设"解压便利店"，售卖减压小玩具。

（2）主题客房

"私人随心书单"服务：客人可在客房的小型书架中任意翻阅书籍，也可在我们提供的私人书单中选择喜爱的书，通过客房服务我们将书籍送至房间（见图5）。

"日记信箱"服务：客人可将自己的烦恼、压力来源匿名以日记的形式写下，投入客房的"日记信箱"中，我们将充分保护客人隐私。

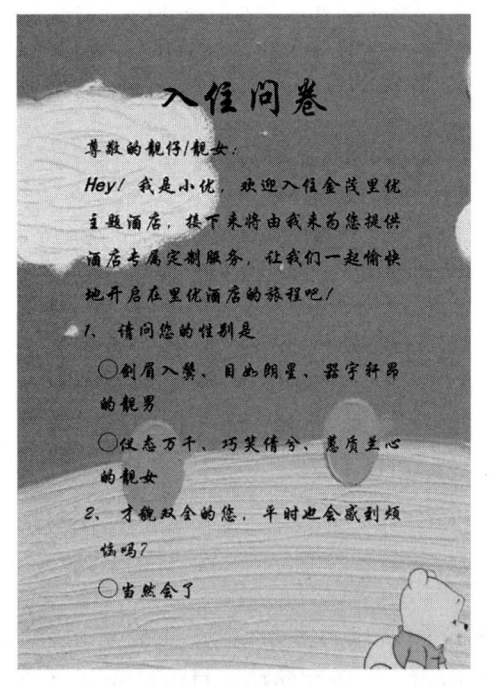

图4　入住问卷　　　　　　　图5　解忧书单

（3）解压区服务体验

①茶室（竹里间）。

茶室分为两个区域：一个区域提供茶艺教学服务，客人可以在这里学习到茶的分类、历史、泡茶的技巧；另一块区域提供下午茶服务，客人可以在这里品茶会友，也可以品尝茶类糕点。

②手工制作区。

客人可以带回自己的手工作品，或者放在酒店的公共展示区，酒店每月组织一次手工作品拍卖，将拍卖所得收益捐赠给抑郁症公益基金会。

③插花。

客人学习插花技能，或者制作干花书签插花作品，可自己带回，或者留在酒店。酒店将留下的插花作品编号，放在客房或者酒店的公共空间，也可作为装饰干花书签夹在阅览室的书籍中，让客人在阅读时感受人情味。

获奖等级：2020年湖南省酒店管理商业策划创意大赛　省级三等奖
参赛团队：贺帮悦　周文霞　罗娜
指导教师：易慧玲　李晓红

洞庭有我，春华由你

1 总论

1.1 项目名称

洞庭春华金茂大酒店产品设计方案

1.2 构思源起

南北朝诗人柳恽曾作诗《江南曲（汀洲采白蘋）》："汀洲采白蘋，日落江南春。洞庭有归客，潇湘逢故人。故人何不返，春花复应晚。不道新知乐，只言行路远。"本文案设计灵感来源于此诗，"洞庭"指代岳阳，"春华"寓意酒店客户群体定位；"洞庭有我"指岳阳有金茂酒店这一服务平台，"春华由你"指95后、00后能在这个舞台展示别样年华，遇见不一样的你！

1.3 项目简介

洞庭春华金茂大酒店坐落在岳阳市岳阳楼区汴河园路，总建筑面积近48 000平方米，层高26，位置优越，交通便利，距离高铁站、火车站较近。洞庭春华金茂大酒店设计豪华套房、商务标准房、标准单人房等共计298余间，餐位2100余个，有可泊车300余辆的电脑管理立体车库。六台观光电梯直达26楼，岳阳楼和洞庭湖的美景尽收眼底。

2 市场分析

2.1 目标市场定位

以95后、00后高端商务客人为目标，未来的奢华旅行不仅关乎对外在世界的发现，更关乎对内在自我的寻索。知名酒店人吴子枫说："对于'体验'一词而言，我们更倾向于理解为是对自我价值的实现，而非单纯的感官沉醉。"

2.2 客户群体画像

95后、00后高端商务工作者，注重生活品质的体验。主要客源地为岳阳、武汉、长沙、南昌等高校集中和创新产业相对发达的城市。在为这类人群画像时发现,他们除了希望体验奢华酒店提供的高品质设施服务外,还希望感受融入当地文化特色的酒店设计。这类人群追求返璞归真的环境、贴近自然的设计、健康养生的生活方式,希望在旅行中追寻更多的人生价值和意义。

3 产品与服务

3.1 酒店功能与空间布局

酒店拥有各类餐饮包房、中餐厅、大堂吧、爵士酒吧、国际商务会所、健身房、棋牌室、商场、洗衣中心、商务中心、委托代办、外币兑换、票务中心、出租车队等综合服务设施以及细意殷勤的超五星级服务,极尽商务之便。

3.2 前厅产品设计

酒店的前厅是酒店在建筑内接待客人的第一个空间,也是客人对酒店产生第一印象的地方。洞庭春华金茂大酒店以现代轻奢的风格为主,结合岳阳特色点亮局部,给人以美的视觉印象。

如果说室内是整个酒店建筑的延伸,那么大堂就是酒店的第一延伸体。大堂起着自动筛选人流和空间的作用,是顾客感受酒店形象特征的一张名片,成功的酒店大堂设计可以帮助酒店成功获得好的第一印象。

前厅应具备的功能要素:总服务台、总服务台办公室(包括前厅部、礼宾部等)、贵重物品寄存间、行李房、大堂吧、商务中心、商场、公共卫生间、展示柜区等,展示区往往居于酒店大堂的视角中心,摆放酒店的代表性雕塑、装饰画等镇店之宝,另外还有快餐和咖啡、临时休息场所、商务中心、小商店、花店、行李室等。

3.3 客房产品设计

利用后现代手法,墙上挂一幅中国山水画的传统书房里自然少不了书柜、书案以及文房四宝。中式风格的客厅具有内蕴的风格,为了舒服,中式的环境中也常常用到沙发,但颜色仍然体现着中式的古朴。

在功能设计上,除了满足酒店客房的基本功能,如休息、工作、学习等外,还要在有条件的情况下增加其功能布局,如客房阳台景观布局设计、增加酒店客房的情调等。

3.4 餐饮产品设计

中国人讲究外圆内方,餐厅整体以"方"来划分区域,垂直的墙体与隔断明显地把本次设计空间有序地分为包厢、卫生间、大厅、门厅四大区域,并使各个区域相互独立。"方":就餐大厅为大多数人用于普通应酬交际的地方,人们普遍圆滑,于是便用较多的"方"型设计来中和。"圆":选择包厢的消费者一般需要就餐环境具有一定的私密性,包厢内区域划分以整体的"方"为主,玄关、屏风、餐桌等运用了不少的"圆"形作为点缀,让消费者从心理上忽略空间分割的"方"型,空间区分简单明确。

3.5 康体产品设计

健身房主要侧重的是运动,因此其装修风格更偏功能性,不宜有太多的装饰,但可以配备绿植。健身房内由于人运动后视觉会有点涣散,因此,健身房内所有标志都应明确醒目,保证客人能一眼看到。为方便客人,可以摆放一台自动售卖机,售卖一些功能性饮料。

SPA会所主要以舒适为主,因此在空间功能和装饰布局上,整体和局部应协调,看上去大气简单,气质沉稳不乱,落落大方,空间距离自然亲近,舒适得体。

棋牌室的装修主要在于隔音,在房间墙上可以放一些关于岳阳的诗词歌赋,增加一些文化元素。

多功能娱乐室和棋牌室是在一起的,以娱乐为主,但是由于都是包间,因此不用担心互相影响。

3.6 会议项目规划

酒吧式、咖啡式、亲近自然式会议室可设置2人的木制圆桌或者方桌,5~8人相应规格数量的木制椭圆形桌子,这类桌子能让椅子彼此距离适中,不至于太远也不至于太近,能轻易转至方向,以便与会者能够礼貌地面对发言者。其中,6座与8座单独为一个小包间。太空舱式10~15人采用浅色石质的多种字形桌子,配备可转向椅子。

酒吧式、咖啡式会议室配备绿化植物相对较少,可在吧台、制作台前摆放适量绿植。太空舱式以及各式单独包间作为人数较多、规模较大的会议室,每个舱室应配备召开会议时所使用的电子设备,包括投影设备、影音系统设备、翻译设备、记录设备、灯光设备。

3.7 员工生活、工作空间设计

没有满意的员工,就没有满意的顾客。为员工提供情感密集型的服务,改善员工工作、生活的待遇和环境,也是提高酒店品质和质量的重要方法。

4 营销策略

4.1 产品策略

酒店应根据自身市场营销环境的分析和定位,结合营销战略目标,明确本酒店的核心产品,保证核心产品的质量、品牌知名度、产品包装、售后服务等。我们酒店的目标市场主要是95后、00后，其核心产品主要就是客房，因此，我们应该保证客房的质量，可以对客房进行组合销售，将客房产品与酒店的餐饮和康体产品进行组合销售，全方位地满足客人的要求。

4.2 价格策略

避强定价：避免与竞争对手直接冲突，在顾客心目中迅速树立自己的形象。

迎头定价：与竞争对手"对着干"，低档次的竞争只会在短期内奏效，必须迅速完善服务，使之演变为质量竞争。

重新定价：对销路不畅、市场反应差的产品进行二次定价，"知错就改"。菜肴、客房都有可能成为销路不畅的产品，要善于利用价格杠杆，随时调整。

4.3 宣传推广策略

（1）自媒体式营销

（2）借助 UGC 平台进行营销

（3）品牌和口碑营销

4.4 销售渠道

销售渠道主要有两种：线上和线下。线下主要就是酒店直接销售，而线上销售主要是通过网络，如以 OTA 平台为主进行营销，可直接给酒店带来 80% 以上的订单，尽管部分订单是酒店推广引流而来的。酒店推广和订单需要同时进行，在预算有限的前提下，需要合理分配好两者的配比，且酒店在不同的生命周期，两者的分配比例也应该有所区别。

4.5 酒店客户关系策略

由于酒店行业的特殊性，客户关系管理必须贯穿于酒店经营管理的全过程。酒店客户关系管理可以在四个方面采取措施：识别客户、建立客户关系、维护客户关系、提升客户关系。通过客户关系管理，最终达到"客户满意、酒店盈利"的"双赢"目标。

5 财务分析

5.1 融资计划

目前，岳阳市城区共有酒店80多家，其中正常营运的星级酒店有27家。这27家星级酒店中，四星级5家（南湖、云梦、泰和、国贸、华瑞），待评星级但基本达到四星级或以上标准的有3家（阿波罗、岳阳大酒店、格兰云天），三星级以下19家。市政府第54次常务会上正式通过鼓励新政，率先进驻岳阳的前5家五星级酒店将获得财政、土地等方面的优惠政策，并享受报批环节"绿色通道"待遇。洞庭春华金茂大酒店占地面积约为 4.8 万平方米，每平方米造价约为 8000（含相关配置）元，土地购置 3 亿元，项目融资总预算为 6.84 亿元。

5.2 财务预测

5.2.1 财务假设

酒店不临近优秀自然景观、知名地标建筑物，土地成本减少。根据现实基础、能力、潜力和业务发展的各项计划以及投资项目的可行性，经过分析研究采用正确计算方法，本着求实、稳健的原则，并遵循我国现行法律、法规和制度，在各主要方面与财政部颁布的企业会计制度和修订过的企业会计准则相一致。存货控制采用先进先出法，末期存货按下期销售收入的 10% 提取。

5.2.2 成本预测

固定成本 = 折旧费 + 财务费用 = 资产原值 × 净残值率 / 预计使用年限 + 贷款额 × 贷款利率，约为 5410 万元。

运营费用包括人工成本、能源消耗、消耗品和物品报销、洗涤、维修、管理费（特许费用）、销售、营业税、餐饮成本等其余成本费用，估算约为 7000 万元。

营业总成本约为固定成本与运营成本之和，总计约为 12 410 万元。

5.2.3 利润预测

酒店为有物业出租的酒店，按照营业收入的 38%~42% 计算，酒店经营利润约为 7359 万元（收入 19 104 × 38%）至 8023 万元（收入 19 104 × 42%）。

营业利润 = 全年经营收入 − 运营费用 =19 104−7000=12 104 万元

利润总额 = 全年经营收入 − 营业总成本 =19 104−12410=6694 万元

所得税 = 营业利润 × 25%=12 104 × 25%，约为 3026 万元

净利润 = 营业利润 − 所得税 =12 104−3026=9078 万元

5.2.4 现金流量预测

每年折旧额 =8 亿元 /50=1600 万元

每年净利润为 9078 万元

每年的营业净现金流量 =1600+9078=10 678 万元

5.3 企业估值

采用收益法，预估企业价值约为 6.8 亿元。

5.4 财务评价

经财务分析计算本项目正常可实现利润总额约为 6694 万元，利税总额为 9720 万元，投资利润率约为 13.6%，投资利税率约为 16.2%，财务内部收益率约为 13%，静态投资

回收期约为 8 年，借款还期约为 7 年。投资效益较高于国民经济平均水平，经济效益从财务分析显示也是较好的。

6 风险分析

6.1 风险识别

财务风险：在生产经营活动中，很有可能出现收不抵支或发生亏损。

股市风险：当公司没有负债或者负债金额较低时，即使某一时期公司所处的经济环境发生衰退，造成公司息税前利润的减少，公司股票的每股收益也不会有太大变化，但是，在公司过度负债的情况下，相对而言，公司股票的每股收益下降的幅度会大得多。

筹资风险：负债经营会让酒店继续采用负债筹资的困难加大。一方面，因为债权人在决定是否借款时，首先考虑的是借款酒店的资产负债率；另一方面，由于负债经营的不确定性，很有可能到期不能按时还本付息，降低酒店信誉。

融资风险：采取负债经营后，股东实际作为债权人的代理人能够决定酒店如何使用借款。在这种代理关系下，债权人作为资金的实际所有人却不能支配这部分资金，债权人所承担的风险和获得的收益是不对等的。

6.2 防范和降低风险对策

确定适度的负债规模：既能很好地发挥负债经营的作用，又能规避负债经营所带来风险的负债规模。

确定合理的负债结构：在决策过程中，能保证酒店在一个营业周期内需要归还的负债水平小于或等于该酒店的营业净现金流量，在该年度内酒店发生筹资困难时能够保证有足够的偿债能力，这种负债结构也就是合理的。

酒店应在正确认识筹资风险的基础上，重视筹资风险的影响，掌握筹资风险的防范措施，使酒店既获得负债经营带来的财务杠杆收益，同时将风险降到最低，使负债经营更有利于提高酒店的经营效益，增强酒店的市场竞争力。

其他风险规避措施：控制人工成本，因涉及员工的利益关系，要恰当处理；控制投入成本，使用耐磨经济的材料；培养"一岗多能"的复合型人才，为酒店缩减人员编制提供途径，也能锻炼员工能力，为培养合格的酒店管理人员创造条件；利用品牌，服从管理。

获奖等级：2020 年湖南省酒店管理商业策划创意大赛　省级三等奖

参赛团队：闫欣　彭苇怡　李钰秋

指导教师：姚先林　刘进

Outer & Our Space

1 项目简介

新材料以其"生态、环保、节能、健康"的特性,成为酒店未来升级不可或缺的资源。但值得注意的是,"新材料"在未来酒店的运用,应兼顾新性能与年轻群体的特色化、个性化、情境化心理需求。本项目立足于新材料,以"新材料"+"新科技"打造"外太空"场景,瞄准95后、00后群体的社交化、娱乐化、圈层化的需求特点,赋予酒店"轻休"新理念,突破传统"以住为主"的界限,坚持"反客为主",为年轻群体提供集结兴趣、实现精神休闲的新空间。

2 项目特色

2.1 构筑太空生活新理念

人类对太空的想象从未停止,年轻者更甚。在琐碎的日常生活中,酒店辟出一块空间,让客人度过一种充满未知与幻想的生活,谓之"第三空间",有别于家的熟悉、工作的烦累,是一处伴随着创造、表达与协作的成长空间。将这种生活方式引申为"轻休"概念,一种非传统休闲,注重精神发展与互助娱乐,一种追逐梦与兴趣的玩味。目前国内暂无太空主题酒店,我们所给予的也并非一家简单的太空环境酒店,而是倾向于借助外空间,提供一种享受新的别样生活的场景。

2.2 瞄准新生代圈层需求

针对新生代的中坚95后、00后打造,以问卷、访谈和网络文本分析为手段,围绕其以"共同志趣"聚集文化圈层、乐于社交与自我表现、钟情于玩乐和独特创造的群体心理特征,以新奇、多元、情境化、体验化和共享原创的产品与服务来迎合其诉求。

2.3 运用科技+新材料赋能

酒店建设以新建筑材料为主,低碳、环保、健康,且酒店产品多融入智能科技,给人十足的便捷感、舒适感和科技感。运用5D全息投影结合VR、太空螺旋送餐轨道、智能家居、漂浮水疗舱等高科技产品并融入太空景象与大众的想象，剔除晦涩遥远的太空刻板印象，拉近客户距离，打造亲近大众的梦想中的太空生活圈，畅享沉浸式太空旅游。

2.4 营造全方位沉浸体验空间

酒店位于上海天文馆旁，与之形成同主题下的体验内容与方式的互补，构筑地域文化圈层，搭建联合体验场景，打造上海太空文化消费属地。店内利用全场景剧本杀、VR游戏、轰趴交友、太空手创、专享星际游泳SPA体验、多感游戏失重餐厅以及智能助眠客房，打造多感官体验和情景式互动，通过主客共创不断更新体验内容，实现共享创造与消费循环的双赢局面。

3 目标人群：中高端的95后、00后群体

理由一：金茂酒店本身拥有雄厚的资金实力，并且一直聚焦于当代主流旅居高端及新生代客群的需求。

理由二：根据95后消费研究报告，发现95后倾向于高消费和超前消费。据相关统计，95后人群占中国线上奢侈品消费者的比例高达59%。成长环境优渥，可支配收入较高，95后更敢消费。

理由三：95后和00后更注重体验式消费，更有可能在我们的酒店发生高消费。有数据显示，55%的Z世代认同花钱是为了开心和享受；54%的Z世代愿意为此支付更多的费用。娱乐消费的意愿比其他年龄段群体高。

4 需求特点分析

购：95后易冲动消费，重在体验；喜欢新鲜并且有内涵的产品；愿意为兴趣买单，喜欢有故事或能代表"我"的品牌。

娱：95后热爱娱乐，奉行"娱乐至上"的理念，他们乐于接受各种新型娱乐方式。00后泛娱乐特征显著（其核心是IP，或故事，或角色，或者其他任何大量用户喜爱的事物），看重社交和互动性。

住：95后群体注重体验和舒适感，追求性价比。在出行游玩时，订房格外注重住房品质、环境与舒适感。对于酒店住宿来说，00后消费者比95后更看重住宿体验感好的酒店。

食：95后注重体验和品质，热衷美食。在食品消费过程中95后人群考虑的是餐厅环境、情怀、风格是否符合自己的style。在餐饮选择中，格外看重食品本身的味道和

品质。00后爱分享就餐体验,要求餐厅环境好,出品摆盘美观,甚至餐盘杯子颜值都要高。

5 品牌价值与定位

5.1 功能价值

致力于创设一处太空主题的文化圈,追随95后群体的相关兴趣点,源源不断地注入原创素材、体验与设计,唤醒年轻顾客的创造欲望,提供展示与共享平台,以顾客自我驱动带来酒店文化内容与作品表达的裂变,同时锁住顾客需求。

以兴趣为支点衍生社交圈,借助情境体验游戏App"星运"、变装社交派对、互动VR游戏、组队剧本杀等,实现线上线下协同社交,扩展交友体验,强化酒店体验功能。

突破酒店传统住宿功能,强化休闲娱乐属性,倡导"不只是住"的新理念,结合当下年轻人热衷的新玩法,以自主创造、互动参与、虚拟技术支持与新材料支撑的极致体验为号角,为年轻人献上发现新休闲的打开方式。

以增强传统酒店模块功能、提升服务品质为目标,应用智能入住、智慧睡眠、智享SPA、智慧餐厅,升级酒店传统功能效用。

5.2 情感价值

异域空间:太空生活圈,相处模式不同,将某些社群的交往方式,运用其中。不同于传统酒店的存在,酒店以休闲、娱乐和不同寻常的生活为主要功能,住宿功能退居其次,倡导"不只是住",立意于打造一种全新的体验环境和生活方式。

反客为主:太空不是谁的领地,而是属于每一个人的,酒店方也不能主导或以主人自居,而是制定公约,共同遵守;客人自主探寻,创造着空间、氛围、圈子,导演着太空生活剧情;客人能够找到自己想要的、平时丢失的东西,寻回那个最初的自己。

5.3 酒店名称

Outer & Our Space 轻休酒店

捕捉独特的95后社群生态,他们在面对城市生活与工作压力时,渴望与志同道合者进入一处精神家园,循着兴趣与热爱,营造独属于他们的理想世界。

Outer & Our Space 意为"外太空·我们的空间",命名理由之一是本酒店选择了对年轻人而言极富幻想与异域色彩的、象征着"未知与未来"的外太空环境为主题元素,另一理由是酒店将供给一处属于年轻人自己的家与工作以外的"第三空间",这里有他们所爱的天文、宇宙、科幻影视与动漫话题,有年轻人钟情的星空浪漫,有所爱的国家航空、航天事业,有超燃的星际游戏、太空剧本杀与外空间社交派对以及发挥无尽想象的"异文化"手作空间，这里是兴趣集结地，是志趣相投、打怪升级的友圈，是共同演绎热爱的新生活场景，是一种精神的休闲，故以"轻休"名之。同时，为营造不一样的"第三空间"，酒店应用各种新型材料烘托环境，结合巧妙艺术设计充分彰显材料性情，极力塑造"另一种"体验可能。

6 设计思路

不同于一般的酒店，本酒店倡导"不只是住"，以休闲、娱乐和不同寻常的生活为主要功能，营造全方位沉浸体验空间，让这里成为客人除家与工作地之外的"第三空间"。

主张一种非传统休闲，注重精神发展与互助娱乐，主张追逐梦与兴趣的玩味，实现精神的休闲。

设计了除传统功能区外的购物区、交友区、创作区和游戏区等新功能区域，通过"线上线下交友组队参与""剧本发展推动酒店体验"以及"社交 IP 融洽交友氛围"等设计来强化客人沉浸体验。

运用科技＋新材料赋能，打造逼真的虚拟外空间场景。

7 酒店整体设计

7.1 酒店外观

外观设计：椭圆形打底与三角形相融合。灰褐色三角形，外部破碎凌乱且富质感；米白色椭圆，顶部颜色逐渐与三角形渐变相容。

新材料选用：墙体主要运用微水泥，顶楼采用聚碳酸酯。整体外部配置 LED 洗墙灯实现楼体亮化，打造标志性建筑。

象征：破碎的家园转到宇宙飞船上，启动逃离计划，进行太空生活之旅。酒店整体如一艘船，三角形则是帆。酒店正引领未来的时代潮流，贵客则是潮流的带动者与大众的领先者。

微水泥：微型骨料、高性能水泥，聚合物、色素等组合而成的外观和水泥或者抛光混凝土非常相似的一种装饰涂料。价格远比抛光混凝土便宜、环保、耐用不易开裂、施工灵活、有质感，可以运用到任何场景。

聚碳酸酯：透明材料，与玻璃相比重量轻三分之一、强度大 250 倍、价格便宜 3~4 倍、保温性高 60%，能大幅度降低室内温室效应。不需要任何额外调整，能阻挡 100%的紫外线。能选择想要的颜色并且可以配置 LED 灯光，达到广告墙的效果。

7.2 酒店内部架构

酒店内部：分为接待区、购物区、创作区、休闲娱乐区、餐饮区与客房区，共4层（见图1）。

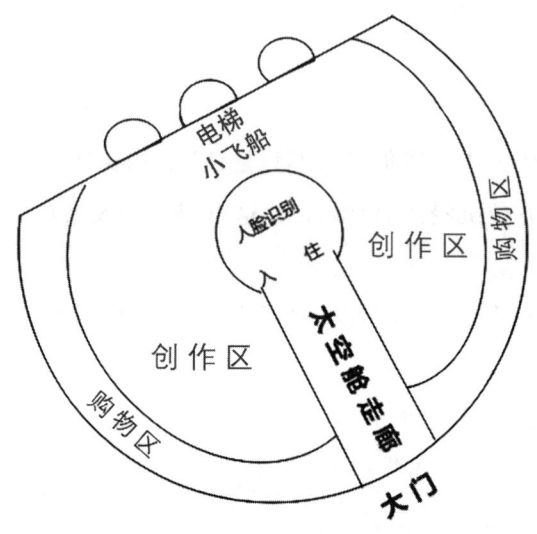

图 1 飞船主舱平面图

客房作为私密空间，分布在三角形部分（三、四楼），其他功能区为主客共享。其中接待区（含人脸识别入住、太空舱走廊、大门等）、购物区和创作区位于一楼飞船主舱，二楼为休闲娱乐区和餐饮区，客人乘小飞船（电梯）去往各个星球（每个楼层按星球特征元素主题设计）。

8 酒店功能与空间

8.1 飞船主舱 / 人脸识别入住区 & 购物区 & 观赏廊 & 创作区

入住区：位于太空舱走廊尽头，采用智能人脸识别入住，安全快捷。

购物区：围绕酒店一楼大堂设计环状长廊购物区。首先，主打"太空文创产品"，除酒店自行设计产品之外，客人制作的文创产品，可放此售卖，价格、署名和寄语按意愿而定。从售卖之日起，两年之内未销售出去，按约定寄回或爱心捐赠。审美观因人而异，在人海中找寻心有灵犀之人。满足客人购物欲的同时，创造欲望、刺激与期待。其次，提供轰趴馆、主题派对、服装出租与销售，体现酒店内大循环优势互补。

购物观赏廊：一楼大堂最外层，设计购物观赏廊。走廊外墙运用全息投影，模拟飞船太空飞行的景象；里墙则挂有太空主题画作，空间利用极富艺术感。

创作区：一楼飞行主舱中部为月球创作区，外层球面墙体区域运用聚碳酸酯，打造半透明月球培育舱外壳包裹的效果。全层配置软木地板。"创作"就像太空培育舱培养植物一般,这里是培养与打开大众对太空的新认知与新世界,孕育一个书香小世界。

8.2 月球创作区 / 新材料

材料与设计:一楼飞行主舱中部为月球创作区,外层球面墙体区域运用聚碳酸酯,打造半透明月球培育舱外壳包裹的效果。全层配置软木地板。

书屋:木质系列书柜、桌、椅。配置藤蔓缠绕、繁花点缀的吊椅,桌上每日更换鲜花(花草、书香气)。

文创产品设计区:墙壁使用纯黑烧杉板,在此上面涂鸦。运用艺术的手法,夸张、渲染、描绘出与月球的相关神话传说的故事情节等(天狗食月、水中捞月、嫦娥奔月等)。

8.3 休闲娱乐区 /VR 游戏区

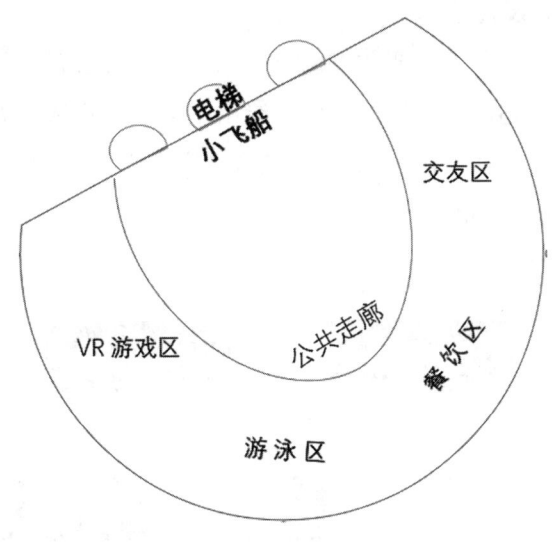

图 2 休闲娱乐餐饮区平面图

红褐色三边对开的耐候钢智能门,极富神秘感与刺激,分为成人区、儿童区、家庭区。

成人区以放松减压型为主,可以在虚拟世界中满足消费者的精神需求,发泄情绪、寻求刺激和快感(VR 动作射击、拳击、体感舞蹈等)。

"玩"是小孩子的天性。在儿童区体验梦寐以求的游乐项目和相关益智游戏,让人身临其境,且无安全隐患,孩子开心,家长放心(VR 益智游戏、海盗船、过山车、滑雪等)。

家庭区以团队协作为主,由家庭成员、朋友组队完成,旨在培养团队合作精神以及家庭朋友之间的默契度，增进彼此之间的感情（VR 荒岛求生、火星救援、太空种植等）。

8.4 休闲娱乐区 / 火星交友区

设计思路：体现在 cosplay 服装派对厅，客人穿太空元素服装（租借或自行设计或购买）参加派对，进行艺术思想的碰撞，结交更多有趣的人。

用裸眼 5D 技术展现出沙漠地表、红色天空、相应时间蓝色的日出与日落，实现时间与空间的转变。中央配以微水泥搭配颜色设计峡谷 T 台。以电子技术、软件技术和 5D 设备相互配合创造出模拟的环境，踩在地表时出现沙子的触感，通过光影颜色的差距出现凹陷感。

9 软件与体验流程

9.1 "星运" App 设计

星运 App 线下板块设计：场景为酒店三维实景，店内宾客呈现三维立体形象，具有匹配玩家、实时定位追踪、依据所处位置给出剧本杀模式选项等功能，玩家可选取其中一种模式进入，赋予剧本杀新角色。再结合现实完成任务，收集碎片，不断解锁剧情。最后集齐碎片、赢得奖品。

9.2 宾客体验流程

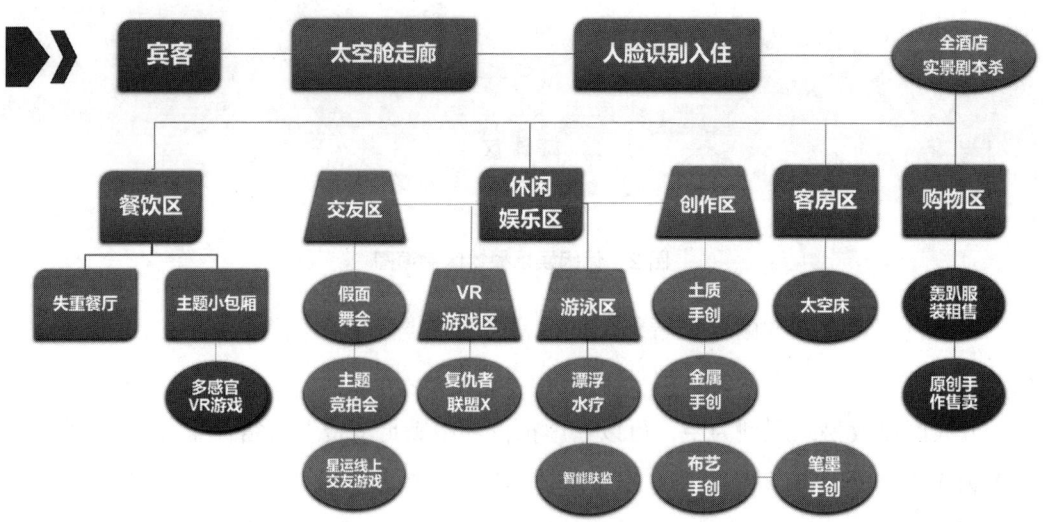

图 3　宾客体验流程图

10 产品与服务体验

10.1 《星之后裔》实景系列剧本杀

共同背景：地球能源枯竭，人类被迫乘坐宇宙飞船寻找新家园。因所剩能源快无法支撑飞船正常飞行，玩家化身"星之后裔"在酒店寻找新星能源并发生一系列奇幻之旅。

客人可根据酒店游戏软件"星运"玩转线下"星之后裔"实景剧本杀。游戏开始前，客人填写"年龄、性别、组队人数与关系、最喜欢的颜色"。共同背景下，系统根据信息随机分配系列、角色与结局。

提供系列：科幻、爱情、家庭、青春、武侠等，每个系列包含多个剧本，每个剧本根据颜色的选择，有着不同的结局。

10.2 交友/线下

"星轨相遇"——假面交流舞会：万物都有轨迹，最美的交集是遇见。

每周举行两次太空主题假面交流舞会，顾客可在酒店挑选或自行设计服装和面具参加舞会。

活动前期，自行带舞伴并对单人参与者编号，抓阄挑选舞伴；前中期任意时间点，主持人开启星轨相遇：关闭现场所有灯与音响，主持人引导，三分钟内通过肢体触碰寻找最合适的星轨（通过言语来确认对方，如果未找到将接受惩罚），灯亮后与相遇同伴共舞并完成系列破冰磨合游戏，则为相遇成功，获得舞会奖励。

"来自新星的你"——次元主题竞拍会：自从遇见你，我便很欣喜，因为我们来自同一个新星。

世界不仅有三次元，还有二次元。不同的次元因不同的欢喜划分不同的"新星"——流派。

每周一次次元主题竞拍会。顾客进入会场，根据服装寻找与自己相同新星的伙伴组成队友。通过抢答题的正确率和默契度竞拍富有星际元素的次元文创产品。

10.3 交友/线上

"星运"——酒店线上交友游戏：茫茫星系，光是遇见，已很幸运。在星系中通过寻找能源碎片，结识朋友并一起闯关。

身份标识：在店与离店客人、到店与未到过店的客人，都可以在线查看所有人的相关身份，以便顾客寻找合适的好友。

线上连接线下：寻找能源分两种形式：线上与线下（线下比线上完成率高80%）。

线下：可通过线上交友后线下联系或者通过实时定位进行匹配、组队或单人进行交友，体验酒店实景"星之后裔"剧本杀。

师徒：玩过线下游戏并顺利闯关的老手玩家，具有收徒弟的资格。通过带小萌新顺利完成游戏后，获得一份师徒礼包。

10.4 创作区体验活动

创作区按材料工艺分为：土质区、金属区、布艺区、笔墨区。

土质区：超轻黏土、树脂黏土、泥塑。

金属区：花丝镶嵌、铁画。

布艺区：酒店提供基本的原料产品、设施设备，并搭配科技现场教学。客人可设计服装、鞋帽、床帐、挂包、背包和其他小件的装饰。

笔墨区：主要分为书法和绘画两种。酒店提供的材料可以满足多种绘画形式，如：水墨画、油画、丙烯画、铅笔画、水彩画、版画、钢笔画、镶嵌画、素描等。

除基础必备材料，还推出了主打材料与技术。客人可通过全息投影网络教程等进行学习制作。

10.5 漂浮水疗舱服务

专门针对亚健康人群，量身定制了科学的体验养生方案。

3DAI智能皮肤检测：3DAI智能皮肤检测是目前先进的图像分析仪，结合人工智能深度学习技术、人脸识别技术等进行高科技皮肤检测。

漂浮水疗舱：它模拟了生命的摇篮——"子宫"的孕育环境，像躺在妈妈子宫里，回到了胎儿时代。

获奖等级：湖南省第二届大学生酒店管理商业策划创意大赛　省级一等奖

参赛团队：向涛　李肖　王转

指导教师：吴翠燕

科技赋能兴文化潮流

1 项目梗概

目标市场：本产品以 95 后、00 后为主要消费群体。

产品定位：将成都当地带有中国特色的传统文化与现代潮流元素进行有机融合，以智能体验性服务为核心，利用全息投影技术等科技手段打破传统宴会会议酒店的固有形态，打造出独特的国潮主题宴会会议酒店，突出服务标准创新、文化潮流融合、绿色科技服务的理念。

主题定位（logo）：科技赋能兴文化潮流

logo 由字母"Z"、汉字"原"和图案组成。

Z：指"Z 世代人"，酒店抓住 95 后、00 后的消费兴趣，以最热心贴切的服务去面对顾客，提供最优质的服务。

原：代表着原创，根源，本源。酒店将成都本土文化与时代潮流元素结合，完整地表现出多元价值。

图案：标志轮廓为成都标志性元素"熊猫"，标志花纹采用成都蜀绣元素，融入成都特色文化，突出品牌理念，关注传统文化。

2 项目选址

2.1 项目选址分析

2.1.1 目标人群分析

Z 世代人群是本项目打造酒店的重要目标人群，他们喜欢大胆尝试新事物，更具有先进性，偏爱具有个性化、特色化、智能化，彰显文化属性的功能性酒店。"国潮风"正是在这样的时代背景下，将中华优秀传统文化与当代潮流撞出的别样东方时尚美学。

2.1.2 金茂产品分析

金茂酒店在全国分布图中大多数在东南沿海，缺少对中西部的市场拓展。同时金茂酒店缺少对地方特色文化产品的开发。本项目将地址定在成都，拓宽了酒店发展市场，大胆尝试新型风格，将当地特色文化与潮流元素融合，突破原始酒店风格，创新新型酒店。

2.1.3 目标市场分析

从目前宴会酒店行业来看，酒店宴会厅产品单一，缺少多元产品的开发以及本土文化与当代潮流走向的融合。本项目不仅弥补了该类型酒店的空白，也弥补了地方特色文化衍生品的空缺。项目旨在将旅游市场做强做大，提升文旅品牌价值，打造国潮特色品牌，焕发出酒店行业新的活生机。

2.2 项目确址

本项目最终将成都市作为酒店落址地。成都是四川省省会、特大城市、成渝地区双城经济圈核心城市，是全国十大古都和首批国家历史文化名城、古蜀文明发祥地，其文化底蕴深厚，孕育出了历史悠久、内涵丰富的天府文化，也孕育出了蜀绣、蜀锦、瓷胎竹编、川剧变脸等一大批非遗瑰宝。成都地理位置优越，陆路、水路、航空运输等交通系统都较为完善。经济发展较好，政策支持力度大，故选址成都。

3 项目特色

3.1 协调成都特色文化打造原创酒店

本项目对成都文化进行系统性筛选，提炼出茗酌厅、蜀绣厅、熊猫厅。此外，根据主题的不同和宴会形式的不同，打造特色休息室，娱乐体验区，以及融合成都其他特色文化的产品。

3.2 优化传统宴会服务，创新多样化宴会标准

基于传统流程的"八知""三了解"进行有效的创新改革，依据客户需求不断改进服务流程，根据产品特色流程创新内容标准，提供升级宴会体验感。

3.3 智能全息科技赋能共创服务品质

运用 5D 全息光影技术为顾客提供立体沉浸宴会体验、虚拟人物形象 AI 合成技术，实现远程人像实景会议，并利用智能机器人、同声传译等科技手段使宴会会议体验感更强，便捷度更高。

4 品牌价值

4.1 功能价值

一方面利用现代潮流与根源文化交融，塑造成都潮流古都的形象，更好地推动根源文化的发展。

另一方面营造"非一般的宴会体验",通过主客联盟活动,提供宴会一站式服务,延伸对客服务内容,满足在店客人多元化、个性化需求。

4.2 情感价值

强化与在店顾客的情感联结,将酒店的文化特征以符合目标市场消费习惯的方式呈现,充分利用文创品区域,突出社交功能和体验属性,通过酒店、参与宴会顾客之间可以互动,酒店作为在店客人认识"国潮"的窗口。基于对项目品牌价值的分析,将"潮流的、传承的、根源的、科技的"品牌个性传递给宴会宾客。

5 宏观环境分析

5.1 政策环境分析

国家政策导向正在倡导文化自信,致力于推动国潮文化传播。

政策提出,要以文化创意为引领,提升文化内容原创能力,推动文化产业发展;到2025年,具有中国特色、中国风格、中国气派的文化产品将更加丰富,文化自觉和文化自信显著增强,国家文化软实力的根基更为坚实,中华文化的国际影响力明显提升。这些信号都鼓励以各种创意的方式对中国文化进行诠释、传播,以赢得更大的国际影响力,而国潮刚好符合此种政策导向。

"十三五"期间,文化和旅游行业紧扣全面建成小康社会目标任务,以高质量发展为目标,以推进供给侧结构性改革为主线,坚持以理念创新、体制机制创新、产品创新、业态创新、主体创新等多方面创新为引领,呈现出增长强劲、质效提升的良好态势。各种形式的"国潮热"正在无形中浸入人们的生活。国潮酒店的建设不仅顺应了当今时代要求,也将成为新的消费热点。

5.2 社会文化环境分析

近年随着经济发展,95后、00后已经成为互联网时代的消费主力军,我国新制造领域也走上了产业升级和高质量发展之路,更多国人重拾了对国货品牌的自信。而"国潮"将中国传统文化与当下潮流相融合,既符合年轻消费者对时尚的认知,又展示了他们对文化价值的认可,从而引发情感共鸣。

根据返利网此前发布的数据,2019年1月到2019年7月以"国潮"为关键词的搜索量同比增长392.66%,可见"国潮"正加速融入我们的生活。如果我们现在再以"国潮"为关键词在天猫等电商平台进行检索,会发现众多老字号品牌、博物馆文创品牌、新国货品牌都发布了不少商品,其"中国潮牌"的文化属性正发生着改变,"国潮"早已超越了此前的一元化概念，拥有了更多元化的文化内涵。本项目打造的是国潮宴会会议主题酒店，旨在打破传统宴会会议形式，在消费者的需求偏好上创新出国潮新型宴会酒店产品，建立一个更加深刻的品牌认知。

5.3 经济环境分析

现时代，消费者的消费方式从模仿式、从众式转为个性化、多样化。2011年到2020年，成都的GDP一直呈现着增长的趋势，但受到疫情的影响，2020年的增长率下降得较为明显。

"十三五"以来，成都城镇居民消费和收入都呈现出上涨的走向，城市与乡村居民的人均可支配收入的增速也较可观。这使得酒店产业具有发展前景，并且现阶段的"国潮热"以及在"国潮"宴会会议酒店市场的空白，为本项目提供了很好的发展机遇。

6 行业环境分析

从成都星级酒店构成来看，三星级酒店、四星级酒店占据较大市场，而2019年成都的五星级酒店为18家。

在成都高档酒店中，宴会多是附属于高档酒店中的一小部分，因而缺少专业的宴会产品与服务。在成都"国潮"相关酒店市场中，酒店的"国潮"体现形式都太过于单一，没有真正意义上将"国"与"潮"相融合。近几年"国潮文化"的盛行影响到酒店行业，具有当地特色的产品和内容成为消费者关注的焦点。

本项目以成都当地优秀的传统文化资源为基础打造出了属于自己的国潮品牌，并与宴会会议酒店有机融合，一方面弥补了现有市场内驱力的不足；另一方面还能引起年轻群体的情感共鸣，满足他们的情感寄托，在"国潮"宴会会议酒店的市场上开拓蓝图，填补"国潮"主题的宴会会议酒店市场的空白。

7 目标客群分析

7.1 目标客群自画像

消费呈现出"月消费支出与月收入达到几乎一致的状态"，体现出95后、00后消费重品质及体验（见图1）。

目标客群较强的求新求异心理，愿意为个人兴趣付费（见图2）。

目标客群逐渐转变为注重服务追求个性型消费，关注社交需求的满足。

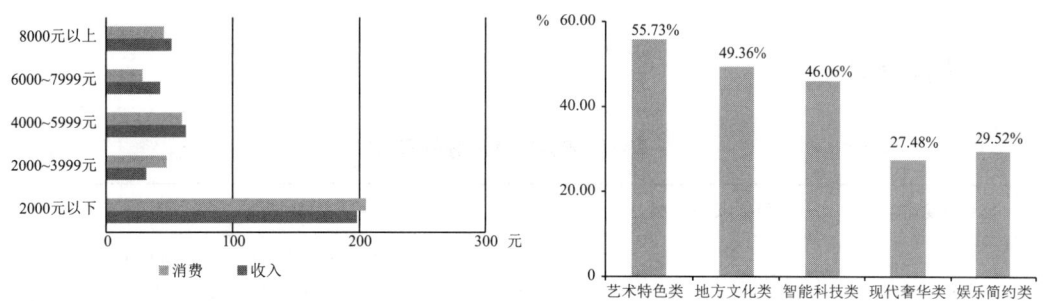

图1　月收入与月消费水平　　　　图2　酒店宴会厅偏好类型

7.2 目标客群对宴会厅偏好

95后、00后期望产品具有连锁服务，喜欢便捷快速但又专业的产品（见图3）。

该群体注重会议厅的功能性和便捷性，宴会厅的服务性和趣味性。同时期待对这种新型酒店尝试消费（见图4）。

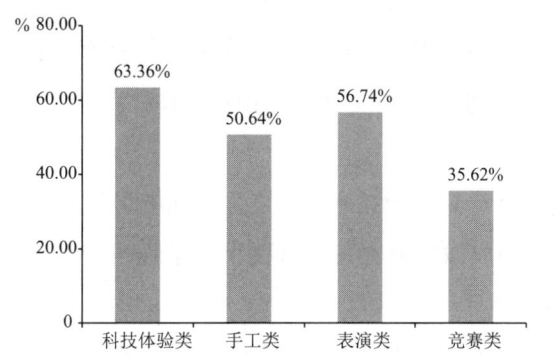 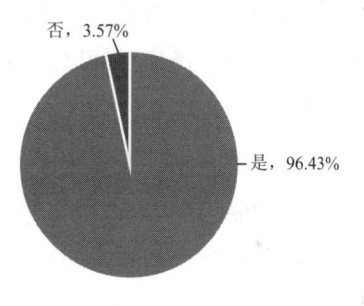

图3　目标客群偏爱哪类活动　　　　图4　关于国潮酒店住宿倾向调查

7.3 目标客群对宴会厅偏好

大部分95后、00后对于国潮是了解且喜爱的（见图5）。

该群体愿意购买国潮类产品，愿意为此尝试包括国潮类型的酒店。

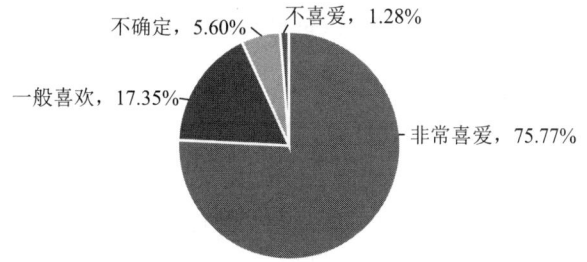

图5　对国潮的喜爱程度调查

8 产品属性

表 1 宴会厅产品分析表

宴会厅名称	目标细分客群	功能
蜀绣厅	主要目标方向是 Z 世代人群的婚宴市场	以蜀绣为元素，本宴会厅主营婚宴市场，利用 5D 技术，可定制化婚宴，本厅可同时转化不同风格婚礼，带来以你为"C"位的沉浸式婚礼体验。
熊猫厅	主要目标方向是 Z 世代人群生日、派对宴会市场	以熊猫为元素，如功夫熊猫、街舞熊猫类，可操办生日派对，以沉浸式音乐会的形式呈现给你一个嗨翻天的生日。
茗酌厅	主要目标方向是 Z 世代人群年会、公司聚会类的市场	以茶酒为元素，主营年会类市场，以轻松愉快、互动性较强、积极正能量为主要方向打造宴会厅。

9 产品技术运用

隔断墙技术：为达到最佳隔音效果，隔断墙从水平隔音、墙角隔音、垂直隔音、骨架、隔音材料、操作手柄以及面板七个方面进行全方位的隔音阻断技术安装，实现最大隔音效果。

全息光影技术：全息宴会厅是基于 3D 全息投影技术，在各个系统相互配合的基础上，通过 iPad mini 触控选择模式，将人物成像投射在各个墙面上，呈现出全息沉浸式效果视觉盛宴，可展示不同的主题风格。

智能机器人：机器人的分工明确，可以分布在各个区域辅助服务员，可设置两种机器人，一种是服务辅助机器人，另一种是沟通交流、迎宾机器人。另外，定制萌态的各种机器人，能够给消费者带来更多的乐趣和体验。

10 产品设计

10.1 蜀绣厅

设计焦点：本主题以蜀绣为元素，以全息影像为手段，从以下九点流程内容进行创新，打造沉浸式婚宴。

（1）签到

拍立得签到、寻宝签到。

（2）休息区（休息区分为四区域：休闲区、娱乐区、衣帽区、文创品区）

休闲区：整体呈现出暖橙光的氛围，让人感受到温馨和舒适，也更贴合主题厅的设计。入口侧处摆设经典蜀绣屏风供顾客观赏。

娱乐区：娱乐区一部分设为蜀绣手作区，是专门制作蜀绣小文创品的区域，有齐全的设备和专业老师教学；好的手作品或者有好的策划，还可以和酒店合作。

衣帽区：衣帽柜浅黑色玻璃门的设计方便顾客放置衣物，也保留了部分私密性。

文创品区：文创品区采用嵌入式柜展，并采用透明柜形式。文创品种类繁多，例如蜀绣书签，书签包括"国宝"熊猫系列等。还有专门放置蜀绣元素的新中式婚服展柜。

（3）布局装饰

宴会厅的四周是 5D 全息光影投射的画面，5D 光影技术能带来身临其境的立体式沉浸式宴会体验，主舞台设计成升降台形式。

餐桌改变了传统宴会的圆桌形式，更换成长桌，仿照古代聚餐宴会时期的餐桌。

（4）餐厅氛围摆饰设计

餐厅色调主要以大红色为主，餐桌中央根据季节时令利用不同的桌花装饰，加上氛围感的蜡烛，餐具为陶瓷和玻璃制品，餐巾采用最简单的方巾折叠，在餐盘旁有应季水果，灯光调节为温柔的暖色调。

（5）婚宴菜品设计

将菜品分为三个档次，分别为高、中、低档，适应不同顾客的需求。现代年轻人越来越重视其健康，本宴会也特推出婚宴素食谱。

（6）伴手礼

伴手礼分为两种类型，一种是赠送宾客的，另一种是赠送伴娘的。两部分均采用中、高、低档的形式，给客人提供多样选择。伴娘伴手礼外包装采用的是成都传统竹编手艺，精致且实用性强；宾客伴手礼外包装为透明锁扣式，简约大方。

（7）婚服

本酒店有专业的婚服设计师，根据主题蜀绣特色，中式婚服将不同朝代的婚服与蜀绣以及西式元素融合，西式婚服将引用国外经典纯白色系列婚纱。新娘的敬酒装会设计出蜀绣手法刺绣的旗袍或新中式简约礼服。

（8）婚宴进行

婚宴前可以根据顾客需求设计利用 5D 全息光影技术，5D 全息光影宴会厅将宴会流程融入婚礼场景中。

中式婚礼：中式婚礼遵循古制流程，加入抬轿这一环节（有酒店专设的抬轿路线）。全息宴会厅一声声的古锣和美妙的舞姿迎接新娘。从现实到虚拟，带来最真实、最震撼、最具有体验感的沉浸式中式婚礼。

西式婚礼：脚下的每一步都会和地面的全息呼应，全息光影将新娘的裙子从下到上点亮，新娘在全息光影的投射下闪闪发光。

（9）一站式服务

Z世代年轻人偏爱一站式服务，更倾向于高品质与高效率齐发。根据需求，本项目的宴会厅都设有一站式服务，从开始到结束，实现最大便利化。设有专业婚礼策划师、专业妆发师、各色婚礼服饰、专业摄影师。

10.2 茗酌厅

设计焦点：本主题以茶酒为主要元素，主要以企业聚会为内容创新设计，从以下几个方面将企业文化与宴会主题融合，倾向于定制化，更具有灵活性。

（1）品牌展示墙

品牌墙选用具有设计感的框架结构，丰富形象地展示集团发展历程和文化理念，有利于发展和宣传企业文化，使企业内部形成一个良好的文化氛围。

（2）餐饮设计

餐具为仿自然原生态的竹子玻璃杯、古风酒壶、酒杯。小酒馆区域有专业人士调酒、泡茶，并根据当地酒产品进行改良。自助餐台有许多用当地酒水烹饪出来的美食，结合文化将食品设计成熊猫、麻将等具有高颜值成都特色的形象。

（3）定制产品

为企业提供定制国潮年会纪念品，包括带有企业logo等元素的定制台历、茶包、衬衫、奖牌、茶具和精品礼盒等。

（4）签到

签到墙利用激光手绘签到技术收集员工签名，将员工签名拼成企业logo，寓意着企业凝聚力和生命力。可参与活动体验、茶叶盲品会、调酒创意PK、茶舞表演和5D地面互动游戏。

10.3 熊猫厅

设计焦点：本主题主要以熊猫为元素，以95年、00后娱乐体验型聚会为内容，从以下五方面设计，塑造沉浸式音乐会形态的娱乐厅。

（1）入场区

入场区作为一处打卡点，设置有大熊猫建筑、竹林，仿照大熊猫日常生活环境装扮，迎合了Z世代人对"打卡热"的追求，同时宣传保护珍稀动物的理念。

（2）内部布局设计

宴会厅舞台使用充满成都文化的国潮熊猫地毯，四周的5D屏可设置播放跳街舞的街舞熊猫，以武侠形象设计出的功夫熊猫，表演川剧的川剧熊猫，房顶安置彩灯。周围是沙发以及小吧台式座椅。

（3）餐饮设计

主餐是成都人最爱的火锅，根据客户的需求，本酒店可定制熊猫主题的蛋糕，也支持顾客自己在本店尝试diy生日蛋糕。奶茶间模拟粗糙的洞穴，仅留一个洞口由"熊猫"提供各类咖啡、奶茶等饮品。

（4）活动体验

模拟音乐会和VR体验活动。

10.4 会议室

茶歇安置在露天阳台，搭配舒适的小沙发、小秋千以及小吧台，使宾客能够放松心情，开阔视野，达到茶歇中真正"歇"的目的。

茶歇食物是根据成都当地的特色文化以及当地特色美食而设计。如熊猫茶歇：茶歇桌两侧放置可爱的熊猫玩偶，麻将形状的糕点，川剧脸谱巧克力，熊猫图案的咖啡，做到色香味俱全。

11 营销推广

11.1 线上营销

（1）自媒体：在微信、QQ、微博、抖音等社交平台创立官方运营账号，定期更新产品和有新意的视频。积累了一定流量后，通过直播的方式将宴会的产品和服务呈现出来。

（2）游戏：开设酒店宴会厅小游戏或者按不同主题宴会厅设计不同的游戏，如婚礼换装游戏、熊猫养成小游戏等，并投放到游戏平台、微信小程序、抖音小游戏上。

（3）广告：利用线上广告营销的方式，在城市公交上的小电视上、超市里或大商场的顶棚、街道电子屏上投放本酒店宴会举办的宣传片。

（4）优惠：利用当地网红经济宣传推广并打造网红宴会厅；消费者到店后可通过社交平台转发相关宣传视频或照片，集满相应层次的赞即可获得不同层次的优惠。

11.2 线下营销

（1）在文创品包装等处印 logo。酒店设计代表不同主题厅的文创品时可以在包装盒上印制酒店 logo 以及联系方式。

（2）与文化继承人合作。和手艺人合作，既能提供好的产品，也能促进文化知名度，以此达到双赢的效果。

（3）与社交平台合作。与一些宴会网站合作，投放视频、图片、海报等进行品牌推广，强化宣传效果。

（4）与顾客合作。宴会厅的休息室提供体验活动，同时酒店采取和顾客合作的形式，刺激顾客消费，扩大宣传力度。顾客自己设计文创品或制作文创品，为促进自己设计的产品售卖，会向周边好友进行宣传推广，达到双方互惠互利的目的。

（5）与相关产业合作。酒店宴会尤其是婚宴，不如专业的婚所有优势。因此，可以和婚宴相关的产业建立合作关系，与婚纱店、策划公司等建立联盟战线，弥补酒店缺陷，吸收联盟产业的优点，打造出更专业的服务。

11.3 活动推广

（1）沉浸式剧本杀：成都文化丰富，除了我们所熟知的熊猫、川剧，三国文化同样在本地有知名度。以三国文化为背景设计剧本杀，5D全息科技、智能灯光、高清音响加持，提供蜀绣联名款三国服装，塑造沉浸式剧本杀，能让消费者在"玩"的过程中加深对成都三国文化的了解。

（2）沉浸式剧宫宴：成都汉服文化盛行，从服装、场景、礼节、菜系四层面进行沉浸式设计，设置专有服装间，上百件的蜀绣改良汉服可选，可购买；利用全息光影调整宴会厅光感、乐感氛围；按照古代宫宴礼节，并在就餐时进行地方特色表演；菜品结合地方口味设计，并定期改良。

12 可行性分析

12.1 酒店选址

酒店选址在文化古都成都，依托成都茶酒文化、熊猫文化、蜀绣文化等一系列当地极具历史渊源和产业影响力的文化开展本项目。

当地网红经济发达，吸引了许多游客。本地缺乏结合当地特色文化的宴会会议型酒店，竞争压力小。

12.2 产品可行性

本项目在结合95后、00后调查问卷结果的基础上，线上线下有机融合，线上利用自媒体营销、虚拟游戏营销、电子屏投放等方式进行营销，线下通过与文化继承人、顾客、相关产业、社交平台合作进行推广。同时加入各类活动推广，大面积撒网，小区域捕捞客户群体。关注的消费群体不仅考虑当地人民的需求也吸引异地消费者，建立客户档案，最大限度满足消费者需求，将品牌理念更好地传递下去。

12.3 营销方式可行性

酒店是以宴会会议为主题的国潮酒店，采用三个当地代表性强的文化主题结合时代新元素打造主题鲜明的宴会厅。宴会厅利用可移动隔音墙根据客人需求分划区域，同时推出一系列独具特色的文创产品，满足不同客户的产品需求。

会议厅主要利用新科技元素，注重会议的隐私性和便捷性。在满足基本功能需求的同时在场地设计上融入文化元素，贴合不同主办方的需求。本项目旨在打造较为完善的产品体系，拓宽消费市场，将市场消费潜力释放出来。

获奖等级：湖南省第二届酒店策划创意大赛　省级二等奖
参赛团队：刘俐洁　符鑫　杨青
指导教师：黄渊基

九天揽月·遥岑远目

随着我国老龄化的到来，后疫情时代人们更加重视环境因素对人体健康的影响，人们开始注重生态环境与生命健康和谐共生的有机联系，保健养生渐渐成为人们追求健康的新趋势。未来我国养生酒店通过与运动、中医、设计、传统文化等多业态跨界合作将成为重点发展趋势。酒店的康体娱乐是酒店盈利的重要组成部分，也是吸引酒店客人入住的一大动力。因此，为提高金茂酒店未来在行业的竞争力，本项目侧重从金茂酒店的康体部分着手，将中医养生纳入金茂酒店康体产品设计中，结合我国中医养生文化，挖掘人们容易接受的中医养生方法，从而使客人通过中医养生科技产品的体验与酒店专业养生服务人员的专业服务，达到保健养生的效果，并提高客人入住养生酒店的频率。

本项目设计根据不同年龄阶层消费者自身健康状况提供养生功能不同、适用性强、有针对性疗效的保健养生套餐，并通过与新媒体平台、校企机构的合作，加大产品的宣传力度，增加产品项目的被熟知率。依托于社会经济以及各种政策的有利条件，促使本项目在发展中获取更多关注和支持，并让金茂健康养生项目成为广大养生人群的一种选择。"九"在中国传统古文中是"多次、无尽"之意，"遥"作"辽远、逍遥"，"九遥"一词放在养生中指可以永远像神仙一样逍遥、安逸、快活，以"九遥"命名寓意长久的健康安乐。

1 项目背景

1.1 养生市场持续扩大，健康养生趋年轻化

据有关专家预测，中国的健康养生市场规模将达到近13万亿元。2020年美团大众点评研究院的《中国健康养生大数据报告》指出，通过互联网关注健康养生的人群月度活跃度超过1000万人，18岁至35岁群体占据八成，越来越多年轻人正在加入健康养生项目，并且逐渐成为健康养生群体的主力军。

1.2 健康问题突出，健康观念逐步深化

2020年消费大数据中心统计出的健康大数据显示，70%的中国人有过劳死危险，

76%白领亚健康，20%患慢性病，慢性病死亡率占86%，中年死亡的原因中，22%是心脑血管病。此外，2020年的新冠疫情，也使得人们对健康的认识进一步深化。

1.3 市场缺乏特色养生，调理预防作用明显

目前国内酒店的康体项目主打健身方向，且同质化严重。特色中医养生项目能有效拓展新客源，维系稳定的顾客关系，而且中医养生对亚健康问题具有明显的调理、预防作用。

2 项目优势

2.1 区别酒店传统康体项目，突出中医养生文化特色

目前国内酒店的康体项目仍是以健身为主，中医养生酒店在市面上分布比传统康体酒店较少，而中医养生酒店可以成为健康行业的新兴经济增长点，用中医文化独特魅力吸引消费者。

2.2 拥有高起点强实力基础，合作国内中医养生品牌

依托金茂五星级酒店，融合中医文化，吸引健康问题消费者、中医养生文化爱好者，保证定位优势。中医养生项目拥有先进设备、极佳疗养环境，打造最适合养生愈疗的旅居空间。为了保证中医养生更加地道纯粹，可以选择与国内著名中医品牌进行合作，如：北京鹤年堂、湖南九芝堂等。

2.3 顺应发展中医养生政策，树立文化传播行业示范

紧跟中医行业的有利政策条例，抓住关键点顺流而上，积极响应国家文化自信战略，实现酒店双赢，树立行业标杆。

3 市场分析

3.1 市场规模

华经情报网数据显示，2015年中国养生酒店行业市场规模为269.8亿元，到2019年增长至681.8亿元，年均复合增长率为26.1%。未来，伴随着人们健康意识提升、消费升级，中国养生市场规模将以12.8%的年复合增长率继续保持上升趋势。

3.2 市场结构

在养生酒店行业的细分中，以精神健康为核心的养生酒店，包含养生服务的酒店市场占比约80%，融合医疗手段的养生酒店市场占比约20%，发展增速快。中医养生馆与医美机构占据养生行业的大份额，养生酒店在中医养生方面所占市场份额小。

3.3 市场需求

中国老龄化问题严重，根据中国国家统计局数据，截至2019年，中国65岁及以上人口规模为17 603万人，占总人口的比例已从2015年的10.5%上升至12.6%。中国亚健康人群规模大，整体健康水平偏低。有医学专家指出，我国亚健康人群占比处于70%~80%的范围。

3.4 市场定位

金茂是一家具有雄厚实力的五星级酒店集团，因此其康体养生部定位为高端、专业、奢华的养生中心，以其人性化、个性化的服务为客人提供满意体验。

4 品牌分析

4.1 传统西方康体占比大，市场竞争力在减弱

金茂系列酒店建设的康体项目多以传统西方类型的游泳、桑拿、健身房的康体类型为主，且酒店康体项目的同质化使金茂失去了较大的竞争力。

4.2 开发重点集中不变，康体部门带动性小

酒店经营开发重点集中在餐饮和客房两大部门，限制了康体部的发展，康体项目对酒店的带动性发展作用较为薄弱。

5 康体养生中心设计

5.1 设计思路

本项目的设计思路主要是以改善人们的身体健康状况为目标，打造具有中医养生特色的新型科技度假酒店，实现非医疗化的健康服务体系与酒店管理体系相结合的有形平台，从而推动酒店与中医药文化的发展，具体思路如图1所示。

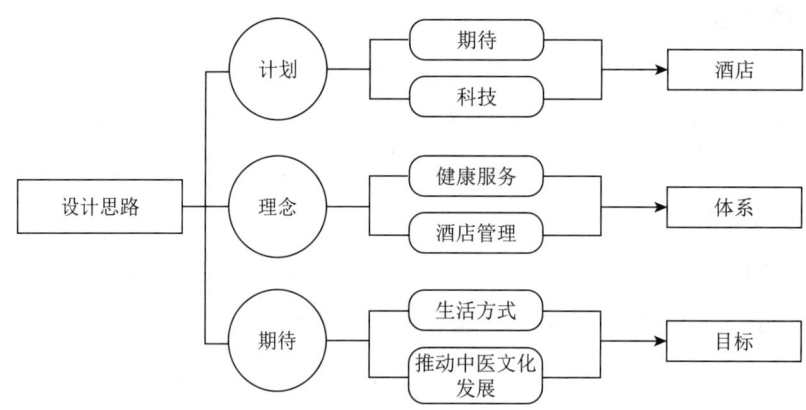

图1 设计思路图

5.2 设计亮点

5.2.1 优选可靠品牌，打造中医纯正疗法

开展与中医品牌的合作，采用纯正中医养生手法，摒弃化学药物，以纯天然的保健方法进入酒店康体领域。

5.2.2 现代科技助力，效率效果均加倍

结合现代高科技中医设备，准确地、科学地检测顾客身体状况；同时借助新媒体营销宣传，效果更为显著。

5.2.3 精心制定服务，体验独特感受

根据顾客的个体情况具体分析，制定最符合其个人情况的养生套餐，最大限度使顾客获得贵宾私人定制式体验。

5.3 外观设计

康体养生中心外观设计，改变传统养生会所的装饰设计，采用现代简约风的铁艺、木艺结构，结合竹子、莲花、中国画等中国元素，突出独有的轻奢中国风。

5.4 设施设备

酒店中医养生的科技并非体现在建筑方面，而是在于设施设备，让顾客对养生有更先进、更智能、更便捷的体验，其主要设备有高科技面诊仪、针灸手法参数测定仪等。

5.5 养生产品设计

目前，我国亚健康规模不断扩大，健康问题突出，市场需求复杂且规模大，为此，酒店开发设计了女士养生保养、男性养生保健、熏蒸、亚健康保健、雕塑形体、药浴系列六大系列产品，以满足顾客多样的需求。

6 营销推广

6.1 自媒体式营销

借助微信公众号等平台开展酒店相关业务，发布相关资讯，促销信息，开展个性化的定制服务，进行精准营销，维系良好顾客关系。

6.2 短视频营销

通过拍摄高质量、有吸引力的视频，短时间内，可以让用户身临其境，充分了解酒店，并且留下深刻印象。

6.3 品鉴体验营销

体验评价与体验攻略撰写相结合，用行业内大咖的业界影响力及其自有平台为酒店开展推广，再打造网红探店，利用网红效应快速营销，招徕顾客。

6.4 校企合作营销

通过与中医院校合作,加强学校宣传。校企合作既吸引学生、老师和学生家长参与,同时又利用了养生群体对专业院校和专业人才、技能的认可,从而招徕更广阔的顾客群体。

6.5 四季养生关怀体验营销

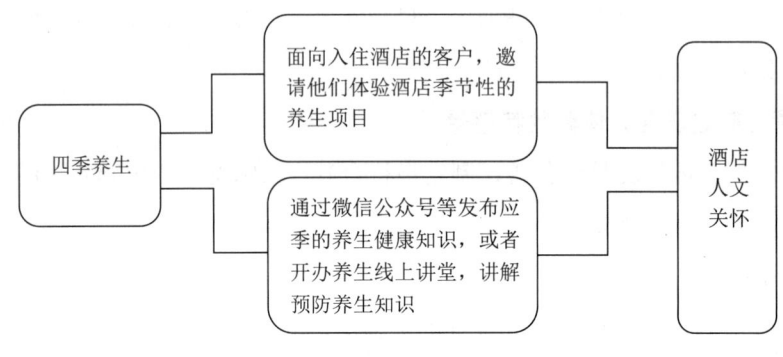

图 2 体验营销图

7 可行性分析

7.1 广泛的社会支持

中华养生学具有完善的中医养生理论体系,在后疫情时代,中医大放异彩,赢得了社会各界的认同、支持。

7.2 国家政策的大力推动

《"健康中国 2030"规划纲要》的发布,使"健康中国"正式上升为国家战略,成为继互联网之后中国经济的新引擎。中医养生、护理等市场的潜力被无限挖掘,中医药养生事业发展可谓势不可挡。

7.3 社会经济发展的促进

随着中国经济和信息技术的快速发展,中医养生概念被大众广泛认知并被进一步传播。

获奖等级:2021 年湖南省大学生酒店管理商业策划创意大赛 省级二等奖
参赛团队:李钰秋 滕晴 杨丹
指导教师:曾荣

为爱而生 引领未来

党的十九大召开后，国家大力支持住房租赁行业发展，在"租购并举"和"房子是用来住的"的政策定位下，国家先后出台近 20 条政策建议，多方面促进住房租赁市场健康有序发展，租赁住房建设已经成为不可逆转的市场趋势。长租公寓成为热门竞争市场，经历了 2017—2018 年的快速成长，爆雷事件频发，内涵式发展必将成为长租公寓发展大方向。

随着国民经济收入的提高、社会思想的转变，人们的婚姻生育及家庭观正经受着前所未有的洗礼。当高涨的房价成为"买房结婚"难以逾越的障碍时，"租房结婚"成为破解"结婚率低"与"住房难"问题的突破口。现有长租公寓大多关注青年群体前期独居租房需求，没有深度挖掘青年群体婚后阶段需求，面向青年婚育家庭群体的长租公寓市场潜力巨大。

本策划案聚焦一线、新一线城市有高消费能力和高品质居住要求的 95 后、00 后婚育家庭群体，遵循功能叠加、主题凸显、氛围营造、绿色环保、重视安全的打造原则，为新婚、孕育、年轻三口之家系列人群提供稳定、有爱、高品质的"公寓＋服务"中高档租住社区。

1 品牌定位与价值分析

1.1 品牌定位

目标市场：一线、新一线城市 95 后、00 后新婚、准亲子和亲子家庭市场。

品牌定位：遵循功能叠加、主题凸显、氛围营造、绿色环保、重视安全的原则，打造稳定、有爱、高品质的中高端青年婚育家庭主题长租公寓社区。

1.2 品牌口号及 logo 设计

（1）"启星"品牌诠释

启：

启蒙——帮助妈妈获取孕育、自身康复知识，后期为孩子提供早教启蒙。

起点——孩子诞生,自此开启孩子人生新篇章和妈妈的崭新阶段。

启航——婴幼儿期是人生最关键的时期,养成良好的行为习惯和生活方式,为成为优秀独立的个体做好准备。

星:

启明星——公寓以传授者、传播者的角色为奶爸宝妈们传授系统的育儿知识,爸爸妈妈可在日常交流中积累经验,获得成长。

新——公寓创新服务模式,从一个单一的服务者,拓展为一个引导者。

馨——营造友爱的氛围,打造一个温暖的社区大家庭。

心——用心打造一个充满爱心的公寓,让租户住得安心和放心,让租户对生活和未来充满信心。

(2)公寓 logo

图 1　公寓 logo

logo 由启明星、一家三口、窗户以及"金茂启星"的拼音字样共同组成,整体颜色由红、黄、蓝、绿搭配形成,象征着公寓青春、活力、和谐的氛围;爸爸妈妈形象以及窗户轮廓组合寓意长租公寓,小孩在公寓和爸爸妈妈的呵护下慢慢成长,公寓上方的启明星为孩子的成长指明方向。

(3)品牌口号设计

为爱而生 引领未来。

口号解读:

未来的长租公寓必定是充满爱的,我们的生活离不开爱,生活中的点点滴滴都围绕着爱在进行,我们的长租公寓将成为爱的载体,让美好充满生活的每一刻,且承担必要的社会责任,为青年人群的婚育和发展提供支持,这符合我国现阶段人口发展政策的现实。

2 金茂启星公寓选址

2.1 选址于一线、新一线城市

据统计 2019 年北京户籍人口 1246 万人，流动登记人口为 763.8 万人，比例高达 60% 以上，涌入一线、新一线城市发展的青年人数增多，又具有消费能力强、精细化育儿的特征，对家庭孕育主题的公寓需求旺盛。

2.2 选址于交通便利的地段

年轻人打拼事业、兼顾家庭，便利的交通条件将有效节约时间成本，具有较大的吸引力，毗邻地铁站是首选。

2.3 选址于孕育资源集中区域

年轻家庭孕育市场对于孕育类资源配套有较高要求，同时公寓特色服务的开展也需要整合此类优质资源，如儿童医院、幼儿园、小学、托管中心、月子中心等应在半小时交通环线内。

3 目标市场选定

年轻女性群体逐步进入备孕/怀孕年龄段，90 后群体占比 52.9%，00 后群体占比为 17.8%。随着母婴行业的快速发展以及 95 后、00 后育儿观念的转变，青年孕育家庭长租公寓为其量身定制了高品质租房和精细化的育儿方式，提供了高质量的生活环境和一种新颖的生活方式。

据此，本项目将以一线城市、新一线城市的一家三口、准一家三口为核心市场，以新婚夫妇、情侣为二级市场，以其需求为出发点，为不同阶段人群提供从备孕、产前到产后的阶段性服务（见图 2）。

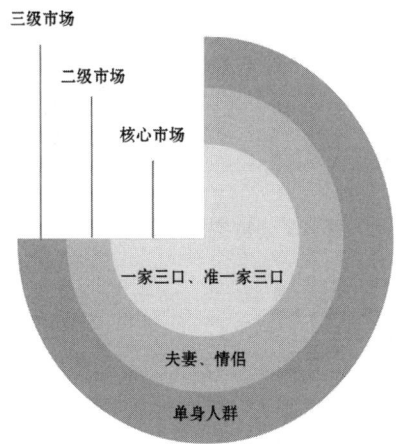

图 2　客源市场分布图

4 功能与空间打造

本项目以公区为切入点，赋予其新的时代内涵，以"公寓+服务"为核心理念，以功能叠加、重视安全、注重氛围营造、绿色环保为原则，打造特色公区，使之成为公寓最大的吸引点和盈利点。

4.1 打造原则

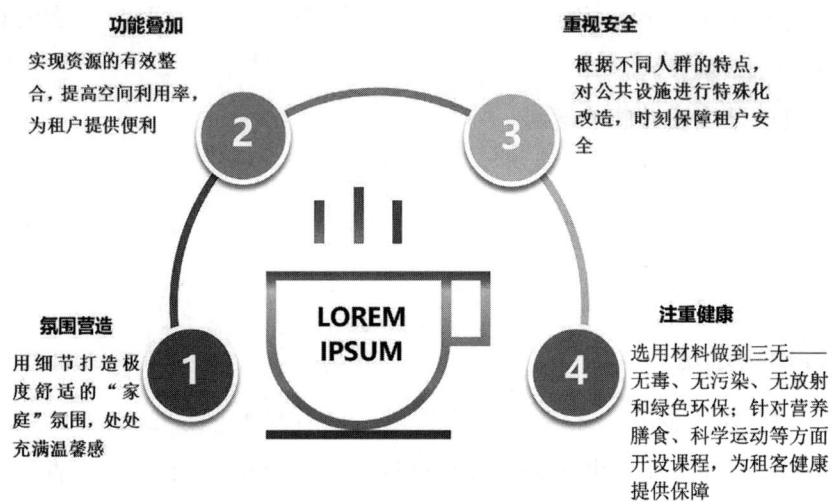

图3　功能与空间打造原则

4.2 公寓空间结构设计

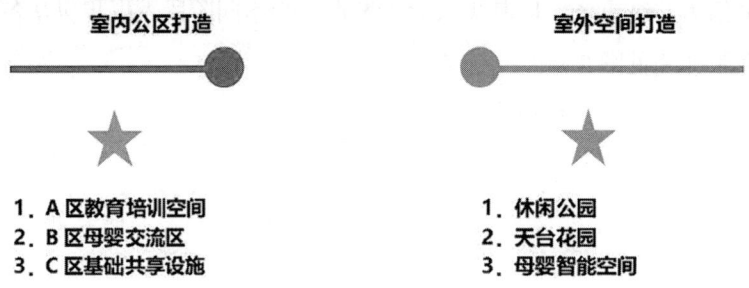

图4　公寓空间结构设计1

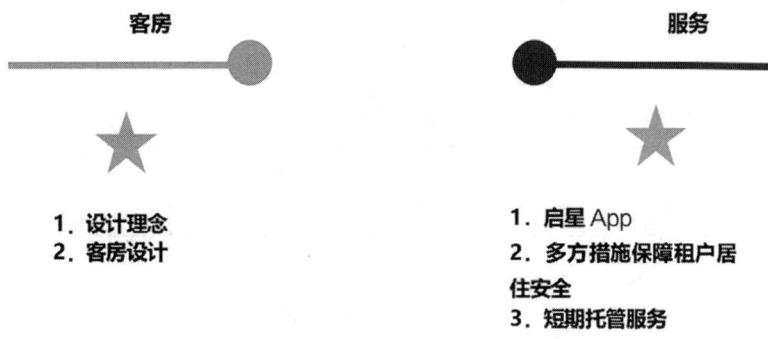

图 5　公寓空间结构设计 2

5 盈利模式

金茂启星作为中高端长租公寓，为打造高质量的样板公寓，树立品牌形象，第一期将采用自有房产集中式经营的模式，比轻资产回收期长，但在品质保障、稳定性和资产升值方面更具有优势。在样板公寓打造成功的基础上，从重资产向轻资产转型，增加管理输出和收购改造的比重（见图6）。

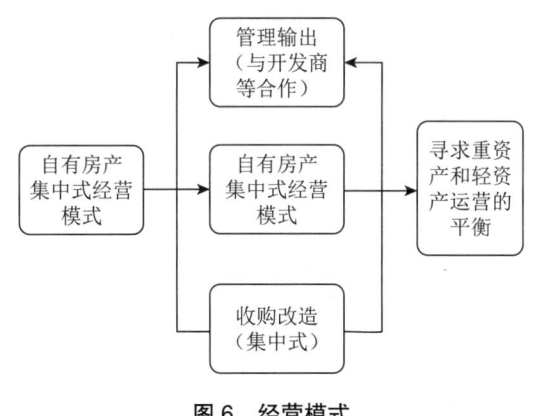

图 6　经营模式

在资本追逐下的长租公寓行业，短期靠拼规模，长期还是要拼盈利，能否在预期时间内扭亏为盈较为关键。长租公寓收入来源还是以租金为主，未来通过服务延伸产品价值，通过增值服务创造溢价空间。金茂启星作为长租公寓新品牌，在租赁业务的传统板块之外，以青年孕育家庭需求为起点，不断打造新孕育产品和服务，广泛链接资源，分摊成本，共享利润，同时追求集团客户积累，契合国家生育政策方向，实现品牌塑造和增值（见图7）。

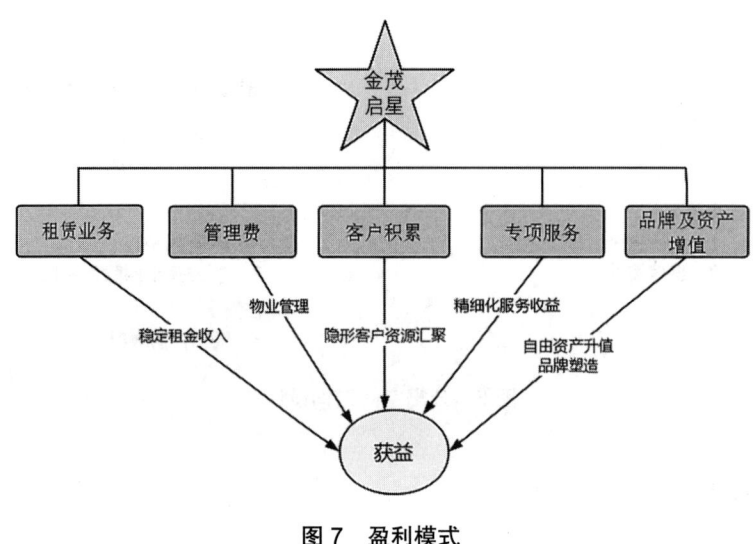

图 7 盈利模式

获奖等级：2021 年湖南省酒店管理商业策划创意大赛　省级三等奖
参赛团队：罗娜　张宇亭　许彦
指导教师：李晓红

向美而生，美美与共

1 项目概述

1.1 项目简介

金茂媄寓项目以95后高端女性消费群体为对象，融合金茂酒店品牌理念，立足科技、立足需求，传递金茂旅居集自由、开放、舒心、艺术于一体的全新生活方式。项目基于年轻女性对美的追求，倡导生活美学，力图将公寓打造成年轻女性的"梦想家"。项目融入当地文化渗透细节、精致空间设计美学和反客为主的服务理念，突破公寓只能用来居住的限制，遇见更多的可能，打造一个献给城市梦想家的质感居所。

1.2 项目选址

上海市浦东新区：带你走进城市的心脏，始终不离繁华。

上海作为超一线城市，经济发展水平高，是95后新生代群体愿意选择的打拼地，而浦东新区又是上海女性购房首选地[①]。

1.3 项目特色

突破现有的边界和限制，将长租公寓打造成：

美容院——倡导生活美学。引导住客在衣食住行等各方面发现美、感知美、创造美、分享美。设立魅力女性修炼课堂、女红传习室，让住客从传统文化和现代科技中汲取养分。让金茂媄寓的住户养成生活美学的自觉力，成为美的践行者和引领者。

收割机——建立住客收益体系。金茂媄寓的一个基本理念是为住客拓宽收入渠道，创造各种收益机会，如"分享经济"收益、差价收益、资源收益等，使公寓成为住客的金币收割机。

加油站——建立学习成长体系。金茂媄寓智能App根据住客美学素养定制学习提升计划，通过一整套"美"的等级评定制度及积分制度，引导住客不断学习提升自己。积分累加到一定程度可以晋级，等级越高可享受的各项服务折扣越高、可享受的附加服

---

① 资料来源：上海女性购房数据报告：8090后成为主力.界面.

务越多。

避风港——遇见另一种可能。在疫情常态化背景下，居家办公趋势也变得越发明显。因此金茂媖寓特设居寓办公区，满足住客需要，打造斜杠青年。

1.4 名称释义

"金"是轴对称字形，指公寓与住客的利益是对称的、双向的，住客能给公寓带来收益，公寓也能给住客创造盈利机会；同时"金"也代表了高端市场。

"茂"为风华正茂，表示我们的客群是青春焕发、风采动人、才华横溢的95后青年。

"媖"古同"美"，指颜色好，有容貌姣好之意，通常也代指美女。与公寓倡导生活美学的初衷相符。

"寓"同"育"，寓意公寓不仅能满足住宿需求，还是学习传统文化、美学知识的加油站，紧贴金茂集团"遇见另一种可能"的核心理念。

2 市场分析

2.1 宏观环境分析

（1）政策环境

长租公寓被正式纳入"十四五"规划。2021年3月11日，第十三届全国人大四次会议表决通过的《中华人民共和国国民经济和社会发展第十四个五年规划和2035年远景目标纲要》第二十九章第四节完善住房市场体系和住房保障体系中明确提出：有力有序扩大城市租赁住房供给，完善长租房政策，逐步使租购住房在享受公共服务上具有同等权利。加快住房租赁法规建设，加强租赁市场监管，保障承租人和出租人合法权益。以人口流入多、房价高的城市为重点，扩大保障性租赁住房供给，着力解决困难群体和新市民住房问题。单列租赁住房用地计划，探索利用集体建设用地和企事业单位自有闲置土地建设租赁住房，支持将非住宅房屋改建为保障性租赁住房。

（2）经济环境

上海是国务院批复确定的中国国际经济、金融、贸易、航运、科技创新中心。浦东新区是上海市建设经济、金融、贸易和航运中心的支撑，是重要的交通枢纽。

2.2 目标客群分析

上海女性：生活精致、事业有成、人格独立。

基于金茂专注年轻群体、高端市场的理念，结合长租公寓发展现状，将目标客户锁定在上海高薪职业年轻女性群体上，如金融类高管、文化创意、奢侈品销售、网红主播、珠宝设计师、整理师等。

3 产品与服务设计

3.1 功能与空间

生活服务区：向美而生，倡导生活美学

主客共享区：美美与共，实现主客共享

居寓办公区：两全其美，打造斜杠青年

学习提升区：尽善尽美，彰显文化自信

金茂媄寓上海浦东店共有 120 间（套）房，平均面积 80 平方米。公共区域 2400 平方米，分三层，其中二层是只限租客使用，另两层可有条件对外（见图 1 至图 3）。

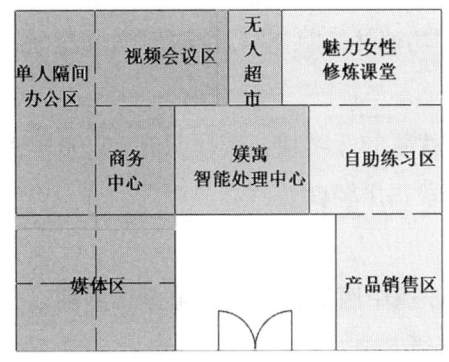

图 1　公区第一层

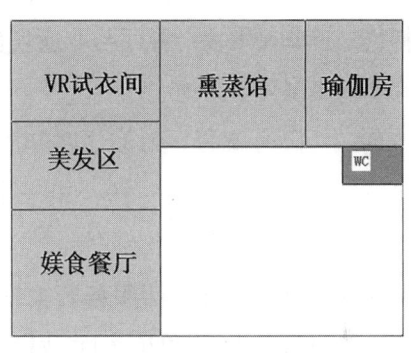

图 2　公区第二层

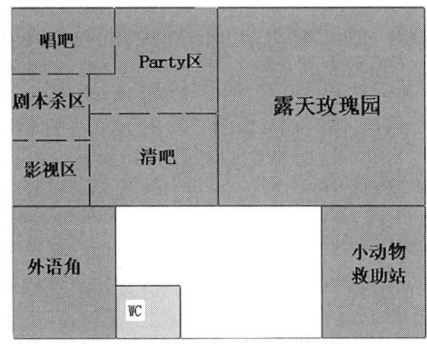

图 3　公区顶层

3.2 产品设计

3.2.1 生活服务区——向美而生,倡导生活美学

生活服务区仅对住客开放,满足住客最基本的需求,核心理念是倡导生活美学,让美融入衣食住行的方方面面。

(1)环境美——媄寓智能处理中心

该中心是住客与公寓之间的桥梁,具备酒店前台的相关功能,利用现代科技灵活运营公寓各系统,了解并解决住客的各种需求。并有机器人小媄陪聊,完成送餐、送快递等服务。经过石库门,穿过开满玫瑰的小径,便可回到环境优美的温馨的家。

(2)味道美——媄食餐厅

特色一:私人定制。住客可通过智能云平台量身打造周食谱,根据需求定制营养餐、减肥餐等,并由智能机器人送到指定房间。

特色二:非遗素食。餐厅与非遗素食餐厅功德林长期合作,可提供外卖送餐,不定期会有现场烹制分享活动。

特色三:限时就餐。为使住客养成按时就餐的好习惯,餐厅只在7:00—9:00、11:30—13:00、17:30—19:30三个时间段提供轻食。

(3)焕发美——熏蒸馆

关注女性健康,在生活服务区主打融合非遗中医妇科疗法的熏蒸馆并辅以心理咨询,让住客回到金茂媄寓能够彻底放松,重新焕发美。

特色一:非遗中医妇科疗法。邀请朱氏中医妇科疗法的国家级非遗传承人定期坐诊,熏蒸馆全部使用其配制的中药熏蒸。同时还辅以食疗,并向住客推荐健康作息,多管齐下。

特色二:妇科食疗。朱氏独家秘方,利用食物的特性来调节机体功能,缓解女性生理期的各种问题,并可配送至房间。

特色三:心理咨询。女性的情绪容易波动,该区配有心理咨询师为住客解答心理问题,同时配合茶熏、香熏、玫瑰花熏等,疏导情绪、释放压力。

(4)服饰美——智能穿搭设计

智能穿搭设计、快速下单收货及联名定制(该区还提供国家级非物质文化遗产——龙凤旗袍联名定制)。

VR试衣间:VR智能程序将根据客户身材显示服装上身效果,还会根据客人选择的风格推荐服饰、配饰、包包等。确认购买信息无误后,系统会自动下单,物流会以最快的速度将产品送达。

3.2.2 主客共享区——美美与共，实现主客共享

主客共享区是公寓的社交区域，设有露天玫瑰园、小动物救助站、外语角、休闲娱乐厅，可有条件对外开放，住客可与闺蜜、男友等在此休闲娱乐，实现主客共享。该区域还有一个重要功能——美物共享。

花儿美——露天玫瑰园

特色一：非遗传承。女人天生爱花，玫瑰又是爱情的象征。该区域与上海市级非遗——玫瑰栽培传承人合作，打造金茂媄寓露天玫瑰园。

特色二：沉浸式体验。入住时公寓赠送住客一盆玫瑰花，可挂牌放置在玫瑰园，住客每日养护玫瑰花可打卡获得积分。开展"我和花儿"摄影秀，住客可上传和玫瑰花的合影到指定平台，公寓定期组织评选玫瑰仙子，住客可依据点赞数获得积分。积分达到一定值时，可免费换取玫瑰美学课堂体验券。

特色三：玫瑰美学课堂。课程一：玫瑰栽培、插花；课程二：玫瑰美食制作；课程三：玫瑰护肤品制作；课程四：玫瑰花茶窨制。

3.2.3 居寓办公区——两全其美，打造斜杠青年

随着社会经济的快速发展，通过发展副业来增加可支配收入的年轻人越来越多。居家办公趋势也变得越发明显。但如果在自己居住的房间办公，多有不便，设施设备也不齐全，因此金茂媄寓特设居寓办公区，满足住客需要，打造斜杠青年。

（1）别样美——商务区

商务区分为三个板块：商务中心、单人隔间办公区、视频会议室。

商务中心：配备基础办公设备，如打印机、复印机、传真机等，还有一些休闲沙发椅，供会客使用。

单人隔间办公区：有一定的私密性，住客自带电脑办公，可高速上网。

视频会议区：配有投影仪等设备，可用于视频会议或商务会谈。

（2）时尚美——媒体区

新媒体从业者以年轻女性居多，且是第二职业的较好选择。通过住客需求分析，金茂媄寓办公区设置了媒体区，分为两个板块：直播间、摄影棚。

（3）时尚美——摄影棚

摄影棚只提供配套设施，摄像机、照相机等需客户自带。如客户需要提供全套设施，此项业务可考虑业务外包。

3.2.4 学习提升区——尽善尽美，彰显文化自信

定义美、学习美、成为美是金茂媄寓的设计及经营理念之一，为此，公寓设立了学

习提升区，供年轻女性学习感受中国传统文化及现代文化中的美，增强住客的文化自信，同时向外籍友人传播中国文化。住客还可介绍其亲友参加，获取积分。

（1）提升美——女红传习室

在美学课堂学习相应的美学知识技能后，可在女红传习室练习，所做的美学产品还可在此销售。

（2）提升美——产品销售区

产品销售区可出售女性喜爱的美学产品，如茶具、非遗小饰品等。同时，住客还可在此销售自己制作的美学产品，如润唇膏、糕点等。

（3）提升美——自助练习区

为方便住客课后学习，在自助学习区设立茶台、女书书写台、美学书架等设施。住客可通过视频点播自学，同时不定期有志愿者辅导，鼓励有专长的住客担任志愿者，也可获得积分。

（4）提升美——魅力女性修炼课堂

金茂媖寓魅力女性修炼课堂开展服装穿搭、烘焙甜品、妇科中医疗法、女书、玫瑰花栽培、插花、茶道、香道、品酒、摄影摄像等美学课程的教学，旨在将住客打造为内外兼修的新时代魅力女性，并通过量身定制学习计划、建立积分晋级制度等措施，使住客不断提升自我。

3.3 服务与运营

"五心"服务体系：开心、爱心、专心、安心、知心。

智慧服务体系：金茂媖寓设有智能云平台，为住客提供方便、快捷、体验感强的服务，云平台包括社交分享板块、动态直播板块、科技生活板块。

住客收益体系：金茂媖寓的一个基本理念是为住客拓宽收入渠道，创造各种收益机会，使公寓成为住客的金币收割机。住客可通过"分享经济"收益、差价收益、资源收益三种渠道获得额外收益。

学习成长体系：住客可在金茂媖寓智能 App 内的"生活践行美"和"基地学习美"中获得相应积分，积分累加到一定程度可以晋级，等级越高可享受的各项服务折扣越高、可享受的附加服务越多。

安全保障体系：作为年轻女性高端公寓，安全为重中之重，金茂媖寓通过智能安全管理系统和安全服务系统保障住客安全。

4 盈利模式

（1）租金收益。包括住客所交租金除客房部留存外分至公区的部分收益，公共区域部分区域如无人超市业务外包的租金。

（2）功能区业务收益。包括生活服务区、社交区、办公区、学习区等各项业务的收益。此项为主要收益，部分业务有条件对外，可增加业务量。

（3）住客交易平台收益。公寓设置闲置物交易平台，分为线上、线下两种方式，酌情收取一定手续费。

（4）广告收益。与相关商务企业合作，在公寓智能平台及公共区域内以让人容易接受的方式推广其产品，收取广告费。

（5）其他收益。

结语

未来的长租公寓行业将会变成什么样？在本项目策划书中，我们给出了自己的回答——未来的长租公寓将会突破现有的边界和限制，除了基本的住宿功能外，还会成为人们的居家办公地、学习成长地、社交聚会地，很好地诠释了"遇见另一种可能"。依据金茂致力于核心城市精选地段的理念，金茂媖寓选址经济发达、女性消费力强的上海浦东，并把"倡导生活美学"作为产品设计的核心理念，让女性在金茂媖寓学习美、成为美。相信金茂媖寓一定会吸引追求美的女性消费者，在更多的城市复制，金茂媖寓一定会做大做强做美。

获奖等级：湖南省第二届大学生酒店管理商业策划创意大赛　省级三等奖
参赛团队：邓淑萍　陈紫盈　罗慧
指导老师：刘幼平

茶旅融合助推精准扶贫与乡村振兴

调研小组深入永州市农业农村局等政府机构单位、福田茶场等茶叶基地、大木源村等贫困村开展实地走访调查，全面了解永州脱贫攻坚状况、茶旅产业发展状况等，总结出现实中存在的困难，提出了相应的对策建议。

1 调研方案设计

1.1 调研目的

实地了解永州茶产业与乡村旅游相关景区景点的发展现状；通过调研总结永州市旅游业发展概况与趋势、农村经济发展状况等；找出茶旅产业扶贫的有效衔接点，并有针对性地探讨茶叶产业和旅游产业融合互动发展的依据，为茶旅项目的实施做出前景预测，提供可行性政策建议。

1.2 调研思路

本研究以永州市农业委员会、市旅游局、市茶叶科学研究所、部分贫困村（江华县桥市乡南冲村、双牌县龙泊镇塔山村、邮亭圩大木源村等）、茶产业基地（福田茶场、蓝山百叠岭、祁阳自然韵等）等为主要调查对象，以多元视角展开调研，并针对不同对象的特殊性分别选择现场拍照、文字记录、电话访谈等方式进行调研。

1.3 研究方法

研究方法多样，以文献分析法、实地访谈法和调查数据分析法为主。

2 调研描述分析

2.1 茶旅融合态势评析

2.1.1 永州市茶产业发展概况

全市1000亩以上茶叶生产基地13个，茶叶生产加工企业与合作社30家，初步形成"北醇茶、南红绿、中间野生茶"的产业布局，有着祁阳自然韵黑茶、福田茶叶、江华苦茶、蓝山百叠岭绿茶等一批省级茶叶品牌，茶产业已是永州助农增收的支柱产业之一。再加上几千年的植茶历史和饮茶习惯,为永州留下了众多珍贵的茶文学、茶故事、茶传说,积淀了丰富的茶文化资源。在各类茶叶质量评比中,以永州市野生茶为代表的茶产业脱颖而出,开始获得业界的认可,逐渐打出永州品牌。

2.1.2 永州市旅游业发展概况

近年来,永州市以"文化+生态+旅游"为主体发展思路,采取"古色+绿色"的文旅"双引擎"驱动战略,打造出一系列美丽乡村的旅游示范案例,诸如"永州之野"乡村旅游线路、双牌灌区百里花果生态观光线等;围绕"两山一核心",因地制宜为零陵古城、柳子庙、女书园等重点旅游景区定制开发了健身休闲、探险漂流等系列休闲度假型旅游产品;持续加大特色旅游商品开发力度。截至目前全市已开发出近400个品种的本地土特产旅游商品,大大满足了游客的出行购物需求。

此外,永州市区域旅游交通设施也不断得到完善,为实现"快进、慢游、快出"奠定了良好基础。同时,旅游景点基础设施和市政公共服务设施不断完善,正加紧建设景区厕所、停车点等配套接待服务设施,各类旅行社、星级饭店、旅游餐饮示范点不断增多,条件明显改善。

2.1.3 永州市茶旅融合基本状况

永州市是优质茶产地,有着各类茶山、茶园等生产腹地作为产业发展支撑。随着"旅游升温"战役的开展,"茶旅小镇"项目也正在如火如荼地建设中,其中以零陵区自然韵阳明北岭茶旅公园为代表。同时,一些本地茶园茶企也逐渐重视旅游,借助当地茶叶优势,发展茶旅融合项目,延伸茶产业链条,已建设有百叠岭茶文化旅游区、阳明山旅游"禅茶一味"等一批茶旅景区,为城市居民提供都市休闲项目。

虽然当前永州市为茶旅融合项目做出了一些有益的探索,但总体来看还处于初级发展阶段,旅游要素未能真正被植入到茶产业中。茶旅游产品结构单一,缺乏有创意的精品茶旅体验项目,休闲度假产品不足,甚至还未能形成科学有效的茶旅开发模式体系,产业效益有待提高。同时,茶农的旅游开发意识缺乏,更导致了茶旅融合不紧密,目前大部分茶农茶企主要以销售茶叶为主要收入途径,以粗放式的茶园观光为主的旅游项目所带来的收益有限,旅游成为茶产业的派生品。

2.2 茶旅融合的扶贫效应分析

2.2.1 永州市贫困状况

永州有新田、江华两个国家级扶贫开发工作重点县,有祁阳、东安、冷水滩、道县、蓝山等省级贫困县,贫困村共774个,贫困人口68.47万人,约占永州总人口的12.5%(见表1),是典型的集中连片特困地区,贫困面广、贫困程度深、扶贫难度大、任务艰巨。

表 1　永州市贫困村合并情况统计表

乡镇	含有贫困村的新村村名	新村组成情况		
		原村数（个）	贫困村名	非贫困村名
全市合计	774	1472	935（包括分组合并的村）实际931个	542（包括分组合并的村）实际541

2.2.2 永州市产业扶贫发展概况

永州大力推进产业扶贫，着力提高贫困群众收入和生活水平，着重引导扶持贫困户发展粮油、蔬菜、水果、家畜、家禽、油茶等产业，建立科技扶贫示范点，推广农村实用技术，完善扶贫产业基地基础设施，扶持扶贫龙头企业发展壮大，促进了农业增效，带动了农民增收，加快了贫困户脱贫步伐。

2.2.3 永州市茶产业扶贫效果评析

课题组调研了12个有茶叶发展专项资金项目支持的贫困村（见表2），通过实地走访调查发现，这些村主要以发展茶叶合作社为主，借助政策支持，通过永州市茶产业推动脱贫致富。但就现实情况来看，茶产业脱贫的方式还未能实现茶乡贫困人口的全覆盖、全致富，部分贫困户仍是茶产业扶贫的盲区。如何更有效地精准脱贫，永州市茶产业仍需继续探索。

表 2　永州市发展茶产业的贫困村

所属地区	村落名称
宁远县	柑子园村、排山坳村
回龙圩管理区	永济亭村
双牌县	单江村、槐树脚村、塔山村
金洞管理局	小茗洞村
祁阳市	虾螃湾村
江华县	将军冲村、洪源村、高凉村、招礼村

2.2.4 永州市旅游产业扶贫效果评析

以2017年为例，永州市累计投入旅游产业扶贫专项资金25.1亿元，帮扶60个适宜发展旅游的贫困村实施产业精准扶贫，全年乡村旅游接待游客1922.45万人次，实现旅游综合收入114.33亿元，较2016年同期分别增长30.67%和37.55%。通过旅游扶贫，辐射带动就业 3.07 万人，促进贫困人口年人均增收 1940 元，成效明显。其中贫困村通过开展旅游扶贫实现脱贫致富的典型案例主要有零陵区大木源村、宁远县下灌村、双牌县桐子坳村等（见表 3）。

表 3 永州市发展旅游产业的贫困村

村落名称	旅游景区或旅游特色
零陵区大木源村	探索"生态＋产业""生态＋旅游"等一系列"生态＋"扶贫模式，引进野生茶加工企业、开发大木源漂流、水上乐园、野外露营、农家乐等项目。
东安县舜皇工区紫云村	舜皇山国家森林公园。
宁远县下灌村	江南第一村，麻将故里，景区带村精准扶贫，实施了民居改造、河道景观、湿地公园、下灌新村、花海基地等工程。
双排县桐子坳村	"四季旅游"以乡村振兴为目标，以银杏游赏为核心，以白果康养为补充，不断丰富景区旅游项目，打造永州乡村最美浪漫花海。
冷水滩区邓家铺村	集采摘、垂钓、度假、种植于一体的综合性全国生态文化村。
江华瑶族自治区将军冲村	全国旅游扶贫示范村，高山茶叶基地，茶园里面念茶经。
蓝山县百叠岭村	国家 3A 级景区百叠岭生态观光茶园。
江华瑶族自治区井头湾村	唯美苗寨。
新田县龙家大院村	国家 3A 级景区，按照"一村一品"的基本思路，采取"公司＋基地＋合作社＋农户"的模式，流转周边近 300 多亩土地，累计带动了 36 户村民发家致富。
祁阳市肖家村	农业、文化与旅游综合开发油菜花田，打造年味公园品牌。

2.2.5 永州市茶旅融合扶贫效果评估

通过实地走访发现，目前永州主要的茶旅景区、村落，都以实施"合作社＋贫困茶农＋土地"的经营模式为主，将贫困茶农纳入茶产业链，形成茶旅融合发展的格局，进而帮助贫困茶乡地区人口断贫根、促脱贫。在现有的茶旅发展模式下，茶园对农户的利益连接机制主要分为四个路径：土地出租转让租金、劳动雇佣佣金、政府扶贫资金发放和保留地自主生产。但实际上永州市茶旅扶贫效果仍不显著，有茶游扶贫获利机制单一，立体扶贫仍待探索；群众参与热情低，思想引导仍需跟进；利益机制不完善，居民满意度低等问题。

2.3 茶旅融合与乡村振兴

2.3.1 永州市乡村产业振兴概况

目前，永州市产业扶贫初见成效。以东安县榴星村为例，为打好产业扶贫稳定增收战役，县委县政府、镇党委政府和市驻村工作队精准施策，积极开展产业扶贫，贫困户通过产业帮扶户均增收 2600 元/年。仅通过竹林土鸡合作社育雏基地收益这一项，就为该村集体增收 3.6 万元。

2.3.2 永州市茶旅融合助推乡村振兴展望

近年来，永州市各地积极探索茶旅融合新路径，各村委也有意识地将茶旅融合纳入乡村振兴战略之中。蓝山百叠岭生态茶园已经荣升国家 3A 级旅游景区，率先走上了茶旅融合模式下的乡村振兴道路；祁阳茶产业以自然韵为代表，也正朝着茶文化、茶旅游、茶休闲的方向综合发展。"以茶带旅、以旅兴茶"已经成为大势所趋，而在这种发展模式下，诸如茶家乐、休闲农场、茶庄、茶文化休闲驿站、茶民宿等新业态将逐渐涌现，不断形成新的经济中心，为村民提供更多就业机会和就业渠道，甚至增添了更多创业路径，以此不断吸引更多青年劳动力返乡发展，乡村去"空心化"进程加快，乡村振兴战略将得到进一步贯彻实施。

3 调研对策建议

3.1 开拓茶旅深度融合发展新模式

3.1.1 创意开发野生茶资源，雕琢茶旅精品项目，创"野"字品牌

应着力实现野生茶和旅游创意融合发展，将其打造为茶旅融合产品的龙头产品。以"野生""无污染""真品质""稀缺性"为核心，营造卖点，设计原产地"观野茶树、品野生茶、享野茶疗"的限量款茶旅产品。同时，结合"永州之野"旅游与农副产品品牌，共创"好山好水养好茶"的"野"字茶旅品牌，实现聚力效应。

3.1.2 茶旅多点深度融合，延伸产业链，打造跨产业多态产品

茶旅融合应将茶产业链条进行分解，各环节分别设计相应的旅游活动，将旅游产业各要素融入茶文化、茶产业，实现双向多点融合，提升融合深度。同时应创新开发手段，丰富茶旅产品种类，提升竞争力。

3.1.3 挖掘茶文化，提升茶旅融合的文化内涵，开发文创产品

挖掘茶文化资源，研发茶饮料、茶食品、茶枕、茶垫等茶系列旅游纪念产品，拓展茶产业链条。

3.2 创新茶旅融合助推精准扶贫新机制

3.2.1 建立凸显农户参与的多主体茶旅融合协作分工机制

坚持茶旅融合中的农户特别是贫困农户参与的主体地位，将整个茶旅融合产业链拆分为若干环节，不同环节都请贫困农户参与。建立合理的、公平的利益分配制度，探索融洽的合作机制，保障各方利益。

3.2.2 探索有利于贫困人口增收的茶旅多元获利渠道

在传统的茶场流转土地、劳务雇佣等获利途径的基础上，增加茶园导游、茶文化导师、茶食茶餐制作、茶主题民宿、茶仪茶艺、茶歌茶舞表演等研学环节，创造多元获利渠道，最大程度为贫困农户提供增收机会，达到立体扶贫的效果。

3.2.3 结合扶志、扶智，实施智力帮扶，提升贫困人口茶旅参与能力

应注重扶贫与扶志、扶智相结合，加强贫困农户的产业经营、旅游服务、知识技能等方面的教育培训，提升贫困农户脱贫的内在动力。

3.3 拓展茶旅融合促进乡村振兴新思路

3.3.1 产业融合聚力资源，重构农户生活保障

利用、发展乡村优势资源，不断吸引劳动力返乡、城市资本下乡、国家政策入乡，让茶旅项目能够惠及周边农户，为其提供优先福利，拓宽农户收入来源，去乡村"空心化"，建设社会主义新乡村。

3.3.2 文化孕育凝练精神，重塑乡村社会共同体

政府可引导农户建立合作社，让其能够从茶旅融合发展中谋利。合作社的发展带动个体农户的发展，以此不断夯实乡村振兴的组织基础和经济基础。

获奖等级：第十三届"挑战杯"湖南省大学生课外学术科技作品竞赛　省级二等奖

参赛团队：陈琼　杨倩　何小花　黄惠惠　邓鹏　郑毅

指导教师：黄渊基　刘幼平　吴翠燕

基于故事营销的长沙铜官窑古镇节庆旅游调查报告

1 调查概述

1.1 调查对象

长沙新华联铜官窑古镇位于湖南省长沙市望城区，是以唐风古韵为形，以"丝路"文化为核心，依托湖南第一个国家级考古遗址公园，展现首创釉下多彩瓷的铜官窑文化，从过去穿越至今并拥抱未来的"沉浸式体验"古镇。古镇占地面积3000亩，是涵盖陶瓷等八大博物馆、泥人刘陶瓷艺术馆等十八处历史人文景点、黑石号特技秀等五大娱乐体验项目、三大星级酒店、九大文旅商业街区和长沙第一个游艇码头等，集旅游、艺术、人文、商务、会务于一体的多功能特色文化旅游目的地。

1.2 调查目的

随着旅游业的发展，古镇旅游自20世纪90年代被引入国内，现已成为我国国内游客的主要休闲旅游方式。党的十九大报告中也指出，发展特色小镇是促进区域协调发展的重要途径。2017年，我国国内旅游人次已达50亿人次，国内旅游收入超过4万亿元。随着收入水平的提高，人民对于精神生活的需求更加旺盛，旅游已经从少数人的奢侈品发展成为大众化、经常性消费的生活方式。在经济新常态下，我国已经步入了大众旅游时代。同时，人们对旅游品质的需求不断提高，文化旅游日受青睐。2018年文化和旅游部的组建使文旅产业更好地融合发展。在新消费时代与文旅新时代的背景下，文旅特色小镇已经成为新时代旅游发展的一片新蓝海。

本项目调查对象为长沙新华联铜官窑古镇。古镇于2018年8月28日正式开园运营，是新兴旅游古镇，与国内同类型、发展相对成熟的古镇如景德镇相比，已知的调查研究相对较少，国内学者对其研究目前还处于相对空白阶段。古镇内文化历史底蕴丰厚，具有顺应"一带一路"的典型资源，"海上丝路"旅游资源和湖南第一个国家级考古遗址公园——长沙铜官窑国家考古遗址公园，发展前景非常广阔，具有重大的研究价值。因此，为了更好地促进铜官窑古镇旅游的发展，塑造古镇品牌形象，提高古镇社会效益与经济效益,并为其他同类型古镇提供相关借鉴与参考,破解当前我国"千镇一面"这一难题,本组成员投入大量时间对铜官窑古镇做了相关调查研究并形成最终的调查报告。

1.3 调查方式及内容

为真实了解铜官古镇的旅游现状,本组成员扎实利用两次问卷调查、三次实地考察、多次网络文本分析法和文献研究法等调查方式,对铜官窑古镇游客现状、营销现状和产品现状进行了深入的调查,并提出了相应的解决对策。通过问卷调查和实地考察的形式,初步确立了古镇的游客结构、游客需求和营销状况。为更直观、准确地了解铜官窑古镇旅游状况,本小组设计并发放了两次调查问卷。问卷共包括四个部分:第一部分为旅游者基本情况,主要调查旅游者的地域、年龄、性别、学历和职业等信息;第二部分调查旅游者的行为特征,如旅游目的、旅游动机、信息获取、组织形式、出游方式、重游率等情况;第三部分为营销及产品情况分析,主要调查旅游者对古镇的营销和产品现状的感知程度等情况;第四部分为游客对古镇所提出的发展性建议等。此外,通过网络文本分析法,运用武汉大学开发的 ROST CM 6.0 软件,对铜官窑古镇进行词频分析,其中高频词出现最多的是"铜官窑""古镇"和"旅游",关于"节庆""故事"等相关词频较少,在节庆旅游、故事营销上处于相对空白状况,有很大发展空间。基于以上调查方法及结论,最后通过文献研究法基本确立本调查报告的核心内容和载体分别是节庆旅游和故事营销。

1.4 调查过程

本项目于 2018 年 8 月至 9 月进行了第一轮问卷调查,主要从游客视角来寻找铜官窑古镇的发展潜力。寻求古镇主要旅游客源市场、游客需求、铜官窑古镇目前的营销手段及推广力度、游客对新开发项目的期待度、完善旅游相关策划方案等。2019 年 3 月至 4 月中旬进行了第二轮问卷调查,主要侧重于对相关问题的解决对策和主题的确定,寻求游客对古镇旅游的理想模式。在此期间还进行了三次实地考察,分别是 2018 年 8 月下旬、11 月下旬和 2019 年 3 月下旬,前后多次调研了铜官老街、长沙铜官窑考古遗址公园和铜官窑古镇,分析古镇举办主题节庆活动的可行性。2018 年 8 月至 2019 年 4 月全程使用网络文本分析法和文献分析法,并结合前期的实地调研,积极努力寻求古镇产品策划、线上线下营销等问题的解决对策。

1.5 调查意义

一是通过原创故事与节庆融合,有利于激起游客对铜官窑古镇的关注和共鸣,从内心深处打动旅游消费者。本次调查方案将铜官窑古镇现阶段处于空白的故事营销与节庆旅游相结合,以原创故事《情定铜官》为载体,设计与故事高度融合的节庆旅游产品,活化古镇陶瓷品牌，能够勾起广大旅游消费者的心中情怀，营造主客共享体验，并不断强化旅游消费者对古镇品牌产生信赖与认同，增加古镇社会效益，更深度地契合国家"一带一路"倡议。

二是通过塑造古镇节庆旅游品牌有利于带动当地经济的发展。旅游业作为一种关联性很强的综合性经济产业，对旅行社业、餐饮业、交通业、娱乐业等有着直接的经济贡献。同时也能带动铜官窑古镇当地社会就业，缓解社会矛盾。

三是通过调查提出的相关对策与建议有利于为我国同类型的新兴小镇提供参考与借鉴。近年来很多新兴的特色小镇开始活跃在旅游市场，为了更加科学而合理地解决目前我国古镇模式基本雷同、产品形式比较单一等问题，此次调查结果具有一定的参考价值和借鉴意义。

2 铜官窑古镇旅游发展现状及存在问题分析

长沙新华联集团斥资百亿，在国家"一带一路"倡议号召下，力主将铜官窑古镇打造成"海上丝绸之路第一古镇"。自长沙铜官窑古镇 2018 年 8 月 28 日正式开园以来，虽取得了一系列开园创举，但其发展过程中出现的问题也不容忽视。

2.1 游客结构以中青年为主

为客观准确地了解铜官窑古镇游客旅游需求状况，本组成员共进行了两次问卷调查，共发放问卷 1000 份，回收有效问卷 963 份，问卷回收有效率为 96.3%，符合抽样分析要求。通过调查问卷统计数据得出其游客年龄结构分布情况主要以中青年为主，老年次之，少年旅游者所占比例最小。其中，20~49 岁的游客占总数的 87%，而小于 19 岁或大于 50 岁的旅游者分别占 4% 和 9%。因此，通过市场调查得出 20~49 岁这类群体是铜官窑古镇的主要消费群体。

2.2 营销手段与方式多元化

为了更好更全面地了解目前铜官窑古镇营销现状及营销效果，本组成员于 2019 年 4 月选择网络文本分析方法，运用武汉大学开发的 ROST CM 6.0 软件，对铜官窑古镇进行词频分析。首先将铜官窑在微信、微博官方平台及百度上发布的信息全面整理并保存为扩展名为 .txt 的纯文本文档，其次在 ROST CM 6.0 软件中导入文本文档得出前 52 位高频词。通过对高频词进行分析发现，出现最多的是铜官窑、古镇、旅游和微信、微博、携程、途牛、飞猪等词频，由此说明目前铜官窑古镇的营销手段与方式比较多元化。

2.3 产品类型多样且科技含量高

封闭景区铜官窑古镇是铜官窑度假区的旅游吸引核，旅游产品以文化体验、高科技娱乐和休闲度假为特征。古镇内现已开发并投入运营的产品，历史文化底蕴非常丰富，而打造具有深厚人文故事与历史积淀的古镇是积极响应目前国家推行"文旅融合"大发展号召的标志，铜官窑古镇正是积极响应号召，并创新性地引进了全球顶级科技娱乐体验项目，动态诠释千百艘"黑石号"扬帆出海的"海上丝路传奇"，打造了5D影院、飞行影院与黑石号特技秀三大娱乐体验项目，给游客带来了耳目一新的视听盛宴。古镇内建有八大博物馆群落，旨在传递我国悠久文明和湖湘大地上的传奇。此外，古镇还推出了全景互动真人演绎街游《全时段街景秀》《景区巡游》，与游客实时互动。综上所述，古镇各具特色的古街区，可翻阅历史的主题博物馆群，震撼的视听演艺与高科技娱乐体验，这些都充分体现了铜官窑古镇丰富多样的产品类型以及紧密融合的高科技。

3 铜官窑古镇旅游发展中存在的问题

3.1 游客市场结构失衡

在进行两次问卷调查过程中，通过数据统计得出铜官窑古镇自开园以来游客接待量日益增加，旅游收入也进一步上升。针对古镇游客结构进行调查分析得出铜官窑古镇20~49岁的消费人群占87%，消费潜力大，但古镇现有旅游资源非常丰富多元，适合各年龄阶段，因此建议古镇将"全龄全景"作为目标市场，市场潜力大，前景广阔。同时通过问卷和实地调查，发现来自长株潭市内游客占62%，长株潭城市群作为古镇周边的一体化经济圈，虽交通便利，但市场规模有限。由此可见，铜官窑古镇的目标市场定位不够准确，现有的游客市场结构不够均衡，不利于古镇的长远发展。

3.2 营销目标缺乏长远规划

铜官窑古镇作为湖南省投资超百亿的省重点工程，是展现湖湘文化和湖南文创旅游产业的史诗级巨献。为了提升知名度，铜官窑古镇在其基础设施未建设完全就仓促开园。虽在前期高促销策略下，古镇开园期间吸引了许多慕名前来的游客。但据开园当天本组成员现场实地访谈游客和搜索到的网络媒体信息综合得出，古镇开园期间失望而归的游客占多数，游客主要认为门票价格和价值不相符合，营销不够真实，导致以后的重游率和游客人数下降，忽视了古镇的长远发展。

3.3 产品多元缺乏亮点

一是铜官窑古镇的产品同质化现象比较严重。截至2019年4月，景区内已投入运营的可供游客参观体验的旅游产品包括湖湘名人堂等8大博物馆、黑石号特技秀等5大演艺中心、程普祠等18处人文景点、4大亲子游乐项目等，旅游产品展现的文化内涵比较丰富。但目前景区内现有产品与其他同类型陶瓷古镇景区产品相比，同质化现象较为严重，给游客带来的个性化体验较少，从而造成回头客较少、游客重游率较低的状况。

二是铜官窑古镇的旅游产品体验性需加强。在国家"文旅融合"政策的驱动下，特色小镇的竞争力应强调互动性、情感性和文化性。我国旅游发展趋势已经从观光游览型向体验式旅游转变，游客对体验的需求日益高涨，他们已不再满足于大众化的观光旅游产品，更渴望追求个性化、体验化和情感化的旅游经历。但铜官窑缺少互动式旅游产品，以观光感受为主的旅游形式难以激起游客对旅游景点的关注和共鸣，因此提高游客重游率，是亟待解决的困难点。因此，引入节庆旅游不仅能增强铜官窑古镇旅游产品的体验性，更能持续长久地在游客心中产生共鸣，而且能够增强古镇品牌的认同度，让游客对铜官窑古镇品牌产生极强的认同感与依赖性，从而为铜官窑古镇带来经济效益。

4 铜官窑古镇旅游发展问题产生的原因分析

4.1 市场运作方式不够科学

根据原国家旅游局数据，2017年旅游人均消费GDP为8582.94美元。湖南湘江古镇群的旅游热度持续增长，2017年的游客接待量超过了1650万人次，湖南省文旅小镇发展前景广阔，这为铜官窑古镇的发展创造了十分有利的条件。但铜官窑古镇目前的市场定位相对比较狭小，根据实地访谈和问卷调查得知，铜官窑目前主要将长沙周边地区作为其核心目标市场，辐射范围较小，不利于铜官窑古镇的长远发展。另外，古镇目前的市场运作模式还是停留在很早以前的"旅游+地产"开发模式，容易出现重地产发展、轻旅游发展的问题，这也会影响古镇的开发与保护以及古镇旅游的长远发展。古镇的开发和保护必须以规划先行，在现有市场体制下其管理部门的种种制约会成为其市场开拓过程中的一个重大瓶颈，它将会导致古镇的游客量徘徊不增，市场效应得不到充分体现。

4.2 营销内容与受众认知存在差距

根据实地调研与访谈铜官窑古镇工作人员得知，古镇目前的旅游产品营销主要采取迅速撇脂策略，即高价格高促销策略，主要从古镇门票价格、酒店住宿价格及前期营销投入费用等可以充分体现。古镇营销的迅速撇脂策略是要将古镇打造成高端旅游产品，主打陶瓷文化和大唐文化，但根据问卷调查和实地游客访谈得知，长沙市外的很多被调查者从未听说过铜官窑古镇，他们从接触到的古镇营销内容上认为去铜官窑只是看看千篇一律的仿古建筑与参观不太有吸引力的陶瓷。从调查的反馈得知铜官窑古镇目前的营销效果并不理想，目标受众群体接收营销渠道信息效果不理想，营销内容与受众认知存在差距，长期的高促销策略会导致古镇运营的经济压力增加，陷入只顾一时利益而忽略长远发展的困境。

4.3 旅游品牌形象定位不够准确

铜官窑古镇文化内涵丰富，陶瓷文化、大唐文化、丝路文化与湖湘文化并存。在实地访谈中发现，不仅游客对目前的铜官窑古镇旅游品牌形象不清楚，而且铜官窑古镇现有工作人员也深感困惑。古镇现有旅游产品体系比较杂乱，多种文化并存，没有突出亮点，缺乏对陶瓷主题的深度表达，使得其核心旅游资源陶瓷文化没能成为一个凝聚所有旅游产品核心的文化代表，容易让游客失去游览的重点，导致游客对古镇旅游品牌形象认识不清，无一种深入人心的定位。

5 基于故事营销的铜官窑古镇节庆旅游发展对策

5.1 运用原创故事 增强游客情感黏度

长沙铜官窑兴起于唐中后期，陶瓷器流传面之广，外销量之大，使其成为与浙江越窑、河北邢窑齐名的中国唐代三大出口瓷窑之一，是古代"海上陶瓷之路"的重要支点。"黑石号"的出现直接指明了器物来源于铜官窑项目基地，可陶瓷是相对静态的，如何让陶瓷文化与游客产生共鸣就需要情感纽带活化陶瓷，增强游客情感黏度。本组成员正是在充分的市场调研基础上集体创作了原创故事《情定铜官》，决定用戏剧性手法撰写故事主人公前世今生未来，打造全龄全景、互动体验感足的主题节庆旅游活动。

5.2 开发节庆旅游 提升古镇品牌认同感

节庆旅游是指利用地方特有的文化传统，举办意在增强地方吸引力的各种节日、活动，使旅游者在停留期间具有较多的参与机会，以促进地方旅游业的发展。本组成员在市场调查过程中发现游客对旅游节庆活动的参与意愿非常高，市场潜力大，前景广阔。因此，本组成员最终确定以原创故事为主线，结合古镇陶瓷文化和大唐文化，把"春夏秋冬"四季与人生四阶段相互交融设计古镇节庆旅游活动主题产品。

5.3 完善网推方案 制定节庆旅游推广策略

微信宣传：转发朋友圈，集满66个赞或公众号软文评论区抽取幸运儿送价值128元古镇门票减免券。

微博宣传：创建话题"和我一起通过无人机庆元宵"炒热度，通过大V发博宣传造势上热门。

视频宣传：邀请热门短视频 App 粉丝上万的用户，发布铜官窑古镇产品的精彩短视频，吸引用户关注。

微博话题宣传：以自创话题或蹭热点形式形成粉丝对故事主题节庆热烈讨论，实时向目标市场传递最新旅游动态，实现消息准确推送，获众多粉丝点赞、评论转发和话题圈讨论，同时蹭热点话题，拟在新浪、腾讯、网易等多个平台创建官方微博账号，形成横向组合营销态势。

软文互动宣传：先后与"长沙旅游""长沙去哪玩儿"等长沙地方大 V 微博认证账号取得相互关注，锁定目标群体，通过编辑微博图文方式对铜官主题节庆进行前期预热，得到粉丝及加 V 微博号的积极转发、点赞和评论，实现阅读量累计过万。

线上线下热点事件宣传：线上通过策划热点事件有奖"铜官"主题漫画、"转发评论抽奖"等活动实现短期内达到迅速涨粉和扩大知名度的效果；线下通过举办"古镇形象大使"征集比赛与集福卡活动建立固定消费群体，加强与游客互动。

无人机造势推广宣传：为提高"情定铜官"故事主题节庆活动的知名度与影响力，选在阖家团圆齐聚一堂的元宵节，通过一场热闹非凡的水、陆、空立体式聚会，全民感受沉浸式的、祥和欢乐的元宵佳节，以达到为主题节庆活动事前整体造势宣传推广的效果。无人机表演从水、陆、空三个场地同时进行，水上策划无人机与水秀进行阖家同庆闹元宵主题表演秀，以主题节庆活动相关陶瓷灯展为陆地表演内容，空中表演形式利用灯光优势，在空中对"情定铜官"微故事进行简笔勾勒。

获奖等级：第十三届"挑战杯"湖南省大学生课外学术科技作品竞赛　省级三等奖
参赛团队：郭蓉　张慧仪　宋嘉雯　樊殊
指导教师：曾荣　周慧玲　潘剑锋　邱小艳

"遗"忘角落——非遗小影创意馆

1 执行概要

"非遗"是旧时光影里留下的璀璨珍宝，携着虔诚与敬畏、智慧与精湛、期盼与祝愿，美好着彼时人们的记忆与心灵。一如在当下，人们依然能够从"非遗"中掘出"惊叹"和"感动"。因此，非遗的保护与传承，便顺理成章地成为民族文化自信构筑的基石，成为人们重拾文化认同的必然，成为人们的文化消费转型的指向。全国各地正在掀起非遗传承保护与开发的热潮。永州文化底蕴深厚，非遗资源禀赋丰饶，但却因缺乏声誉、创意、运营以及产业化链条而处于零散发展状态。面对创意经济与短视频消费新时代，文化创意是人们追逐的诉求点，而短视频则是文化的载体以及对独特生活方式的表达。在统观永州非遗开发的现实问题后，项目组萌生了在永州建立一家以地方非遗为载体，以创意短视频体验与拍摄、文创品设计开发、研学课程设计和非遗休闲空间营造为特色的"非遗小影创意馆"，让非遗"活起来""动起来""传下去"。

"小影"即"短视频"，以非遗为主题的特色短视频，此为项目的核心引爆点；"创意"既指短视频创意拍摄，又指文创品、研学课程以及非遗空间的创意设计。"遗"忘角落——则意欲将非遗小影创意馆打造为令非遗"难忘"的角落。

依据项目本身的创意缘起，将目标市场主要定位于受教育水平中等偏上的中青年人群，其对非遗产品有着较强的审美、体验、学习、收藏需求，同时分为在线短视频市场与线下实体馆市场两部分：线上市场主要针对全国范围内的热衷于独特新奇地方文化的短视频习惯客户，线下实体馆市场主要是永州及周边的文化层次较高的中青年企事业单位人员、大学生、自由职业者、当地市民以及中小学生等。

针对现代人的视频新需求，创意馆提供非遗文化创意短视频以及专为个人拍摄的非遗小影故事片制作一体化服务；非遗文创服务，主张通过非遗间的、与多种艺术的、多领域的融合来实现"走出历史，对接新需求"，通过"我想我做""你想我做""你做我卖"三种方式来迎合大众、个人以及传承人的多样化的差异需求；非遗研学，借助国家提出研学旅行的契机，依托非遗资源，打造非遗研学课程和线路；非遗休闲空间，是融合科技、视频、社交、休闲、美食为一体的新休闲领域，让消费者能够体验非遗文化休闲的魅力。

项目通过市场调研，拟定非遗小影创意馆于零陵古城进行试运营。原因有二：其一，零陵古城市场广阔，基础设施较为完善；其二，永州地方高校——湖南科技学院坐落于零陵古城附近，高校旅游、摄影、美术设计方面人才为创意馆研发、设计非遗产品提供基础，同时此类高素质人群也是非遗小影创意馆潜在顾客。

通过与非遗传承民间机构、高等院校和科研机构、政府、行业协会以及致力于非遗开发的企业之间进行各种短期、长期的安排和合作，可实现人才互动、资源共享。非遗小影创意馆在丰富的人才、信息的支撑下，对非遗文化进行了深度开发，通过非遗文化＋创意视频＋文创＋研学＋休闲娱乐等表达形式，从多个角度和维度使非遗"活化"，给予消费者新的情感沉浸式体验。

本项目采取以服务区域划分的管理结构。由店长对非遗小影创意馆进行直接管理，下设非遗短视频、非遗文创、非遗研学、休闲娱乐四个管理区，拟注册资本为140万元，预计第二年开始盈利，同时创意馆在未来可能会根据市场需要进行多轮风险资本融资，股权以协议转让的方式退出。

2 产品与服务设计

2.1 核心产品——非遗视频体验产品与拍摄服务

2.1.1 设计思路与目标价值

当今是全民短视频的时代，随着人们对各类题材的微视频、短视频的消费量级大幅提升，非遗类短视频的生存空间显著增长。问卷调查显示，8成以上被试者会经常消费短视频，其中3成被试者热衷于短视频个人秀。那么，利用永州内涵丰富的非遗资源，一方面拍摄制作集文化、故事、记忆、美学、现代、传承、参与于一体的非遗视频、电影，打造大流量的永州非遗视频号，以轻松、主题、唯美、网红式的手法达到大规模关注的效果；另一方面为个人提供非遗主题的"文化视频秀"设计拍摄服务，即"你做主角"系列的非遗故事电影拍摄、非遗民俗写真拍摄和实时记录的非遗研学过程拍摄等，提供充分自我展示与分享的舞台与娱乐休闲空间，也将留存下消费者的美好非遗记忆；此外，针对永州非遗研学，开展非遗教程视频开发，为研学的普及与深度发展提供保障。

2.1.2 服务内容

（1）永州非遗视频号——线上视频体验产品

为了让更多的潜在顾客人群关注到永州非遗的魅力，同时推广本店非遗视频服务，本店会着力打造视频号，制作精彩非遗短视频，并投放到主要视频平台如抖音、快手上。视频内容包括非遗经典纪录片、顾客为主角的非遗拍摄花絮、非遗传承人教学过程、团队设计制作非遗文创产品过程、非遗文创产品展示、店铺店面展示等，让远在千里的大众也能够在线上实时了解永州非遗风情以及本店的服务动态、感受非遗体验乐趣（见表1）。

表 1 非遗专题视频策划目录

	专题题目	《传承非遗文化 留住乡愁匠心》
	专题主线	非遗里凝结的是乡愁，背负的是时光，流淌的是乡思，不息的是乡情，不变的是匠心。通过视频化、故事化的表达，传递乡愁之情，匠人之心，非遗之美。时长为10~15分钟。
专题1	专题样例	《道州端阳：龙船划破一江水》 故事发生背景："龙州之乡"——道州。 故事主旨：以刻龙舟、制龙鼓、画龙头、龙舟竞渡的龙舟文化为线索，侧重道州端午龙舟赛的社会内涵、祭祀和民俗文化。 故事情节：以外地游子回乡过端午，并逐步参与到当地人民从龙舟赛准备、正式开始到赛后民俗活动各个环节中为叙事线索，通过道州人民在日常节日生活中的端午民俗烘托非遗环境，讲述非遗传承及其背后蕴藏的精神文化力量。
	专题题目	《印象永州，节庆非遗》
	专题主线	民俗与节日碰撞，千姿百态的节庆活动由此遍地开花，节庆非遗可以通过仪式唤起集体认同，增强民族的凝聚力和向心力。通过普通老百姓平常节日中的非遗记忆，体会人间烟火气的乡土人情。
专题2	专题样例	《江永瑶节：盘王大歌长鼓舞》 故事发生背景：江永瑶族盘王节。 故事主旨：走进瑶族不为人知的节日生活，了解盘王大歌、长鼓舞等少数民族非遗民俗，为游客揭秘一个无法看到的"藏着的瑶族盘王节"。探寻瑶族人古老传统的非遗记忆，感受少数民族自身文化传承的力量。 故事情节：用瑶乡人的个体生命照见瑶族大历史，挖掘一个平常的瑶族节日背后瑶乡人的非遗记忆，以整个盘王节的举行过程为线索，让"非遗匠人"逐一亮相。
	专题题目	《听见非遗，舞动非遗》
	专题主线	艺术与非遗碰撞擦出火花。祁阳小调是祁阳市具有乡土气息、风格独特的曲种。
专题3	专题样例	《花开幸福来》 （祁阳小调，情景歌舞形式，6~7分钟，风格活泼欢快） 祁阳小调《花开幸福来》这首歌是已成曲的，由祁阳市曲艺家协会伍立新编创，歌曲描述内容大致如下：首先是一群男女在河边洗韭菜对歌，引出一对恋人"三哥"和"四妹"的爱情故事，富有生活气息；接着，应"四妹"要求，"三哥"须采撷一束鲜花送给"四妹"，表达爱意；然后，送花过程中男女主人公深情表白；最后是敬郎三杯酒。整个剧情就按对歌、采花、提篮、祝酒四个环节穿起来，自然、流畅。放在舞台上表演时，可以依据歌词剧情，编排舞蹈动作。

续表

专题4	专题题目	《那些藏在时光里的非遗故事》
	专题主线	永州这个城市里藏有许多我们不知道的非遗"秘密",以"寻访散落民间的传统文化,挖掘非遗背后的感人故事"为制作理念,在零陵古城里说非遗,听取匠心一片。
	专题样例	《零陵元宵:花鼓戏梦庙会奇》 故事发生背景:零陵元宵节庙会。 故事主旨:从最为热闹的元宵庙会出发,寻访花鼓戏老艺人,观察他们苍老的身影、聆听古老淳朴的故乡腔调和戏梦交织的悲欢往事,铭记这群人的生存现状,探寻非遗背后的精神和文化力量。 故事情节:以"匠人"为切入口呈现瑰丽的花鼓戏曲文化,不再满足于对传统器物技艺的表现形式,尝试以传奇性的台前幕后故事颠覆观众对花鼓戏的定义和想象。

(2)"你做主角"视频秀设计拍摄服务——非遗拍

打造顾客为主角的"非遗拍"专题套餐服务,包括专拍、美拍、时拍和傻拍四大类型(见表2)。

表2 "非遗拍"专题套餐服务策划目录

专题	系列	视频主题	标准化服务	定制化服务
专拍	非遗故事电影拍摄服务	《走进"盘王大歌"》《是这样的状元郎》	创作永州非遗故事剧本并提前拍摄视频样片,供顾客挑选演绎。服务团队为顾客挑选服装、化妆,并进行台词、动作的指导。顾客可参照样片进行即兴发挥。	可根据顾客的拍摄想法,设计定制剧本、服装和场景,制作其专属的视频记录,满足消费者的个性化需求。
	非遗民俗写真拍摄服务	《卓尔不群的民间女书婚俗》	还原永州非遗民俗流程,让顾客亲身尝试原汁原味永州民俗仪式,如开发江永女书婚嫁习俗,提供全套女书婚俗视频拍摄服务。	
美拍	民族服装、戏服摄影	《武术人生》《十月花开,开在"祁阳小调"》《青山碧水间的瑶寨风情》	顾客穿着瑶族服装、祁阳小调服装以及东安武术等特色服装后按标准动作造型拍摄。后期会进行精修,视频会做去噪声处理,剪辑,添加片头或片尾,根据需求制作成多种格式用于分享或留念。	可自由创新改良动作,形成极富个性的美拍视频。
时拍	实时记录非遗研学过程拍摄服务	《当一回剪纸镂空艺人》《挪步平行时空,感受女书魅力》《一针一线,舞出瑶族织锦》《摩崖石刻,留住拓片记忆》《载歌载舞,零陵渔鼓》	根据消费者需求记录其在店内的非遗体验过程,包括消费者按剧本进行拍摄前、拍摄中、拍摄后的行为活动,以及研学群体于非遗研学服务区所进行的现场学习活动,认真记录消费者在本店体验非遗的每一个精彩瞬间。	
傻拍	自助科技摄影屋	《非遗元素趣味换装秀》	馆内绿色摄影棚为一间科技摄影屋,屋内四周墙面设置成镜子,顾客站在屋子中间,可用手机蓝牙连接创意馆专属换装软件,便可更换各种样式的非遗文化元素设计的服饰,并可在四周的镜子中看到自己立体换装照,连接创意馆内打印机,即刻生成照片。	

非遗故事电影剧本举例：《盘王大歌：追思盘瓠王》

故事发生背景：远古时期

故事主旨：通过传说故事来解读一个民族集体记忆的文学典范，一起追溯瑶族盘王的身世起源、瑶族的历史文化，感受瑶族人民自身文化传承的精神力量以及盘王后人对祖先的缅怀和追念。

故事情节：龙犬盘瓠因助评王灭了番王得以娶到三公主。龙犬告诉三公主，将他放在蒸笼里蒸七天七夜即可变成人，但公主担心丈夫，只蒸了六天六夜，龙犬变成了人，但头部和脚仍有毛，只好用布缠裹起来。成家生子后，盘瓠领着儿子上山打猎，与一野羊搏斗时跌落悬崖，死在一棵树杈上。人们便挖空树心，剥下羊皮蒙成长鼓，日夜敲打以祭盘王。

（3）非遗研学教程视频开发

表3　非遗研学视频课程开发

	课程名称	《解女书之谜，传女书之情》
课程一	课程内容分析	非遗文化："婀娜的字符"——江永女书 课程拍摄内容：研学前，包括对于女书现有的了解、研学过程中的女书体验内容的想法等；研学中，包括女书猜谜解密、女书制作、传唱女书；研学后，包括体验感受、对于女书的掌握程度等。 课程拍摄主要内容：将游戏作为视频主体部分的开头，之后跟随女书传承人拍摄在精制布面手写本、扇面、布帕、纸片上书写女书文字，亲制"三朝书""歌扇""帕书""纸文"，并将演唱的歌声作为视频的背景音乐。旨在让大家了解女书诗歌背后的故事，联系实际，加深理解。
	课程名称	《制作剪纸，折剪梦想》
课程二	课程内容分析	课程非遗文化："凝固的时光"——江永剪纸 课程拍摄内容：研学前，讲述日常生活中的剪纸运用，对剪纸的未来发展的看法等；研学中，展示点染成纸、剪纸课堂、梦想剪纸号；研学后，讲述剪纸艺术是否容易上手、是否有自己动手完成作品等。 课程拍摄主要内容：从大家学习如何用植物之汁点染成彩色剪纸进行视频主体拍摄，同时将江永剪纸艺术的来历和特点、剪纸艺术的类别及发展运用娓娓道来，以大家亲手折剪的剪纸拍摄照片放映出来组成"梦想"二字，记录属于自己的剪纸"记忆"，能够将剪纸更好地传承及发展。
	课程名称	《知理论，叙故事》
课程三	课程内容分析	课程非遗文化："敲打出的音符"——零陵渔鼓 课程拍摄内容：研学前，包括乐器独特魅力的感受、是否愿意学习方言等；研学中，包括知其发展、筒制乐器、敲打击唱；研学后，包括操作性如何、学习内容是否在接受能力内等。 课程拍摄主要内容：以零陵当地日常话语方言作为视频主体开头，营造氛围，紧接着，在渔鼓的乐器声中同时向大家介绍渔鼓理论知识，知道它的发展历史，以及如何自制渔鼓筒和简板，感受其艺术魅力，最后是大家用各自方言来叙述自己独有的曲谱。

续表

	课程名称	《习武德强品质，练武术健身体》
课程四	课程内容分析	课程非遗文化："以武强身，以德服人"——东安武术 课程拍摄内容：研学前，包括你所理解的武德、武德对于练武术是否重要等；研学中，包括武德教育、武术实操；研学后，包括通过体验是否激发您的兴趣、过后是否会将其作为爱好等。 课程拍摄主要内容：习武先习德，东安武术的第一课是武德教育课堂，因此武德将作为视频主体前面部分，学习谦恭礼让、讲礼守信、不凌弱逞强的美好武德，提升武德修养。在讲解武德时放映相应的能够体现其品质的武术短视频，最后将组织大家在一起拍摄学习武术后的成果。
	课程名称	《复印历史，抄写未来》
课程五	课程内容分析	课程非遗文化："古老的复印术"——摩崖石刻拓石技艺 课程拍摄内容：研学前，包括提问平常会主动练字吗、喜欢抄写东西吗等；研学中，展示初步识拓、文字拷贝、文字识别；研学后，包括提问是否感受到宁静致远、对于抄写下来的文字是否会保存等。 课程拍摄主要内容：由现在保留下来的较为完整的摩崖石刻为视频主体开头，去追溯其历史以及石刻拓片技艺流程操作，又从现在穿越到未来，记录大家用油墨压印出石刻上的文字图样并认真识别压印出来的文字，抄写记录下来的过程，保护这门艺术。

2.2 支撑产品——非遗文创服务

2.2.1 设计思路和目标价值

注重对永州非遗元素的深度捕捉与搜集，思考将其他艺术元素引入非遗，或者将本土非遗元素进行创意融合，抑或将本土非遗元素加以有机改良，创新开发多种形式的非遗文创品，特别突出文创品设计的艺术实用性、精致性、可接受性、独创性、系列性与情感性等原则。将文创设计与家居美学、包装工艺、时尚潮流、网络文化、健康养生有机融合，使得传统非遗得以更新升级，重新融入现代消费需求中。

2.2.2 非遗文创品设计内容

表4 非遗文创品设计

文创类别	文创产品	产品介绍	所涉非遗	遗产级别
收藏纪念类	①女书习俗主题信封、信纸、明信片	以女书婚嫁习俗的婚前礼仪、婚宴、坐歌堂、回三朝为故事主线，绘画出具体人物，产品设计有情节有内容。	女书习俗	国家级
	②女书文字银饰	采用瑶族银饰锻造技艺打造女书文字的银饰，如项链、手镯、胸针等。	女书+瑶族银饰锻造技艺	国家级+市级
	③柳宗元祭祀习俗主题插画	以柳宗元祭祀习俗的流程为插画素材，情节连贯流畅，通俗易懂。	柳宗元祭祀习俗	市级

续表

文创类别	文创产品	产品介绍	所涉非遗	遗产级别
收藏纪念类	④二十四节气系列剪纸	利用江永剪纸手法,以二十四节气为题材,诠释民间技艺与传统民俗的融合。	江永剪纸	市级
	⑤瑶味刺绣香包	采用江华瑶香的制作技艺,结合瑶香自身特点,配以瑶族刺绣质朴纹样,打造一款安神、醒脑的香包。	瑶香制作技艺+瑶族刺绣	均为市级
生活实用类	①瑶族服饰娃娃抱枕	参照江华瑶族盘王节、瑶族婚礼、瑶族伞舞所用服饰,设计瑶族卡通形象的娃娃抱枕。	江华瑶族盘王节+瑶族婚礼+瑶族伞舞	市级+省级
	②剪纸夜灯	利用江永剪纸图样素材,以九嶷木雕为材质,给予立体光影呈现和特别的视觉设计。	江永剪纸+九嶷木雕	均为市级
	③闺蜜女书衣帽装	以女书文字为素材,设计出风格极简的闺蜜装。	女书	国家级
	④帆布包	使用瑶族妇女在家全手工织就的土布(瑶族织锦),将现代极简设计理念与传统工艺结合,风格质朴。	瑶族织锦	市级
	⑤瑶味手表	手表腕间的花纹质朴典雅,以瑶族织锦和瑶族刺绣图案纹样为素材设计手表腕带。	瑶族织锦+瑶族刺绣	均为市级
	⑥花鼓戏艺术主题笔记本、文具	以花鼓戏服饰、妆容为素材,设计出符合当代学生群体审美的实用产品。	零陵花鼓戏	省级
	⑦花灯戏主题书签尺	既可做书签又可做直尺,以宁远花灯戏、蓝山花灯戏为素材,材质选用九嶷木雕,打造精美精致的花灯戏系列书签尺。	宁远花灯戏+蓝山花灯戏+九嶷木雕	均为市级
	⑧祁剧系列化妆镜	利用祁剧人物的头冠样式,设计台面梳妆镜;利用其妆面元素置于镜子背面,设计出便携式的化妆方镜。	祁剧	国家级
摆件观赏类	①祁剧趣味积木	以祁剧人物的形象以及其性格特点为素材来源,设计趣味积木。	祁剧	国家级
	②舜帝与娥皇女英爱情传说主题屏风	以舜帝与娥皇女英的唯美传说为屏风的图样素材来源,以九嶷木雕为屏风支撑材质,打造一款唯美风格的屏风。	舜帝与娥皇女英的传说+九嶷木雕	省级+市级
	③黄阳司土陶	采用黄阳司土陶技艺,结合状元李郃的传说、怀素书法故事、何仙姑传说等设计不同的土陶图样。	黄阳司土陶技艺+何仙姑传说+怀素书法故事+状元李郃的传说	市级+省级

获奖等级：第九届"挑战杯"湖南省大学生创新创业作品竞赛（2020） 省级铜奖
参赛团队：姚英谊　鲜娇娇　黄林慧　王雅晴　黄静　彭素炎　樊津言　黄英
　　　　　刘洋廷　李伟滔
指导教师：吴翠燕　刘幼平　肖可

2020永州首届民间祭舜暨花车巡游国际旅游文化节策划方案

1 活动举办背景

舜帝是道德文化的鼻祖，舜文化更是中华民族传统文化的源头。《史记》中有记载："天下明德，皆自虞舜始"，舜文化是由野蛮走向文明的历史转折时期的中华文化。其中以农耕文化为内涵的炎帝文化，以政体文化为内涵的黄帝文化，以道德文化为内涵的舜文化共同构成了中华文化三座里程碑。中华民族从尧舜开始，治国以德、治家以孝。孝生礼、孝生忠、孝生博爱、孝生顺从。孝，千百年来成为华夏大地"天之经""地之义""民之行"。

中华民族自古以来都敬重神明，尊敬先祖，自古就有祭祀祖先的传统习惯，祭祀活动，最先起源于原始宗教仪式，原始人虔诚于神灵，他们总是将自己的智慧、技艺和劳作的收获视为神灵的恩赐，甚至将自己的智慧本身也认为是神灵所赐。当今社会的祭祀活动，分为人文始祖祭祀（黄帝、炎帝、伏羲）、历史文化名人祭祀、具有某种特殊意义的集体或者个人祭祀、社会贤达名望祭祀等。随着社会的变迁，中国现在的祭祀活动，已经产生了很大的变化，这主要表现在：由最先对天地神的敬畏，演化成对先祖情感的缅怀与纪念；由一种纯粹的宗教仪式，变化成为维系民族的精神纽带与促进人们和谐相处的重要因素。本组成员主要研究的是当今社会下对人文始祖的"民祭"活动——舜帝花车巡游暨花车巡游国际旅游文化节。

2 活动宗旨

以举办2020永州首届民间祭舜暨花车巡游国际旅游文化节为主线，以花车巡游为亮点，突出"民间祭舜"主题，突出群众和社会的参与度，提高市场化运作水平，运用适应市场经济规律与文化产业规律的运作手段，举办一系列文化、旅游、民间活动。坚持板块联动、社会参与，突出民间性、彰显开放性，通过持续努力，切实把 2020 永州首届民间祭舜暨花车巡游国际旅游文化节办成功。

2.1 以研学为落脚点，推出"舜文化研学夏令营"

组织运营"舜文化研学夏令营"，通过研学的培育，使以舜文化为旗帜的中华传统文化传承获得扎实的根基，使党和国家倡导的"文化自信"真正落到实处。

2.2 民间人士传播舜帝"德""孝"文化祭舜大典

民间人士传播舜帝"德""孝"文化祭舜大典，整个祭祀仪式分迎宾仪式、导引仪式、祭典仪程、瞻仰仪式、谒陵仪式和祭文碑揭碑仪式，既传承历史，又与时俱进，显得隆重而富有地方特色。2011 年 5 月 23 日，舜帝祭典经国务院批准列入第三批国家级非物质文化遗产名录。

3 市场分析

3.1 市场描述

（1）有关 2020 永州首届民间祭舜暨花车巡游国际旅游文化节的现状

近年来，大型文化祭祀活动逐步增多，但是皆以国家机关或单位人员为主体。2020 永州首届民间祭舜暨花车巡游国际旅游文化节是唯一的"民间祭舜"，且市场针对面广。

（2）2020 永州首届民间祭舜暨花车巡游国际旅游文化节的市场亮点

2020 永州首届民间祭舜暨花车巡游国际旅游文化节，主体为"民间"，市场受众面较广，以新型研学旅游产品为主导，面向学生和家庭。此活动深刻体现了舜帝"德为先，重教化"的精神之魂，以及文旅融合的新趋势。

（3）2020 永州首届民间祭舜暨花车巡游国际旅游文化节的困惑与期望

2020 永州首届民间祭舜暨花车巡游国际旅游文化节的困惑在于怎样将研学与祭祀相结合，将舜文化进行传播、发扬和宣传，如何吸引客源市场参加活动的欲望。期望在于将舜文化丰富的内涵宣传给更多的国人，使古老的文化突出民间性、彰显独特性。

3.2 2020 永州首届民间祭舜暨花车巡游国际旅游文化节的市场分析

（1）发展前景以及生命力分析

舜帝作为道德文化开创者，其精神内涵丰富，教育意义深远，特别是他的四重道德文化；伦理道德、社会道德、职业道德、政治道德，就是儒家总结的修身、齐家、治国、平天下，这也是中国传统文化中道德与政治合而为一。对维系中国传统社会几千年的社会稳定和文化延续发挥了决定性作用。且舜帝的大公无私、舍己为人、诚实守信等品质，值得新一代青少年学习和借鉴，而舜文化节可以更好地传播和发展舜文化。

（2）竞争因素分析

在以前对舜帝的祭祀活动中，通常是以政府部门主导的，以"尊祖爱国、传承文明、凝聚人心、促进发展"为主题，活动流程为迎宾仪式、导引仪式、祭典仪程、瞻仰仪式、谒陵仪式和祭文碑揭碑仪式，内容虽特色，但不全面，虽隆重但都是一日游为主，缺乏地区经济效益，且时间短，对舜帝文化的宣传显得仓促。基于此因素条件下，本组成员在目前舜帝祭祀的基础上进行了改善，下面是对竞争市场以及竞争对手的分析。

①竞争对手分析

由于祭祀类活动主题明确，个性鲜明，且舜帝祭祀活动属于始祖类祀，因此我们将竞争对手分为两大类。第一类竞争对手为人文始祖类祭祀，因为这次祭祀的性质流程大体相同，在选择时客人主观意向影响较大；第二类竞争对手为历史文化名人、社会贤达以及其他有影响力的伟人举办的祭祀活动，因为这类祭祀活动受众范围广，对客源市场的影响更直接、冲击力更大。

②竞争市场分析

本次"首届祭祀舜帝花车巡游暨花车巡游国际旅游文化节"是首次以民祭为性质的祭祀舜帝活动。因此，相比于其他公办的祭祀活动，它具有独特性和吸引力，由于活动性质的不同，本产品进入市场时，首先，竞争市场来自市场上已经举办的"公祭类"活动，因此在产品开发时要突出吸引性原则，以吸引客人目光，还要突出特色性的原则，打造独特性，以形成舜帝花车巡游暨花车巡游国际旅游文化节独一无二的特点，逐步扩大影响力。

其次，本产品的竞争市场在于市场上已经存在的"民祭"，相比之下，由于他们举办的时间相对较早，口碑宣传以及活动影响力都较高，而舜帝花车巡游暨花车巡游国际旅游文化节是首次民祭举办的活动，在宣传和影响力上会有所欠缺。

4 SWOT 分析

4.1 S（优势）

民间：对举办节事活动热情度高

位置优势：宁远县城内部有宁远文庙和舜帝广场，都与舜文化相关

形式：新颖且吸引度高的花车

4.2 W（劣势）

首届办节，知名度不高，缺乏经验

户外活动管理成本高，风险比较大

4.3 O（机会）:（政策和目标人群）

舜文化精神契合新时代背景下文旅融合的主题

民间人士和学生

4.4 T（威胁）:（替代性产品）

无同类型节事活动

5 活动概况

- 活动名称：2020永州首届民间祭舜暨花车巡游国际旅游文化节
- 活动主题："德""孝"
- 活动口号：德孝兼备，传承发扬
- 活动时间：2020年7月6日—7月12日

7月6日—7月7日：在宁远县九嶷山舜帝陵举办祭祀活动。

7月8日：在宁远县城举办花车巡游。

7月9日—7月12日：举办研学活动。

- 活动地点：

祭舜地点：九嶷山舜帝陵

花车巡游线路：宁远县城文庙至舜帝广场（约4千米）

6 活动内容

6.1 民间人士传播舜帝"德""孝"文化祭舜大典

从夏代开始，九嶷山就建有祭祀舜帝的庙宇。最初建在九嶷大阳溪，当地人呼为大庙，由于离陵山还有二十多千米，也只能远望陵山而祭祀，因而当地望祭的山岗称为"望岗"。大禹南巡，至衡山筑紫金台，望九嶷而祭舜，从此，四千多年祭舜活动传承不辍。

民间人士传播舜帝"德""孝"文化祭舜大典，整个祭祀仪式分迎宾仪式、导引仪式、祭典仪程、瞻仰仪式、谒陵仪式和祭文碑揭碑仪式，既传承历史，又与时俱进，显得隆重而富有地方特色。

6.2 以研学为落脚点，推出"舜文化研学夏令营"

2017年9月，教育部颁布的《中小学综合实践活动课程指导纲要》中提出，综合实践活动是"国家义务教育和普通高中课程方案规定的必修课程"，是"基础教育课程体系的重要组成部分"。教育部等 11 部门印发的《关于推进中小学生研学旅行的意见》中更是明确指出:"各中小学要把研学旅行纳入学校教育教学计划,与综合实践活动课程统筹考虑,促进研学旅行和学校课程有机融合。""舜文化研学夏令营"是不可多得的研学旅行黄金线路。本次活动期间,正值学生暑假,是组织学生进行研学旅行的良机。

7 组织领导

为保证各项活动顺利有序开展,组成 2 部(文化娱乐项目部、研学旅行项目部)、6 组(宣传报道组、安全维稳组、食品安全组、医疗保障组、公交保障组、志愿者服务组)。项目部实行全权委托,独立运营,工作组主要依托当地民间人士,并充分发动志愿者组织,做好服务工作。

7.1 文化娱乐项目部

承办单位:宁远县九嶷山文化旅游发展集团有限公司、宁远县舜文化传播中心、宁远县家庭教育学会、宁远县有关机构。

工作职责:

(1)负责 2020 永州首届民间祭舜暨花车巡游国际旅游文化节开幕式的方案制订、经费筹措和组织实施;

(2)负责民间祭拜大典的方案制订、经费筹措和组织实施;

(3)负责活动主要道路、活动外围交通道路、活动所在地的节庆宣传牌、路标、指示牌的制作安装。

7.2 研学旅行项目部

承办单位:湖南虞舜文化旅游有限公司、宁远县九嶷山文化旅游发展集团有限公司、湖南正大东方国际旅行社有限公司、永州山花旅行社有限公司。

工作职责:

(1)负责舜文化研学旅行夏令营的方案制订、经费筹措和组织实施;

(2)负责节庆活动期间的现场管理工作。

7.3 宣传报道组

工作职责:

(1)负责节庆宣传报道工作方案的制订和执行,组织协调旅游节的宣传报道工作;

(2)负责文化旅游节前期的宣传推介、气氛渲染与营造;

(3)负责协调新闻媒体的宣传工作,以及文化旅游节期间外地新闻媒体记者的邀请、接待和采访报道工作。

7.4 安全维稳组

工作职责：

（1）负责本组工作方案的制定和执行，维护社会治安秩序，防止节庆期间发生恶性案件、群体性事件和重大安全事故，及时协调处理发生的各类突发事件和信访问题；

（2）负责协调各活动场所的现场保卫和消防安全工作；

（3）负责协调节庆各场地保卫和安全方案的拟定，活动举办期间道路交通管制、现场警卫、疏导及活动场地车辆停放、调度等工作；

（4）负责做好节庆的安全宣传工作。

7.5 食品安全组

工作职责：

负责做好节庆活动期间餐饮卫生安全排查、监管工作。

7.6 医疗、供电保障组

工作职责：

（1）负责节庆活动承办期间的医疗保障工作；

（2）负责节庆活动承办期间的供电保障、用电安全工作。

7.7 交通保障组

工作职责：

（1）负责节庆期间交通工具安排，保障交通安全；

（2）负责落实汽车站、出租车和公交车的节庆宣传册页的发放和宣传标语张贴。

7.8 志愿者服务组

工作职责：

（1）负责做好现场人员引导疏导工作，维护现场秩序等；

（2）负责做好游客文明旅游宣传引导，规范文明行为。

获奖等级：第十三届全国高校商业精英挑战赛会展创新创业实践竞赛　国家级一等奖

参赛团队：郝雪　周金　郭婷　石金霞　赵书

指导教师：彭顺生

"湘"约阳明,"和"冶天下

1 "和"文化旅游节概况

湖南省西南部的永州,有一座因"和"而美的历史名山——阳明山。从2006年开始,阳明山分别以"和谐社会与和美家庭""世界因和而美""海峡两岸情,和美一家亲"等为主题,成功举办了十二届"和"文化旅游节,成为目前全国乃至全世界有名的以"和"为主题连续举办节庆的地方。每年4月底,当十万亩野生杜鹃花姹紫嫣红开遍山野时,上万名游客便在这里共赏文艺演出、同享美食盛宴以及参与围棋和自行车越野等各类比赛,这美丽的自然山水与厚重的文化底蕴互相映衬,将中国传统文化内涵以及"世界和平、社会和谐、家庭和睦"的理念发扬开来。借节会的举办,加快城市建设步伐,加快整个永州旅游业发展,以"和"文化旅游节为桥梁,加强两岸沟通,促进两岸合作,让永州"和"文化品牌走向世界,同时以"和"文化为纽带,将来自世界各地、居住在大江南北的人们,联系在一起。

2 "和"文化旅游节运营情况

历届文化节时间、地点、主题活动内容情况统计如表1所示。

表1 第1~12届和文化节运行统计表

届数	时间	地点	主题
1	2006.4.29	双牌县阳明山和体育中心	"世界因和而美""和美阳明,博爱天下""两岸和、中国和、天下和""红杜鹃见证爱情"
2	2007.4.20	双牌县阳明山	"阳明红杜鹃,笑迎天下客""世界因和而美""绿色双牌,和美阳明"
3	2009.4.28	双牌县阳明山	阳明山"和"文化旅游节及杜鹃花会
4	2010.4.28	双牌县阳明山	"和美阳明,魅力永州"
5	2011.4.21	双牌县阳明山	"两岸阳明山,杜鹃传真情"

续表

届数	时间	地点	主题
6	2012.4	双牌县阳明山	"两岸阳明山，和美一家亲"、阳明山"和"文化旅游节及海峡两岸旅游经贸推介会
7	2013.4.28	双牌县阳明山	"和美阳明，生态双牌"、阳明山"和"文化旅游节暨世界旅游小姐走进阳明山
8	2014.4.28	双牌县阳明山	阳明山"和"文化暨海峡两岸经贸旅游交流活动
9	2015.4.14	双牌县阳明山	"和美阳明，魅力双牌"
10	2016.4.27	双牌县阳明山	"海峡两岸情，和美一家亲"、阳明山"和"文化旅游节及首届海峡两岸交流基地发展研讨活动
11	2017.4.26	双牌县阳明山	阳明山"和"文化旅游节暨"健康中国，魅力河山"2017国际越野跑挑战赛
12	2018.4.26	双牌县阳明山	阳明山"和"文化旅游节及侨商侨智永州行

3 "和"文化旅游节分析评价

3.1 整体评价分析

2006年4月首届"中国·阳明山'和'文化旅游节暨杜鹃花会"在阳明山拉开序幕，正式启动了"和"文化传播之旅。至今，阳明山"和"文化旅游节已成功举办十二届，不同主题不同活动皆融入到每年4月的这场盛宴，阳明山"和"文化旅游节的延续性相当不错。但就目前情况来看，阳明山总体上还处于"养在深闺人未识"的状态，双牌县的地理位置略显偏僻，非永州本地人鲜有人知，再加上阳明山交通不便，没有班线车或直通车，前往阳明山的游客大多选择自驾车或旅游大巴，基于此，很多永州本地人都未曾领略过阳明山的魅力。

3.2 优势特色分析

阳明山资源条件优质：延绵数百千米，其中国家森林公园面积达114.5平方千米，境内山形气势磅礴，生态自古就得到了很好的保护，有"岭北生态画卷""天然氧吧""湘粤凉岛"之美称。

"和"主题独一无二：以"和"文化为主题举办旅游节的全国只有阳明山。

"和"文化内涵深厚："和"文化即和谐文化，是以和谐的内涵为理论基础的文化体系，是中国乃至当今世界最先进的思想文化，是创建和谐社会与和谐世界的前提条件。

活动项目丰富多样：12届"和"文化旅游节，其活动项目包括观光型、娱乐型、体验型、保健型、文化知识型、比赛竞技型以及宗教朝拜型，有"和"字展览、桐子坳银杏节、两岸阳明山蝴蝶节、国际越野跑挑战赛、湘南风味美食文化节、阳明山音乐房车营地节、海峡两岸阳明山围棋邀请赛、"天下第一杜鹃红"杜鹃花海游览等。

主办方与承办方正规可靠：以开拓创新、追求卓越的思路，使产品赢得了业内及广大用户的普遍认同和赞誉。

3.3 缺点不足分析

景区交通不完善：从景区大门到游客中心无专车，需自驾或包车上山，从游客中心到万寿寺还要走十几千米。同时，没有直达景区的公共交通线路。

佛教文化与"和"文化旅游节结合不够紧密：部分游客去阳明山游玩是为了拜佛，然而节庆活动中很少有游客感兴趣的佛教活动。

节庆时间长，活动内容少：每年4月底，举行一年一度的"和"文化旅游节。但节庆持续时间近一个月，举办的活动却较少，不利于分散游客人流量，同时缺乏创新性。

旅游产品及娱乐设施场所开发不足：阳明山拥有植物、动物、药材等特色资源，但没有与"和"文化旅游节形成相辅相成、互为促进的优势。

宣传力度不到位：阳明山景区"和"文化旅游节只注重举办，前期却不进行有力的宣传，开展后管理与服务水平跟不上，这也是制约阳明山"和"文化旅游节知名度的主要问题之一。

4 "和"文化旅游节改进建议

4.1 主题与内容方面的改进建议

4.1.1 深入挖掘"和"文化内涵

"和"文化即和谐文化，是以和谐的内涵为理论基础的文化体系，是以崇尚和谐、追求和谐为价值取向的思想文化。阳明山为什么可以申报"中国和文化之乡"？当年的策划者考虑到了以下几个因素：一是"和谐社会"建设；二是两岸都有一个阳明山，有利于两岸的文化交流和经贸往来；三是阳明山儒佛道三家文化和谐共生，四是阳明山的生态环境特别好，是典型的"天人合一"生态旅游胜地。后来，还写信给联合国原秘书长安南，请他为阳明山写了一个"和"字。这样，阳明山的"和"文化就具备了五大内涵，即三教之和、两岸之和、社会之和、世界之和、生态之和。

4.1.2 未来"和"文化节主题选择

我们可以根据当年的时事大事件和有代表性的活动，深化当年的"和"文化相关元素，借此选择具体的分主题作为未来三年"和"文化节的主题线索（见表2）。

表 2　未来三年的文化节主题选择

年份	事件	主题
2020	全面建成小康社会、玉树抗震 10 周年	祥和国家、和谐社会
2021	中国共产党成立 100 周年、中国与巴基斯坦建交 70 周年、西藏和平解放 70 周年	祥和国家
2022	冬奥会举办、中国共产主义青年团成立 100 周年、香港回归 25 周年	祥和国家、和美学校

4.2 组织与接待工作的改进建议

4.2.1 开发新型用餐形式及特色食品

民以食为天，经调研发现，许多游客的旅游动机是旅游目的地的美食，因此我们在食品方面采取以下对策。

★ 采用自助餐及乡村酒席的用餐形式

★ 开设永州特色餐、阳明山生态餐等系列类型餐食

★ 利用阳明山原生态水资源，开发茶产品、水产可食用动物等产品

★ 利用阳明山高山杜鹃花，开发鲜花饼、花类饮品、花类糕点等产品

★ 引进民间小吃艺术家，如糖人、发糕、龙须面、口味蛇等小吃

★ 开设挖野菜体验活动，并安排讲解人员进行野生植物的知识讲解

4.2.2 完善住宿条件，开设主题民宿

据调查，游客来源中，永州人占 52.2%，永州以外湖南省以内的游客占 41.4%，湖南省以外的游客占 6.4%。调研分析可得客源以永州近距离的游客为主，主要是湖南省内的游客，达到 93.6%。游客大多数是首次参加，在阳明山的停留日期以一天为主。针对此情况，可采取以下措施去改善。

（1）完善住宿条件，满足游客旅行"求奇、求美"等心理

如特色民宿、个性化主题酒店、度假酒店等，如亲子主题、红色主题、情侣主题、茶主题、杜鹃花主题、中国梦主题、永州文化（女书文化、瑶文化、柳文化）主题、阳明山文化（和文化、生态植物文化、佛文化）主题等系列。

（2）开展夜间及晨间活动，吸引游客留下过夜

如观林海、看日出、踏云雾、赏瀑布、看雪景、游"画廊"、杜鹃花夜间灯光展、游灯会、放许愿灯等活动。

4.2.3 开通交通专线，改造交通设施

（1）外部交通

公共交通：开设交通专线，提高便捷性。

停车场：修整现有停车场，增加停车场数量，扩大停车场规模。

（2）内部交通

游览线路：开设朝拜线路、研学线路、"和"字展览线路等主题线路。

游步道：开设杜鹃花游步道、生态游步道、雾凇游步道等类型游步道。

4.2.4 打造多样游览项目，开发特色资源

（1）旅行线路统筹开发

利用坦田、访尧、邓家大院等古村落古建筑资源，深挖双牌和文化、佛文化、生态文化、瑶文化、红色文化、竹文化等优质文化资源，深挖传统农耕、传统工艺、传统美食、传统民俗资源，综合打造集观光游览、研学旅行、休闲度假、乡村生活、农趣体验、康体养生、文化交流等多元一体化的特色乡村旅游点，打造一批彰显乡村特色的精品度假酒店、度假村。挖掘杜鹃花海、满山银杏、水中浮岛等浪漫元素，开发系列浪漫休闲项目，打造婚纱摄影基地和蜜月度假胜地。高起点推进日月湖国家湿地公园规划建设，带动观鸟、岛上图书馆、水上休闲场所、水上蹦极、钓鱼、河滩亲水等休闲项目。

（2）开发阳明山雾凇资源，解决淡旺季问题

阳明山境内的山地，海拔一般在1000米以上，每当受到冷空气影响时，阳明山就能迎来一场"雾凇奇观"。因此，12月到来年1月是最适合去阳明山看雾凇的时候。并且，一旦山顶雾凇，出现树挂奇观，游客就能感受到极致的冰雪享受，整个人犹如置身在仙境中。

（3）改善景区内公共厕所等基础设施

基础设施是旅游活动开展的基础保障，基础设施的改善将极大提高游览舒适度，提升游客的满意度。

4.2.5 深挖旅游产品，开拓购物市场

开发挖掘阳明山竹资源，加大竹工艺品等竹类旅游纪念品的生产；开拓阳明山瑶族民俗服饰服装市场；开拓阳明山宗教类小产品市场；加大阳明山特色小吃的售卖范围；运用阳明山优质水资源，开拓化妆品市场。

4.2.6 开设多样娱乐项目，丰富旅游体验

开设夜间娱乐项目，如KTV、电影院、自助烧烤、篝火晚会、游灯会等；完善宗教朝拜类项目，如吃斋一日体验、早晚课体验、法会等；开设体育项目，如高山漂流、

野外生存训练、登山等；开设民俗表演等演艺型活动项目，如江永女书、江华盘王大歌、江华串春珠、江华瑶族长鼓舞、东安武术、零陵渔鼓等永州民俗表演。

4.3 宣传推广营销策划

4.3.1 线上营销：媒介平台整合营销

借助适合而有效的媒介推广方式，达到预期效果，拟采用的主要推广方式如表3所示。

表3 线上营销平台对比分析表

类型	媒介	内容	方式
自媒体	微信公众号	阳明山宣传片 活动推广 各类阳明山"和"文化旅游节主题系列活动推文 制作风景和主题活动视频 图文结合	推文、公告、短视频、宣传片
新媒体	微博	直播、照片推送、评论、热搜	直播、热搜、排行
	抖音、快手等	活动现场抖音发布 进行话题摄影大赛	热门景点打卡地宣传 "和"文化主题体验
	杂志	征作文登杂志	征集主题作文旅游杂志上发表
传统媒体	电视	与当地电视台合作推介景点	借助旅游栏目

4.3.2 线下营销

线上营销的同时采取线下营销与之相配合（见表4）。

表4 线下营销平台对比分析表

形式	内容	备注
宣传单	市中心繁华点、景区周边 学校范围 旅行社	＊景区主要针对旅游团队顾客及散客 ＊学校主要针对学生及其朋友家人市场 ＊市中心范围主要针对寻根溯源、宗教朝拜型人群
探访村民	村民讲故事 游客听文化、看文化、传文化	＊给予游客充分的体验感，深度感受当地居民对阳明山的热爱 ＊与文化交流
	赠送"和"字贺卡	＊送友人、家人的不二之选
冠名赞助	高校有影响力活动、旅游赛事、庆典、社会活动	＊借助旅游宣传栏目
联玩门票	当地收费景点融合 主题活动吸引眼球	＊串联式游玩方式 ＊每周开展一次免费主题活动

4.3.3 其他

（1）品牌代言人

阳明山"和"文化旅游节是舜德文化与和文化的具体体现，以文化作为依托，邀请著名书法家进行文化传播，邀请明星作为代言人拍摄宣传片或海报。

（2）举办展会

举办和文化展和新式活动展演，体现"和"的同时增加阳明山文化内涵量；倡导各单位和学校到此地开展主题活动，树立良好的品牌形象。

（3）主题营销

宣传片制作：聘请专业摄影人员，拍摄一条关于阳明山"和"文化旅游节的介绍，包括阳明山、"和"文化旅游节简介、主要景点介绍、景区内餐厅多样化个性化服务介绍、民宿以及娱乐性体验项目介绍等，旨在让消费者全面了解阳明山及"和"文化，吸引游客前来游览。

（4）举办书法比赛

邀请四面八方的书法爱好者到现场根据题目进行书法创作，现场邀请观众投票，拓展阳明山"和"文化旅游节知名度和影响力。

（5）音乐剧表演

景区内展演，以阳明山为主线，将其历史进行贯穿，以艺术形式体现，吸引游客。

获奖等级：第十三届全国高校商业精英挑战赛会展创新创业实践竞赛　国家级二等奖

参赛团队：刘佳　刘淼　邱淑桢　雷心如　兰春梅

指导教师：李晓红

后记

本书是"新时代文化和旅游融合发展研究丛书·应用型本科院校文化旅游专业丛书"中的一本，得到国家社科基金一般项目"民族地区文旅融合发展促进脱贫巩固和乡村振兴研究"（21BKS026）、湖南省社科基金重大项目（"学术湖南"精品培育项目）"湖南民族地区文旅产业促进乡村振兴和共同富裕研究"（23ZDAJ019）、湖南省教育厅科学研究重点项目"可持续生计框架下南岭走廊文旅产业与乡村振兴耦合发展机制和路径研究"（22A0578）、湖南省哲学社会科学重点项目"湖湘文化走出去与传统文化对外传播研究"（20ZDB013）、湖南省社会科学成果评审委员会重大项目"湖湘文化走出去与中国特色哲学社会科学对外话语体系建构研究"（XSP2023ZDA006）、湖南省社会科学成果评审委员会重点项目"构建以对接"一带一路"和粤港澳大湾区为重点的湘南内陆开放合作示范区对策研究"（XSP2023ZDI020）、湖南省社科基金重大委托项目"发挥结合部优势打造大湾区后花园"等项目资助。

"湖南省大学生旅游专业综合技能大赛""湖南省酒店管理商业策划创意大赛""'挑战杯'湖南省大学生课外学术科技作品竞赛"等赛事，是大学生开展专业学习训练、展现个人能力的良好平台。近年来，湖南科技学院旅游与文化产业学院师生参加省级及以上学科竞赛获奖50余项，形成了包括策划文案、调研报告、学术论文等系列成果，充分体现了师生们潜心研究、服务社会的担当，也展现了专业办学的良好成效。

本书撰写过程中，参考了很多学界同仁和产业同行的资料、数据和观点，有些未一一注明出处，在此一并致谢并致歉。旅游教育出版社编辑提出了很多指导意见，进行了精心编校。由于获奖作品时间跨度较长、水平有限和编校时间较仓促，不当和疏误之处在所难免，敬请朋友和读者谅解并批评指正。

作者

2023年12月